当代外国语言文学学术文库

隐喻广告效果研究

禹 杭 著

对外经济贸易大学出版社
中国·北京

图书在版编目（CIP）数据

隐喻广告效果研究 / 禹杭著. —北京：对外经济贸易大学出版社，2021.12
（当代外国语言文学学术文库）
ISBN 978-7-5663-2353-8

Ⅰ. ①隐… Ⅱ. ①禹… Ⅲ. ①隐喻–广告–效果–研究 Ⅳ. ①H05②F713.8

中国版本图书馆 CIP 数据核字（2022）第 007280 号

隐喻广告效果研究

禹 杭 著

责任编辑：董 黛

助理编辑：杨娇娇

出版发行：对外经济贸易大学出版社
社 址：北京市朝阳区惠新东街 10 号
网 址：www.uibep.com
资源网址：www.uibepresources.com
邮政编码：100029
邮购电话：010－64492338
发行部电话：010－64492342
E-mail：uibep@126.com

成品尺寸：170mm×240mm
印 张：12.5
字 数：231 千字
ISBN 978-7-5663-2353-8
印 刷：北京九州迅驰传媒文化有限公司
版 次：2021 年 12 月北京第 1 版
印 次：2021 年 12 月第 1 次印刷
定 价：56.00 元

西北工业大学
中央高校基本科研业务经费专项资金资助
（项目编号：3102020WGYXJ01）

当代外国语言文学学术文库

总　序

对外经济贸易大学出版社最新推出了大型外语学术专著系列——《当代外国语言文学学术文库》，请我为文库写序。借此机会，谈谈我个人对外国语言文学研究的一些认识和感受。

综观21世纪的外国语言文学，就其语言学研究而言，形式语言学理论和功能语言学理论继续对抗和对话，认知语言学理论和社会文化理论发展迅速，各种语言学的理论思潮试图从不同的角度解释语言事实；在应用方面，语言学更加广泛地与多学科交叉，运用和借鉴包括数理逻辑、计算机科学、心理学、神经科学、认知科学、生态科学、经济学等各学科在内的研究成果和方法，不断凸显语言学作为人文科学和自然科学交叉学科的地位。就其文学研究而言，英美文学研究受经济全球化浪潮的冲击，文学及文论研究引发了文学现代性、后现代性和后殖民性的思考，文学和语言学研究的相互影响和交融日益明显，文学研究越来越多地引入语言学研究的方法，如话语分析等，反之亦然。我国的外国语言文学研究在全球化和中国入世以后与国际学术界的交流更加密切，发展更加迅速。

同时，我们仍清楚地看到，国内的外国语言文学研究依然存在“三张皮”现象：第一张皮是“汉语与外语”研究的合作与交流不够；第二张皮是“语言与文学”研究的沟通与对话不够；第三张皮是“英语与其他外语”研究的来往和交叉不够。这“三张皮”极大地阻碍着外国语言文学学科的发展。

这套文库的设计体现了兼收并蓄、博采众长、学科融通的思想，是一个开放和创新的学术平台，是各种研究的阵地和各方学者的家园，而进入文库的研究成果都经过精心挑选，出自学有专长的博士和学者。我衷心地祝愿这朵“原创的小花”在繁花似锦的学术花园里开得绚丽多姿，并愿有更多的学者去关心和呵护它。

北京语言大学高级翻译学院

教授、博士生导师

王立非

前言

广告作为一种信息传播手段，已经被越来越多的企业所重视并运用到营销活动中，这在很大程度上推动了各国广告市场规模的扩大、广告支出费用的攀升。然而，在广告产业迅猛发展的今天，有关广告效果的问题仍然牵动着各方利益者的神经，因为对广告主而言，他们最关心的问题还是高额的广告费用能否产生预期的广告效果。在这种情况下，为了设计出对消费者更有劝说效果的广告，广告设计者们经常借助各式各样的修辞方式向消费者传递广告卖点，隐喻就是其中之一，而采用隐喻这种形式含蓄地传递广告卖点的广告即为隐喻广告。鉴于隐喻在提升广告劝说效果上的价值逐渐得到广告实践者们的关注，研究隐喻广告效果就成了相关领域学者的兴趣点。然而，目前该话题下的研究主要集中在西方学界，国内学者鲜有发声。因此，本书以国内企业的隐喻广告实例为现实依据并以国内消费者为研究对象，探究中国情境下隐喻广告的效果。

隐喻在广告实践中的广泛应用是研究隐喻广告效果的一个重要前提，因此本书第 3 章首先进行了一项预研究——基于内容分析法对国内主流杂志上隐喻广告的应用现状和特征进行分析。预研究的结果证实了隐喻广告应用的广泛性，同时对隐喻广告特征的揭示为后续实验研究编写符合实际的实验材料提供了现实依据。在预研究的基础上，我们通过三项具体实验研究探讨了隐喻形式和隐喻内容对广告效果的影响。

研究一（第 4 章）从隐喻形式入手，检验是否使用隐喻在影响广告认知、情感和行为效果上的差异，结果发现：第一，就认知效果而言，使用隐喻比不使用隐喻更容易让消费者产生结构关系而非属性特征的知识迁移，且更容易产生不符合预期的认知推断，这两种表现促使隐喻广告比非隐喻广告产生了更多的认知精细加工；第二，就情感效果而言，使用隐喻比不使用隐喻会使消费者产生更积极的广告态度，但是隐喻源域本身所具有的情感特征会调节消费者对隐喻广告的态度；第三，就行为效果而言，隐喻广告确实比非隐喻广告更容易让人产生购买意向，而这一效果会受到隐喻源域本身所具有的情感特征和解释性信息存在与否的调节作用；第四，在隐喻形式对消费者购买意向的影响中，认知精细加工程度和广告态度先后发挥中介作用，但是如果将相关因素的调节作用纳入考虑范畴，并不是所有情况下隐喻广告效果都会按照“认知—情感—行为”这一路径来生成。

研究二（第 5 章）从隐喻内容出发，指出以往研究用来解释隐喻广告效果成因的观点——预期偏离观仅考虑了隐喻形式在广告效果生成中的作用，但是如果将隐喻视作认知机制的话，除了隐喻形式的作用，隐喻内容的作用也不容忽视。由此，提出隐喻内容也是隐喻广告生成相应效果的一个重要来源，具体而言，构成隐喻的源域概念与目的域概念之间的概念相似度决定了不同隐喻在内容上的差异，而这种内容上的差异与形式上的差异一样，会促成隐喻广告效果的生成。进一步的实验结果支持这一观点，即相比由两个概念相似度较高的概念组成的隐喻，由两个概念相似度较低的概念组成的隐喻更容易引发广告受众产生更多的认知精细加工、更积极的广告态度和更高的购买意向。

研究三（第 6 章）综合了研究一和研究二，以视觉注意在广告加工过程中具有重要作用为立足点，借助眼动技术同时分析了隐喻形式和隐喻内容如何影响消费者对广告的视觉加工，并进一步探讨了隐喻广告视觉加工和广告效果评估之间的关系。主要发现：第一，就隐喻形式的作用而言，是否使用隐喻在捕获广告受众的视觉注意力上不存在差异，但是使用隐喻比不使用隐喻能让广告受众在广告卖点以及品牌信息上产生更多的视觉注意；第二，就隐喻内容的作用而言，概念相似度不同的隐喻在捕获广告受众的视觉注意力上不存在差异，但是使用由两个概念相似度较高的概念组成的隐喻比由两个概念相似度较低的概念组成的隐喻更容易让广告受众产生更多的视觉注意；第三，消费者对隐喻广告的视觉加工和效果评估并不存在显著的相关性，即并不是获得最多视觉注视的隐喻广告一定最受消费者喜欢。

本书各项研究在理论和实践方面做出了以下贡献。理论方面：第一，揭示了隐喻广告在认知、情感和行为效果上的具体表现以及隐喻广告效果的生成路径；第二，提出隐喻广告效果的生成不仅是形式的作用，还有内容的作用；第三，发掘出隐喻形式和隐喻内容作用下消费者对广告的视觉加工特征，并提出隐喻广告的视觉加工特征和广告评估效果不存在显著的相关性。实践方面：第一，使用隐喻形式传递广告卖点确实与使用直白的非隐喻形式产生了不一样的广告效果，而且广告中是否使用隐喻确实能通过认知反应和情感反应影响到购买意向；第二，广告实践中并不是使用了隐喻便可高枕无忧，在确定使用隐喻形式后还需要进一步考虑使用什么样的隐喻；第三，广告实践中使用隐喻形式传递广告卖点并不是捕获受众视觉注意的有效方式，但是如果广告主希望受众能够在广告卖点以及品牌信息上停留更长时间，隐喻表达确实比非隐喻表达更为有效，不过广告实践者也要注意，受众对隐喻广告的视觉加工与其对广告的反应并不存在显著的相关性，因为最吸引受众视觉注意力的隐喻广告并不一定能让受众产生最积极的反应。

目　录

图示目录

表格目录

第 1 章

绪　论

1.1　研究背景与意义

1.1.1　研究背景

本小节主要从社会背景和理论背景这两个层面来介绍研究背景。在社会背景方面，从修辞广告应用现状入手，指出修辞作为一种有效的劝说手段被广泛应用于广告设计。在理论背景方面，分别解释修辞学和认知语言学视角下的隐喻观。下面将按照这一思路进行详细说明。

（1）修辞在广告设计中应用的广泛性

古典修辞学将修辞视为劝服（Persuade）、打动（Move）或者取悦（Delight）受众的方式或方法，它最早被用在法庭演讲上，随后逐渐用于其他场合，其目的在于针对某一话题采用口头或书面表达成功地打动受众（McQuarrie & Mick，1993：309）。就广告而言，由于它的主要目的是劝说受众发生购买行为，所以修辞就成了广告实现劝说效果的一种重要方式，并且在广告中的应用十分普遍，这在共时、历时两个角度均有体现。

从共时的角度来看，根据 McQuarrie & Mick（1993）对美国杂志《人物》1991 年全年广告的分析，154 个广告中有 132 个在标题区域或副标题区域使用了至少一种修辞，修辞广告占整体广告的 86%；Leigh（1994）基于更大样本的研究发现，所有 2 468 个杂志广告中有 1 851 个在标题中使用了修辞，占整体的 75%，而且这些修辞涉及 41 个类型，种类十分丰富；McQuarrie & Mick（1996）对 621 个杂志广告的分析进一步指出，广告主除了在标题中使用修辞（占 57%），还在介绍品牌理念时使用了至少一种修辞（占 46%）。除了关注广告语言中的修辞现象，还有学者对广告图片中的修辞使用情况进行了分析。例如，Phillips & McQuarrie（2004）以杂志广告为例的研究发现，广告图片中含有丰富的视觉修辞，它们可以根据视觉结构、意义操作等维度划分成多种类型。

从历时的角度来看，Phillips & McQuarrie（2002）的分析指出：纵观 1954—1999 年间的美国杂志广告，越来越多的广告开始使用修辞，与此同时，越来越多的广告在设计时不局限于使用一种修辞，多种辞格同时出现在一个广告中的现象成为常态。

（2）修辞学和认知语言学对隐喻的解释

持隐喻修辞观的学者沿袭亚里士多德的观点，认为隐喻是“对两个本质不同的事物在某个相似点上的含蓄比较”（McQuarrie & Mick，1996），它的本质是修辞。由于修辞是“形式上对预期的艺术性偏离”（McQuarrie & Mick，1996：425），因此隐喻也具备这样的特征，是对正常语言的一种偏离性使用。在此基础上，隐喻修辞观承认隐喻加工存在认知效果，但值得注意的是，这些认知效果都是加工偏离性语言的附属品，在其他修辞语言加工中同样存在，并没有突出隐喻本质的特殊性（Babbles，2002：9－10）。相比之下，Lakoff & Johnson（1980）提出的概念隐喻观将隐喻视作人类主要的思维方式，而不是语言表达的手段或方式。在这种观点下，隐喻是用一个概念域来理解另一个概念域的认知手段，此时它提供的是认知框架，而认知框架会进一步影响人们的推理，这恰恰是使用隐喻产生认知效果的特殊之处。而从目前隐喻广告效果的已有研究来看，学者们大多是在修辞观下开展相关研究，隐喻作为认知方式会产生什么样的广告效果，这一点不得而知。因此，有必要充分考虑修辞观和概念观在隐喻认知效果上的分歧点，对隐喻广告的效果进行全面的研究。

综上所述，在广告行业发展迅速的今天，有关广告效果的问题牵动着各方利益者的神经。为了设计出对消费者更有劝说效果的广告，以隐喻为代表的修辞手段备受广告设计者青睐。但是，隐喻广告的效果到底如何？它对消费者的影响又具体体现在哪些方面？相关领域学者们的理论思考又如何为隐喻广告效果评估提供借鉴？这些问题亟待解决。在此背景下，本书所包含的各项研究重点围绕隐喻广告效果展开探讨。

1.1.2 研究意义

本小节主要从理论意义和现实意义两个方面展开介绍。

（1）理论意义

第一，将隐喻广告的认知效果、情感效果和意动效果联系起来，指出广告中是否使用隐喻对消费者购买意向的影响受到受众认知精细加工程度和广告态度的中介作用，即隐喻广告效果的生成存在“认知—情感—意动”这一线性关系。这对揭开隐喻广告与消费者行为的关系具有重要的理论意义。

第二，指出修辞学视角下解释隐喻广告效果成因的预期偏离观存在的不足并对其进行补充，提出隐喻广告效果的生成不仅仅是形式的作用，还有内容的作用，即隐喻广告效果的生成源于形式和内容两个层面。这一观点是对该领域相关理论研究的有益推进和补充。

第三，传统观念多认为越吸引人的广告越让受众喜欢，但本研究却发现隐喻广告的视觉效果与评估效果并不存在相关性，而且引发最多视觉注意的广告并不具有最好的评估效果，这说明视觉上的“看”和感觉上的“喜欢”并不存在必然相关性，该结果在很大程度上促使我们对视觉注意在广告效果评估中的角色产生新的思考。

第四，促进商务语言理论研究的发展。广告语言是典型的商务语言，本研究以广告语言为主要研究对象，利用跨学科实证研究的数据对相关理论进行补充和提升，能够有效推动这些理论向前发展。具体来说，从修辞语言加工的角度来看，以往的隐喻语言加工研究大多在阅读任务中观察被试的反应。本研究突破以往研究的这一局限，将隐喻语言放置在广告语境下探索其加工特点。

（2）现实意义

首先，本研究关于隐喻广告效果具体表现、生成路径和成因的各项结果可以为广告设计者提供实践上的指导。具体而言，本研究不仅告诉广告设计者隐喻广告到底能让广告受众产生认知、情感和行为上的哪些反应，还告诉他们这些反应之间有何关系。除此之外，本研究还能让广告设计者清晰地了解到隐喻广告的效果到底源自何处，从而让他们“知其然更知其所以然”，并由此根据自身的广告目的设计出更有效的隐喻广告。

其次，本研究关于隐喻广告效果测量或评估的结果可以明确地告诉广告主广告效果是什么。具体而言，本研究采用视向测量与意见测量相结合的方式，一方面可以揭示出受众在观看广告时的眼动注视特征，另一方面可以测量受众看完广告后的反应。在这种情况下，广告效果于广告主而言不再是一个抽象的概念，相反，他们不仅能够知道广告中的哪些信息吸引了受众注意，还能够知道受众对广告乃至品牌的反应。

再次，本研究对隐喻认知效果的研究能让企业了解如何利用隐喻建构企业形象。具体而言，概念隐喻观将隐喻视作一种认知方式，基于此，在使用隐喻时选择什么样的隐喻源域并不是随心所欲的，因为受众会根据源域来建构对目的域的理解，并产生一定的认知推断。在了解隐喻的这些情况后，广告主或广告设计者在使用隐喻时就需要结合自身需求或行为目的谨慎对待。

最后，本研究能为其他营销活动使用隐喻提供借鉴。具体而言，现实生活中像网站设计、产品包装等也经常使用隐喻，它们和广告一样，都属于营销的范畴。虽然各类营销活动在使用隐喻时存在特殊性，但它们也应该具备一些共性，对隐喻广告效果的研究就是对这一问题的探索性尝试。

1.2 概念界定与分析

为了便于讨论本研究重点关注的问题，这里需要对所涉及的相关概念进行界定和分析。

1.2.1 隐喻广告

由于修辞学和认知语言学对隐喻的解释不尽相同，所以隐喻广告这个概念所指的对象范围就有大有小。

首先是修辞学的观点。修辞学将隐喻放置在修辞这个框架下，认为隐喻同其他修辞一样，都符合修辞的基本特征——形式上对预期的艺术性偏离（McQuarrie & Mick，1993，1996，1999）。而且，修辞学视角下的这种隐喻观（McQuarrie & Mick，1996：426）特别指出："如果一种修辞的偏离度低于某一阈值，那么它将不再是修辞。例如，那些规约化了的隐喻（Conventionalized Metaphors）就属于这种情况。"根据修辞学的这一观点，隐喻广告是指采用隐喻这种修辞形式传递广告诉求的广告，而且这些隐喻必须具有较高的艺术偏离度或者新颖度。换言之，只有那些使用了具有较高偏离度的隐喻的广告才能算是隐喻广告。另外，在隐喻修辞观下，与隐喻广告相对应的非隐喻广告（或者直白广告）则是指那些同样的广告诉求采用直白的形式表达出来的广告。例如，某品牌净水机为了向广告受众传递其产品外观精美这种广告诉求，在广告文案中使用了"女神气质，高颜值"这样的隐喻表达，而且由于这里包含的隐喻"净水机是女神"具有较高的偏离度，所以这则广告是典型的隐喻广告。当然，如果广告主想更直接地向广告受众传递产品外观精美这一广告诉求，还可以只用"外观精美"这一直白表达来介绍产品，因为"女神气质，高颜值"和"外观精美"在语义上是一致的，仅在表达形式上不同。总的来说，在隐喻修辞观下，与直白地陈述广告诉求的非隐喻广告相比，隐喻广告最大的特点在于它更倾向于是一种间接说服方式，因为它主要借助具有较高偏离度的隐喻来含蓄地暗示广告诉求（吴水龙 等，2017：135－136）。

与修辞学视角下的隐喻观不同，认知语言学视阈下的概念隐喻观更强调隐喻是人类最重要的认知思维方式而不仅仅是修辞方式这一事实，即隐喻的本质是用一个概念域去理解另一个概念域的认知思维方式（Lakoff & Johnson，1980）。根据认知语言学的这种概念隐喻观，不管隐喻是否具有较高的偏离度，隐喻作为认知方式的本质特征都不会变，即便那些偏离度较低的隐喻因为使用太频繁而固化了，它们依然是使用者认知思维方式的体现。例如，“产品/企业是引领者”这一隐喻在汽车广告中十分常见，如奔驰汽车广告中的“用每一步，引领世界的脚步”、福田汽车广告中的“突破科技，引领未来”、奥迪汽车广告中的“领衔当代汽车美学”都蕴含了这一隐喻，可以说这一隐喻的使用十分频繁，甚至在一定程度上已经固化了，但是即便如此，广告主仍然在用这一隐喻传达产品或企业在行业中遥遥领先这层含义。另外，结合多模态隐喻（Forceville，1996）的观点，广告中以图画形式呈现的隐喻也是隐喻，它们和以文字形式呈现的隐喻从本质上来说没有差别，仅仅是呈现模态的不同。因此，基于隐喻认知观，只要广告中涉及隐喻思维，不管这一隐喻思维是否固化，也不管它用何种模态呈现，这个广告就属于隐喻广告。

综上所述，笔者认为，持隐喻修辞观的学者过于强调隐喻的修辞属性，但这种属性是所有修辞共有的，而非隐喻自身的独特性，相比之下，概念隐喻观更突出隐喻作为认知方式的特殊性和普遍性。因此，在本研究中，笔者将隐喻广告界定为含有隐喻思维（或者隐喻）的广告，这里的隐喻思维可以体现在文字模态上，也可以体现在图像（或视觉）模态上。与之相对应的是，非隐喻广告指不含有隐喻思维的广告。

1.2.2 广告效果

广告是一种双向沟通活动（王雁飞、朱瑜，2011：25），而广告效果从本质上来讲源于人们对这种沟通行为的反应（Tellis，2004：5）。因此，广告效果可以这样表述：它是“广告对其接受者所产生的影响及由于人际传播所达到的综合效应”（江波、曾振华，2002：4），或者说是“广告信息通过广告媒体传播之后对消费者产生的所有直接或间接的影响总和”（王沛，2008：3）。然而在现实生活中，人们尤其是广告主往往直接将销售量和经济利益等同于广告效果，这种理解实际上曲解了广告效果这个概念所包含的信息。因为从学术研究的角度来看，广告效果这一概念的内涵十分丰富，它从不同视角出发可以分成不同的类别。对此，国内学者的观点如下：第一，从性质上来看，广告效果不仅包括广告活动所产生的经济效果或销售效果，还包括传播效果、心理效果和社会效果（王沛，2008：3－5）；第二，广告效果从宏观角度可分为经济效果和社会效果，从表现形式可分为销售效果和广告本身效果，从时间角度可分为即时效果和潜在效果（江波、曾振华，2002：4－5）；第三，广告效果按照活动过程可分为事前效果、事中效果和事后效果，按照因素可分为原稿效果和媒介效果（汪涛，2004）。相比之下，国外学者（Deighton，1990 转引自李欣，2009：18）则认为，企业斥巨资做广告主要是为了追求以下三个方面的效果：一是品类扩张，即利用广告来吸引新的消费者购买产品，从而扩大该产品的市场份额；二是品牌加强，即通过广告使消费者产生较好的品牌印象，从而形成品牌偏好；三是品牌定位，即借助广告明确品牌在同类竞争品牌中的市场定位。综合国内外学者的观点可以看出，广告效果是一个内涵十分丰富的概念。在谈论广告效果时，我们不能把广告在某一方面的效果当作广告效果整体。但是，如果事先界定具体的广告目标，并由此明确广告所要达到的具体效果，就能有效地避免以偏概全的问题。这也是广告效果研究的主要出发点和立足点。

鉴于此，结合本书的研究主题——隐喻广告效果，笔者在本书中使用的广告效果概念更倾向于广告的传播效果，原因在于：第一，隐喻自身特点的限制。作为修辞手段，隐喻具备修辞本身的劝说性特质，当它应用在广告中时，会产生一定的劝说效果或者说情感效果；作为认知方式，隐喻主要用于提供认知结构，当它应用在广告中时，会产生一定的认知效果。然而，不管是情感效果还是认知效果，它们主要与传播效果相关，这就决定了隐喻广告效果研究必须围绕传播效果来展开。第二，传播效果研究更具可行性。现实生活中广告经济效果的产生受多方面因素影响，我们很难直接证明隐喻这种微观层面上的广告设计手段与产品销量之间存在必然的因果关系。但我们在研究中能做的是，借助实验法对相关变量加以控制，发掘隐喻如何影响广告受众的消费心理过程，从而判断或预测受众可能产生的行为。

1.2.3 广告媒介

隐喻在广告中的应用十分普遍，但就具体的广告媒介而言，学者们更倾向于认为平面广告是使用隐喻的理想之地，其原因主要有二：第一，由于平面广告空间十分有限，广告主便寄希望于用经济有效的方式来呈现产品或服务，而隐喻的使用恰好能满足这种需求（Pawlowski，Badzinski & Mitchell，1998）；第二，在广告的某种模态中使用隐喻时，可能需要另一种模态提供相应的信息加以解释，否则很容易出现理解偏差，而平面广告同时包含文字和图像这两种模态的信息，不管哪种模态使用隐喻，另一种模态都可以为受众提供解释隐喻的线索，从而保证广告中使用的隐喻能为受众所理解（Forceville，1996）。由此，在本书的各项研究中，笔者主要以使用隐喻的平面广告作为分析对象，探索它们的广告效果。

1.3 研究设计

本书整体的研究思路是：首先，对隐喻广告效果相关的文献进行回顾，由此提出隐喻广告效果研究目前仍然存在的空白点，并进一步提出具体的研究问题；其次，对隐喻广告的应用现状和特征进行分析，为后面的主体研究提供现实依据；然后，结合隐喻广告的现状和特征，对文献回顾后提出的问题分别进行研究；最后，对主体研究的结果进行总结，并指出本书研究的不足和未来的研究方向。

基于这一研究思路，本书整体分为七章，各章节的安排与内容如下：

第 1 章为绪论。包括研究背景与意义、概念界定以及研究设计。

第 2 章为隐喻广告效果研究回顾。主要对隐喻广告效果研究的相关文献进行梳理，在指出该领域研究空白的基础上提出本研究具体的研究问题。

第 3 章为预研究。主要分析隐喻广告的应用现状及特征。本章通过搜集国内主流杂志上的平面广告建立小型语料库，重在考察隐喻在平面广告中的应用情况及其特点，同时为下面三章所涉及的研究提供现实依据。

第 4 章为研究一。主要分析隐喻形式对广告效果的影响。本章重点关注的是隐喻广告相比非隐喻广告在认知、情感和行为等效果上的具体表现以及它们之间的关系。

第 5 章为研究二。主要分析隐喻内容对广告效果的影响。本章研究主要从内容的角度出发探讨隐喻内容而非隐喻形式在广告效果生成中的作用。

第 6 章为研究三。主要分析隐喻广告的视觉加工特征及其与广告效果的关系。本章重点借助眼动技术揭示隐喻广告的视觉加工特点，并进一步探讨隐喻广告视觉加工与广告效果评估的关系。

第 7 章为结论与展望。重点对本研究的主要结论加以总结，对研究结果的理论价值和实践意义进行分析，同时结合本研究的实际开展状况分析其局限性，进而提出未来需要进一步研究的方向。

第 2 章

隐喻广告效果研究回顾

本章主要结合禹杭、陈香兰（2018）的综述，对国内外已有的隐喻广告研究成果进行梳理和述评，内容主要涉及以下三个方面：隐喻广告的类别、隐喻广告效果的具体表现及其产生原因、隐喻广告效果的影响因素。

2.1 隐喻广告的类别

随着隐喻在广告中的应用逐渐增多，隐喻广告的类型也不断丰富起来。根据分类维度的差异，隐喻广告可以分为不同的类别。

第一，根据隐喻出现在哪种广告元素中（即隐喻的表征模态）可以将隐喻广告分为文字隐喻广告和图画隐喻广告，前者指隐喻仅以文字形式出现在标题或正文中的广告，后者指隐喻仅出现在图画中的广告。例如，在哈达谷蜂蜜广告（出自《南风窗》，2016 年第 4 期）中，可以从正文“喜马拉雅的金色钻石”看出，企业将蜂蜜比作金色钻石寓意产品质量上乘；鹰谷葡萄酒广告（出自《中国新闻周刊》，2016 年第 48 期）将其图画的背景设定为丝绸和猎豹皮毛，前景为产品本身，图画整体寓意该款葡萄酒的口感如丝绸和猎豹皮毛一般柔顺。

第二，根据广告中隐喻源域（即把广告产品或服务所比喻成的对象）和目的域（即广告产品或服务）之间进行直接比较的程度，隐喻广告可以分为具体隐喻广告和抽象隐喻广告（Morgan & Reichert，1999）。其中，具体隐喻指源域和目的域之间的关系可以被五官直接感知，如哈达谷蜂蜜广告和鹰谷葡萄酒广告中的隐喻都是具体隐喻，因为源域特征和目的域特征都是人们可以直接感知的。而抽象隐喻广告指隐喻源域和目的域之间的关系建立在无形事物之上，例如当手表广告中出现天鹅时，二者之间的相似性——优雅更倾向是一种抽象特征（Morgan & Reichert，1999：2）。

第三，根据广告中隐喻源域和目的域的（视觉）呈现方式，隐喻广告特别是图画隐喻广告可以分为三类。具体而言，Forceville（1996：108－164）基于文字模态中明喻（即“A 像 B”）和暗喻（即“A 是 B”）的区别，将广告中的图画隐喻分为三类：仅出现源域（MP1S）、源域目的域同时出现（MP2S）、图画明喻（Pictorial Similes）。在此基础上，Mulken，Pair & Forceville（2010）进一步明确了上述三类图画隐喻的名称，它们分别是情景隐喻（Contextual Metaphor）、混合隐喻（Hybrid Metaphor）和明喻（Simile）。具体而言，使用情景隐喻的广告在图画中仅出现源域而不出现作为目的域的广告产品或服务，此时消费者需要结合广告语境推断出隐喻的目的域，如在图 2.1（a）所示的汽车广告中，当消费者看到公路上出现的是鲨鱼而不是汽车时，会根据该广告的正文、品牌名称等语境信息获知它是将汽车比喻成了鲨鱼，寓意汽车速度之快。而使用混合隐喻的广告在图画中同时出现源域和目的域，但二者在视觉结构上融为一体并形成现实中不可能存在的新事物，如图 2.1（b）所示的汽车广告中，人体肱二头肌部位的肌肉（源域）形状被刻画成了汽车（目的域）的模样，寓意汽车非常有劲。相比之下，上述鹰谷葡萄酒广告所示则为图画明喻，其中作为隐喻源域的丝绸和猎豹皮毛与作为目的域的葡萄酒同时出现在广告图画中，而且它们在视觉结构上是完整地并列放置在一起，正如同文字模态中的明喻表达“A 像 B”，可以让消费者对源域和目的域进行直接比较。

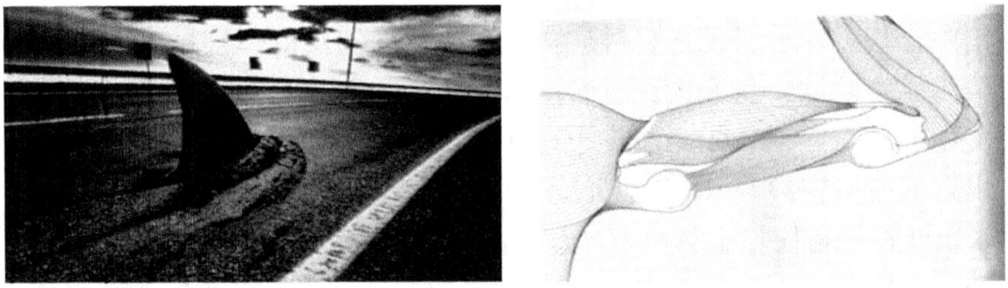

(a) 使用情景隐喻（汽车是鲨鱼）的汽车广告　　(b) 使用混合隐喻（汽车是肌肉）的汽车广告

图 2.1　情景隐喻与混合隐喻举例

资料来源：MULKEN M V，PAIR R L，FORCEVILLE C. The impact of perceived complexity, deviation and comprehension on the appreciation of visual metaphor in advertising across three European countries [J]. Journal of pragmatics, 2010, 42 (12): 341－343.

第四，根据广告中隐喻源域和目的域之间的语义概念关系，有学者专门结合图画隐喻的视觉结构特征区分了不同的隐喻广告。Phillips & McQuarrie（2004）从复杂度和丰富度这两个维度对图画隐喻进行分类：复杂度是指图画在视觉结构上的空间分布，图画隐喻据此可以分为替代（Replacement）、融合（Fusion）和并置（Juxtaposition），它们分别对应 Forceville（1996）区分的三种类型（如

图 2.1（a）、图 2.1（b）和鹰谷葡萄酒广告），这也是二者的相似之处；丰富度是指意义操作所能够提供的加工机会的程度和范围，具体可以分为关联（Connection）、相似（Similarity）和相反（Opposition）①。Gkiouzepas & Hogg（2011）则从视觉结构和视觉场景这两个维度对图画隐喻进行分类：前者沿袭 Phillips & McQuarrie（2004）的观点，包含并置和融合；后者则包含现实、替换和虚拟。

除此之外，根据目的域是否出现在图画的显著位置上，Chang & Yen（2013）将图画隐喻分为直白隐喻和含蓄隐喻。这里的直白隐喻对应 Phillips & McQuarrie（2004）分类中的并置型隐喻（如鹰谷葡萄酒广告），但含蓄隐喻仅类似于替代型隐喻，因为在使用含蓄隐喻的广告中，产品或服务作为目的域出现在了广告中不突出的位置而不是不出现在广告中。

2.2　隐喻广告效果的具体表现及其产生原因

隐喻广告能否被消费者准确理解和解释是早期衡量隐喻广告效果的基本准则（吴水龙等，2017：134），彼时语言学特别是心理语言学中关于隐喻理解（Metaphor Comprehension）的诸多理论观点（如语义异常观、比较观、范畴包含观、互动观等）被引入营销领域用于指导隐喻广告效果评估（Ward & Gaidis，1990；Sopory & Dillard，2002）。随着学者们对广告效果的研究不断深入，广告效果的内涵逐渐丰富起来，这也为隐喻广告效果的测量和评估提供了依据。例如，从广告受众的角度出发，广告效果大体包含传播效果、经济效果和社会效果，其中传播效果又可细分为认知、情感和行为效果（王沛，2008：3－5）。综观以往的隐喻广告效果实证研究，由于学者们很难剥离出广告因使用隐喻而产生的经济效果，他们大多将研究重心放在了隐喻广告的传播效果和社会效果上。鉴于此，重点从传播效果和社会效果这两个方面梳理隐喻广告效果的具体表现，同时结合隐喻理解的相关理论对其产生原因进行解释。

2.2.1　隐喻广告的传播效果及其产生原因

不同于平铺直叙的直白广告，隐喻广告往往呈现出信息含蓄隐晦的特点，这就使得消费者必须充分理解隐喻源域和目的域之间的相似性才能领会广告诉

① 关于关联和相似是否应该以丰富度来区分，Lagerwerf 等（2012）提出了异议。他们通过分析眼动数据发现，相似比关联引发了更多的图文眼跳和更长的图画注视时间，同时结合心理测量指标来看，关联比相似引发了更多的受众反应，这说明前者比后者更开放，而不是后者比前者更丰富。关于意义操作以丰富度还是开放度进行衡量，关注点不同，结论也不同。

求。Kim，Baek & Yang（2012）结合以往的隐喻广告研究指出，隐喻在广告受众头脑中引发的推断在隐喻理解中扮演了重要角色，而这些由隐喻引发的推断可以分为认知和情感两大类。事实上，目前的隐喻广告效果实证研究重点也在认知效果和情感效果上，很少涉及广告传播效果中的行为效果。因此，本小节主要说明隐喻广告在消费者认知和消费者情感两个层面产生的传播效果及各自的产生动因。

2.2.1.1 认知效果

与非隐喻广告相比，隐喻广告所产生的认知效果主要体现在它激发了更多精细加工上，或者更通俗地讲，它让广告受众产生了更多样而不是单一的想法（Kardes，1988；Toncar & Munch，2000；Kim 等，2012；肖灿，2014）。关于隐喻广告会激发更多精细加工的原因，目前学界有两类观点，一类基于隐喻理解的比较观，另一类基于隐喻修辞观。下面将结合这两类观点对隐喻广告认知效果的成因进行解释说明。

（1）隐喻理解比较观

隐喻理解比较观将隐喻理解得以实现的原因归结于人们发现了源域和目的域之间的相似性集合。换言之，隐喻义存在于两个概念之间的相似性而非差异性（Ward & Gaidis，1990：638）。Sopory & Dillard（2002：384）进一步指出，持比较观的学者认为“语言的隐喻性（Metaphoricity）和字面性（Literalness）是一个程度问题，这两种语言形式的加工存在相同的心理机制”。其中，Ortony的“特征突显不平衡假说（Salience Imbalance Hypothesis）”（Ortony，1979；Ortony等，1985）是被广泛提及的一种观点，它一方面回应了 Black（1955）、Tourangeau & Sternberg（1982）对早期比较观把特征匹配（Matching）视作隐喻理解充分条件的批判，另一方面特别强调了匹配的作用，认为相比其他情况，人们在理解隐喻时更关注特征的匹配：如果要理解隐喻，首先需要建立起包含源域和目的域共享特征的集合，然后从中选择出对目的域而言具有高突显性、对源域而言具有低突显性的特征进行特征匹配。以特征突显不平衡假说为依据，Hitchon（1991）提出，当源域和目的域的共有特征组合在一起用来理解隐喻时，与这些特征相关的评价也会成为喻底的一部分，因此，喻底的形成既需要对与喻底相关的特征进行精细加工，又需要对相关联的情感效价（Emotional Valence）进行精细加工。

Gentner 的“结构映射理论”（Structure-mapping Theory）（Gentner，1982，1983，1989；Gentner & Clement，1988）同样基于比较观，但与“特征突显不平衡假说”不同的是，它认为隐喻理解中进行比较的不是独立的特征本身，而是特征之间的关系[1]。Gentner（1983：156）甚至直接将隐喻同类比联系起来，指出隐喻就是“把常见于一个概念域的关系结构应用在另一个概念域上”。在理解隐喻时，人们需要通过找寻源域和目的域之间的关系映射才能获得结构匹配（Sopory & Dillard，2002：384）。基于结构映射理论，Whaley（1991）对隐喻激发精细加工的原因做出了如下解释：在隐喻理解的过程中，人们通过关注源域和目的域之间相似的关系结构，会激发出更多想法，从而在语义记忆中激活更多的联想，而这些丰富的语义联想又会使人们对信息内容产生更多的精细加工。

（2）隐喻修辞观

除了上述语言学家的观点，来自修辞学和营销学领域的学者也提出了他们对隐喻理解的认识。具体而言，基于古罗马时期的演说家 Quintilian 对修辞的定义——“对正常用法的艺术性偏离（artful deviation）”（转引自 McQuarrie & Mick，1993：309），Corbett（1965）、McQuarrie & Mick（1996）进一步指出修辞的这种偏离主要存在以下三个特征：（a）发生在形式而非内容层面；（b）是对预期的偏离；（c）所形成的语言表达并非荒谬无意义。隐喻作为一种重要的修辞手段，自然也存在艺术性偏离及其相应的特征。根据 Grice（1989）的观点，每段会话在进行时都存在一定预期，这些预期构成了会话惯例。就隐喻而言，听话者知晓说话者使用词语时的惯例，例如其中一个惯例——听话者所使用的词语的意义多是这些词语在字典中的主要意义，但是隐喻违背了这一惯例（McQuarrie & Mick，1996）。Sperber & Wilson（1986）指出，尽管说话者使用隐喻违背了会话惯例，但听话者依然能够获得会话含义，其原因在于：听话者能够根据语境来推断出恰当的意义。简言之，语用学家认为隐喻理解得以顺利进行是因为听话者可以利用其他惯例来解决说话者违背惯例的情况，进而通过语境来获得隐喻的准确含义（McQuarrie & Mick，1996：426，1999：40）。基于上述观点，McQuarrie & Mick（1993，1996，1999）提出隐喻作为一种修辞手段，具备修辞本身的特点——艺术性偏离，而这应该是它能够激发精细加工的主要原因。具体

---

① Sopory & Dillard（2002）以“Encyclopedias are goldmines”为例解释了“特征突显不平衡假说”和“结构映射理论”在隐喻理解上的差异：在前一种观点看来，这句话是通过确认“valuable nuggets”和“dig”这两个对“goldmines”而言是高突显性、对“encyclopedias”而言是低突显性的共享特征来理解的；而后一种观点则认为“valuable nuggets found by digging”这种相似性关系是理解该隐喻的关键。

而言，偏离通常可以理解为不一致性（Incongruity）[①]（Berlyne，1973），而不一致性，尤其是广告刺激中的不一致性被证实的确能够激发精细加工（Heckler & Childers，1992）。

2.2.1.2　情感效果

与使用直白表述的非隐喻广告相比，使用含蓄表述的隐喻广告更能引发受众积极的情感反应（Ang，2002；Kim 等，2012）。更具体地说，广告受众在理解隐喻广告信息之后会消解紧张感或者产生愉悦感。关于隐喻广告会激发上述情感的原因，目前学者们主要基于隐喻理解的语义异常观给出了相关解释。

和比较观关注相似性不同，语义异常观的立足点是隐喻的源域和目的域之间存在差异性，持该观点的学者认为隐喻表达违反了语法规则，属于字面不真实的断言（Literally Untrue Assertation）。以此为基础，他们着重解释“人们如何通过放松语法规则的使用要求或者改变语法规则，允许隐喻的源域和目的域至少在更抽象的层面上进行比较”（Ward & Gaidis，1990：638）。简言之，语义异常观认为隐喻理解发生的动机是减少不同概念进行比较时产生的异常。在语义异常观下，Searle（1979）的“字面义先行观（Literal-primacy/Literal-first）”广为其他学者所讨论，其主要观点是隐喻理解过程分为三个阶段：第一，获得隐喻的字面义；第二，检验该字面义是否合理，观察是否存在语义异常或语义规则的违反；第三，如果字面义不合理，寻找该语境下合理的隐喻义。

基于语义异常观，我们可以充分解释隐喻广告为何会让受众产生上述特定的情感反应：（1）消解紧张感。MacCormac（1985）以语义异常观为出发点，在字面义先行观的基础上指出，人们在隐喻理解的过程中会产生一定的情感反应，具体表现为：遇到隐喻这样的语义异常时会产生负面的紧张感，与此同时也会产生想要削弱这种紧张感的欲望。在这种情况下，通过找寻适合隐喻表达的恰当意义，语义异常性问题得以解决，而紧张感也会随之消解。（2）产生愉悦感。同样是基于语义异常观，Sopory & Dillard（2002：385）从对立面提出了另一种解释：解决隐喻的语义异常并由此发现两个概念域之间未预期的相似性的过程是令人愉悦的。这种观点与 Barthes（1985）所说的“文本的乐趣（Pleasure of Text）”基本一致，因为后者认为：能够产生多种解释的文本对读者而言具有内在趣味性，换言之，这样的文本才具有更高的诗学或美学价值，当人们像解谜一样获得了隐喻的真实含义时，内心会产生愉悦感（McQuarrie & Mick，1999：40）。

① Mulken 等（2005: 156）发现，除 incongruity 外，还有很多术语用来描述广告中的“不一致性”现象（即广告受众需要通过推断才能获得广告意图的现象），如 incongruency、inconsistency，以及 unexpectancy & irrelevancy、openness、indirectness、implicitness 等，尽管在语言表达上千差万别，但它们所描述的对象都是不一致性现象。因而本书不对它们进行详细区分，而是归为同一类。

2.2.1.3　认知和情感效果的增加会提升广告说服效果

综合上述两个层面的分析，就传播效果而言，隐喻广告比非隐喻广告在认知上产生了更多的精细加工，在情感上则引发了更积极的受众反应，而它们又会进一步影响隐喻广告整体的说服效果。

首先，隐喻广告引发的精细加工会通过降低受众反驳广告信息的概率来提高广告说服的效果。这一点可以用认知资源的观点进行解释：相比直白的非隐喻广告，隐喻广告真正含义的获得需要大量精细加工，而精细加工的实现则需要认知资源的调配，由于认知资源具有有限性，完成隐喻广告理解后剩余的认知资源不足以产生不相关的观点或进行反驳，这就使得隐喻广告信息的说服效果更强（Sopory & Dillard，2002：386；Larsen，Luna，& Peracchio，2004）。

其次，隐喻理解引发的情感反应会迁移到广告上并影响广告说服效果。具体来讲，随着隐喻广告的含义得以理解，受众的紧张感逐渐消解，或者获得了解读文本的乐趣，这些因隐喻理解而产生的积极情感会迁移到广告上，从而使他们对整个广告产生赞许的态度（Mick，1992）。而且这种积极情感会强化隐喻义和相关评价，从而增强说服效果（Sopory & Dillard，2002：385）。

Kim 等（2012）的研究证实了上述观点：隐喻广告首先通过激发认知精细加工和情感精细加工[①]影响了广告态度生成的前提条件，具体包括广告可信度、广告感知、对广告主的态度、对广告整体的态度以及情感等五个方面，在此基础上受众形成广告态度。而已有研究指出，品牌态度与广告态度之间正向相关（Bergkvist，Eiderbäck，& Palombo，2012：68；MacInnis & Jaworski，1989：17－18），由于受众对广告的态度会转移到品牌上（“情感转移假说”，Kim 等，2012：81），积极的广告态度也会促使受众产生积极的品牌态度。由此，隐喻广告相比非隐喻广告产生了更好的说服效果。

2.2.2　隐喻广告的社会效果及其产生原因

（1）具体表现：建构观念或意识形态

与直接陈述广告诉求的非隐喻广告相比，隐喻广告还被广告主视为改变或建构消费者观念的重要工具（Phillips & McQuarrie，2009），尤其是当隐喻与权力、性别相关时，它在很大程度上能传递出广告主的意识形态并对消费者产生重要影响（Velasco-Sacristán & Fuertes-Olivera，2006；Velasco-Sacristán，2010）。

---

① Kim 等（2012）将隐喻激发的精细加工分为认知精细加工和情感精细加工，其中认知精细加工即隐喻所激发的与内容相关的观点和思考，情感精细加工即隐喻理解带来的乐趣或消解了的紧张感。

（2）产生原因

隐喻广告能够对消费者观念产生影响的原因主要在于它不仅是一种修辞手段，更是人类最重要的认知方式和思考机制。具体而言，隐喻通过提供大量相关的语义联想，使信息本身所包含的论元联系起来形成紧密连贯的结构，相比之下，非隐喻则不存在这样的功能或效果（Sopory & Dillard，2002：387）。特别是当一个隐喻应用在某个广告中时，那些与该隐喻的源域极为相似的产品或服务（即目的域）特征会因之突显出来，相比之下，不相似的特征会被遮掩掉，即"隐喻具有定义现实的能力，它可以借助一个连贯的条件关系网突出事实的某一部分特征而遮掩其他特征"（Lakoff & Johnson，1980：55）。在这种情况下，当广告主选择应用隐喻 A 而非隐喻 B 时，消费者的观念乃至意识形态更容易受到隐喻 A 的影响。正因为如此，隐喻在帮助企业建构身份形象（Cornelissen & Kafouros，2008；Morgan，2006）、指导企业行为（Cornelissen，Holt，& Zundel，2011；Cornelissen，Clarke，& Cienki，2012；Freire，2014；Huang，Li，& Zhang，2013；Liu，Adair，& Bello，2015），以及帮助政治家解释复杂的政治问题（Jaspaert 等，2011；Lakoff，2009；Moses & Gonzales，2015；Ohl 等，2013）等方面发挥了不可忽视的作用。

2.3 隐喻广告效果的影响因素

Vakratsas & Ambler（1999）从信息加工的角度指出，广告刺激本身和受众个体差异是影响广告效果的两个重要方面，其中广告刺激本身所包含的因素主要与广告的内容、形式等特征有关，而受众个体差异所包含的因素则主要与受众在加工广告时的动机、能力等特征有关。这一观点得到了脑神经营销学相关研究成果的支持（Plassmann，Ramsøy，& Milosavljevic，2012）。鉴于此，本小节将隐喻广告效果的影响因素按照与广告刺激相关和与受众个体差异相关归为两大类。

2.3.1 与广告刺激相关的因素

从以往研究来看，学者们关注的与广告刺激相关的隐喻广告效果影响因素可以进一步分为三类，分别是隐喻广告类型、广告产品类型和文字解释程度。

2.3.1.1 隐喻广告类型对隐喻广告效果的影响

前文提到，隐喻广告根据不同维度可以区分为多种类别，其中学者们关注较多的是隐喻模态和图画隐喻视觉结构对隐喻广告效果的影响。

（1）隐喻模态

隐喻广告可以根据隐喻出现在哪种广告元素中（即隐喻的表征模态）区分为文字隐喻和图画隐喻，二者在广告效果上是否有差异一直存在争议。Forceville（2009：21－22）从认知语言学的概念隐喻理论出发指出，如果隐喻确实发生在认知思维层面，那么隐喻的表征模态并不重要，因为此时广告中的隐喻不管用图画还是文字表征，受众的加工都不应该存在差异。这一说法得到了 Smith（1991）的支持，因为该研究发现受众从视觉模态和文字模态获得了相同的推断。然而，来自符号学领域的学者认为，由于图画比文字含蓄，以图画形式呈现的广告信息更具开放性（Openness），这种开放性特征对受众的限制较少，会让受众产生更多的解释或推断（McQuarrie & Phillips，2005：9）。在这种情况下，广告中使用图画隐喻比文字隐喻更具说服效果。McQuarrie & Phillips（2005）通过分析反应潜伏期数据，发现以图画模态呈现的间接隐喻表达更容易使受众在接收到广告刺激的同时对广告品牌产生积极推断。Ang & Lim（2006）的研究认可图画在吸引注意力、激发想象力、提高记忆力等方面的优势，并以此为基础提出：如果隐喻以图画模态呈现，文字模态是否为隐喻并不重要；相反，如果图画是非隐喻，以文字模态呈现的隐喻同样能够产生一定的正面效果。

与隐喻模态相关的另一个问题是：图画和文字两种模态是否比仅有一种模态使隐喻能产生更好的广告效果。基于 Ogilvy & Raphaelson（1982）的广告“感性—理性平衡论”，Ang（2002）提出隐喻以两种模式呈现并不是最优组合，这要视产品类型而定：对实用型产品而言，它自身的特征偏向理性，因而只要广告中存在具有感性特征的隐喻，并且不管隐喻以哪种模态呈现，隐喻的使用都会改善受众反应；但对享乐型产品而言，它的感性特征比较显著，此时需要使用具有理性特征的广告元素，相比之下，仅用图画这一种模态呈现隐喻是吸引广告受众最佳方式，因为两种模态都是字面意义这种搭配不足以激发受众兴趣，而“文字隐喻—图画直白”的搭配则会削弱文字模态本身的理性值。

（2）图画隐喻的视觉结构

前文提到，Forceville（1996）和 Mulken 等（2010）根据广告中隐喻源域和目的域的视觉呈现方式或视觉结构将图画隐喻分为三种类型。其中 Mulken 等（2010）还进一步考察了哪种类型的图画隐喻运用在广告中会使受众产生更高的赞赏度，结果发现：随着图画隐喻复杂度逐渐增加，即隐喻类型从明喻到混合隐喻再到情景隐喻，受众对广告的赞赏度呈现先增后减的趋势，即图画隐喻复杂度和赞赏度之间呈现倒 U 型关系，这说明在广告中使用混合隐喻的效果相对较好；但是当受众充分理解了广告中的隐喻时，三种隐喻所引发的广告赞赏度则无较大差异，这说明理解度能够调节隐喻类型对广告赞赏度的效果。Phillips &

McQuarrie（2004）、Mulken，Hooft，& Nederstigt（2014）的研究得出了与之相似的结论。特别值得一提的是，Mulken 等（2014）的研究还进一步指出，除理解度外，隐喻的固化程度以及隐喻两个概念域之间的可比较度也与广告赞赏度呈反向相关，这也在一定程度上解释了为什么广告效果集中在复杂度中等的混合隐喻上。

在图画隐喻视觉结构的基础上，Gkiouzepas & Hogg（2011）加入隐喻两个概念域之间的语义关系考察了二者的交互作用，结果发现：如果将两个非常不相似（即语义关系较远）的事物采用混合隐喻的形式呈现在广告中，广告的说服效果会被削弱。

除上述主流分类观外，Morgan & Reichert（1999）根据其具体隐喻和抽象隐喻的分类对比分析了广告受众在不同条件下的广告理解度，结果发现包含具体隐喻的广告比包含抽象隐喻的广告更容易理解。

2.3.1.2 产品类型对隐喻广告效果的影响

产品类型是决定隐喻广告效果的一个重要因素。首先，从产品功能进行产品类型区分来看，Ang（2002）的研究发现：对实用型产品而言，广告标题中使用隐喻能够提高受众的赞赏度和行为意向；但对享乐型产品而言，广告标题中不使用隐喻反而能产生更好的效果。Ang & Lim（2006）进一步考察了隐喻使用如何影响受众对不同类型产品的品牌个性感知，结果发现：总体而言，在广告中使用隐喻的品牌被视为更加复杂和刺激，但是不够真诚和可靠；就产品类型而言，隐喻使用对品牌个性感知的影响在实用型产品上更为明显，具体表现为品牌复杂度和刺激度有所提升，但真诚度有所下降。事实上，虽然上述两个研究考察了产品类型对广告是否使用隐喻的影响，但它们在实验设计上存在一定问题，因为二者所选择的产品存在价格差异，这很有可能对实验结果产生干扰。对此，Chang & Yen（2013）通过在实验中选定一种兼具实用和享乐功能的产品解决了该问题[①]。不过，在使用该方法时也要注意情景卷入度的问题，因为Toncar & Munch（2000）的研究发现：就同一种产品而言，在情景卷入度水平较高的情况下，广告本身已经引发了受众兴趣，此时是否使用隐喻并不重要；但情景卷入度水平低时使用隐喻会吸引受众的兴趣。

另外，从产品卷入度对产品类型进行区分来看，张红宇等（2017）的研究发现：对卷入度高的产品而言，在广告中使用隐喻与否并不会影响受众的视觉注意情况和广告记忆效果，相反，对卷入度较低的产品而言，在广告中使用隐

---

① 这种方法也被应用在了研究修辞语言如何影响用户对不同类型产品的评论上，具体可参看 Kronrod & Danziger（2014）的研究。

喻比不使用隐喻能引发受众产生更多的视觉注意并产生更好的广告记忆效果。

2.3.1.3　文字解释程度对隐喻广告效果的影响

当广告中的图画隐喻配以文字解释时，这种现象被称为文字参照（Verbal Anchoring）。需要说明的是，文字参照现象中用于解释图画隐喻的文字不使用任何隐喻。针对文字参照这种现象，研究者们关心的问题是：广告文字在多大程度上解释图画隐喻的含义才能产生很好的效果。对此 Phillips（2000）的研究发现：对于广告中出现的图画隐喻，如果广告标题仅提供一些线索用来帮助受众解释这个隐喻，那么受众对广告的喜爱度会因为理解度的增加而增加；相反，如果广告标题完全解释了该隐喻，受众无法从中获得解读广告的乐趣，此时广告理解度会增加但广告喜爱度有所下降。然而，Bergkvist 等（2012）的研究却发现了不同的结果：相比不含广告标题或者广告标题仅提供部分线索这两种情况，完全解释图画隐喻意义的广告标题能使受众对图画隐喻所传递的核心价值产生更强的品牌信念，进而获得更积极的品牌态度。此外，笔者以 Lagerwerf, Hooijdonk & Korenberg（2012）及 Phillips & McQuarrie（2004）的分类观为基础，考察了文字参照和意义操作在受众反应上的交互作用，结果发现：当意义操作是关联而非相似时，文字参照能够有效地提高受众对广告的理解度。

2.3.2　与受众特征相关的因素

2.3.2.1　认知需求（Need for Cognition，NFC）

在受众特征中，NFC 被证实是影响广告效果的一个重要因素，它能够调节广告受众对复杂度的反应：NFC 高的受众能够应对较高的复杂度，从而更容易接受具有挑战性的心智任务；相反，NFC 低的受众则认为复杂信息所传递的意义难以捉摸。就隐喻广告而言，NFC 的影响同样不容忽视。DeRosia（2008）的研究发现，只有在 NFC 水平中等的受众当中投放包含非文字模态隐喻的广告，才能产生较好的广告效果，其原因在于：非文字模态的隐喻加工需要受众付出一定的认知努力，而 NFC 较低的受众不具备足够的加工动力或能力，因此使用隐喻的广告在这类受众当中并不能产生较好的效果；对 NFC 过高的受众来说，他们在加工完隐喻后会用额外的认知努力去确认自己的理解是否正确，此时很容易产生驳斥，削弱隐喻使用的说服效果。Chang & Yen（2013）则指出，隐喻广告相比非隐喻广告所产生的说服效果仅出现在 NFC 高的受众上，而且广告中使用的隐喻类型和产品类型存在交互作用。

2.3.2.2　加工能力

除了 NFC 这一反应个体加工动机的指标，个体加工能力也会影响隐喻广告效果。Pawlowski 等（1998）以皮亚杰的认知发展理论为基础，对不同年龄段的儿童如何理解隐喻广告进行了研究，结果发现：高年级儿童比低年级儿童更能准确地理解隐喻，因为随着年龄的增长，前者的抽象能力得以提高。此外，该研究还指出，从儿童的实验结果来看，如果广告主要想使用隐喻来提高儿童的广告记忆力，他们必须通过重复展露广告等手段使儿童在隐喻和产品之间建立联系，否则隐喻广告很难对儿童受众产生积极影响。Morgan & Reichert（1999）关注的是个体的脑半球加工特征如何影响隐喻理解，该研究发现：由于右脑通常用来理解和产生隐喻，右脑加工能力或综合加工能力强的受众更有可能对广告中的隐喻产生准确有效的解释。Dimofte & Yalch（2007）则将隐喻视作多义现象，通过设计通达第二层意义的自动化路径测试（SMAART），该研究发现测试中的高分者更容易理解隐喻并产生品牌联想，而低分者在获得更多的时间后也能够理解隐喻。此外，也有学者（Phillips & McQuarrie，2009）在关注隐喻能力对隐喻广告效果的影响。Chang 等（2017）以女性消费者作为研究对象，发现搜索型产品使用混合型图画隐喻对认知能力水平高的女性消费者更为有效。

2.3.2.3　文化背景

与认知需求、加工能力相比，学者们对受众个体文化背景差异的影响关注较少，但从已有的研究结果来看，文化背景确实能够对隐喻广告的理解和欣赏产生影响（McQuarrie & Mick，1993；Mulken 等，2010）。

2.4　研究述评

通过对国内外隐喻广告研究的相关成果进行梳理，我们发现隐喻广告效果研究虽然在隐喻广告的类别、隐喻广告的效果及其产生原因和隐喻广告效果的影响因素这三个方面取得了丰富的成果，但是该主题下的研究仍然存在大量值得探索和改进的空间，具体体现在以下三个方面：

（1）缺乏全面揭示隐喻广告效果及其生成路径的研究

从以往的隐喻广告效果研究来看，隐喻广告相比非隐喻广告所产生的传播效果主要体现在认知效果和情感效果这两个方面，前者具体表现为认知精细加工的增加，后者具体表现为紧张感的消解或乐趣的增加，即产生积极的情感反应。然而，问题在于：

第一，用于衡量认知效果的认知精细加工是一个十分宽泛的说法，基于这个指标的测量结果只能说明隐喻广告相比字面广告更容易激发消费者产生很多想法（Thoughts）。至于这些想法是什么、它们是否符合广告主的预期，这些问题的答案不得而知。在这种情况下，消费者学习领域的知识迁移理论和语言学领域的隐喻理解观给我们提供了有益启示，因为根据这二者的观点，上述两个问题分别对应知识迁移的内容和认知推断的有效性。由此，如果能在认知精细加工的基础上进一步获得隐喻对消费者知识迁移和认知推断的影响，就能更清楚地揭示隐喻广告的认知效果。

第二，广告传播效果涉及认知、情感和行为这三个层面，隐喻广告也不应当例外。但是，以往研究重在分析隐喻广告的认知效果和情感效果，较少涉及行为效果，而行为效果往往又是广告主最关心的内容。此外，广告效果各层级之间并不是完全独立的关系，它们应当存在一定的联系。例如，广告中使用隐喻会使消费者学习到关于广告产品或服务的哪些信息？由此产生的认知精细加工会使消费者产生什么样的认知推断，情感反应在其中扮演了什么角色？消费者做出的认知推断是否符合广告主预期？如果是，它们是否会促使消费者产生购买欲望并进一步做出购买决策？如果不是，是否消费者就一定不会做出购买决策？简言之，隐喻广告在消费者身上所产生的各项反应之间存在怎样的联系，它们如何共同作用于最终的消费行为？这些问题在以往研究中讨论得并不充分。

第三，在广告效果研究领域，不管是传统的广告效果层级模型（如经典的AIDA 模型以及由此延伸出的其他模型）[①]还是考虑了消费者加工能力和加工动机的精细加工可能性模型（Elaboration Likelihood Model，即 ELM 模型）（Petty & Cacioppo，1981），抑或是融合了 ELM 模型、品牌加工模型和消费者卷入度四层次模型的广告信息加工整合模型（MacInnis & Jaworski，1989），它们都认为广告效果的产生存在线性关系，即先发生的效果是引发后期效果的必要前提，由此我们认为，隐喻广告效果的生成应该也不例外，它对消费者认知、情感和行为这三方面的影响并非完全独立，各层次之间应该存在关联，即隐喻广告效果应该遵循一定的生成路径或机制，但是目前关于这方面的研究并不多见。

第四，隐喻广告所产生的效果不是绝对的，并不是说使用隐喻一定会产生某种效果，不使用则一定不会产生这种效果。事实上，隐喻广告的效果很容易受到广告刺激本身和消费者个体差异这两类因素的调节作用，其中前者包括隐喻广告类型、广告产品类型和文字解释程度这三类因素，后者包括认知需求、加工能力和文化背景这三类因素。从本章第 2.3 节的综述来看，虽然学者们的研究已经涉及众多调节变量，但仍有一些未被关注，而隐喻源域的情感特征和广告有无解释性信息就是其中非常重要的两个因素。首先，就隐喻源域的情感特征而言，传统的隐喻研究仅着眼于隐喻理解中的概念意义映射，但近来有学者（徐宏颖、彭宣维，2016）提出在隐喻映射中情感意义应该是和概念意义并行发展的，前者附着于后者之上。也就是说，在使用隐喻时，目的域除了获得源域

① 关于广告效果层级模型的总结见李欣（2009：21－22），笔者在此不再赘述。

本身所带有的概念意义，还会获得它的情感意义。在这种情况下，隐喻源域概念自身的情感倾向或特征很有可能对消费者的认知和情感都产生重要影响，而这恰恰是以往研究没有关注到的地方。因此，在考虑隐喻源域概念情感倾向的情况下分析隐喻广告的认知效果和情感效果，将进一步揭示出隐喻相较于其他修辞手段所特有的作用。其次，就广告有无解释性信息而言，根据 Ratneshwar & Chaiken（1991）和 Mick（1992）的观点，从信息加工的角度来看，受众对广告的理解水平能够对广告效果产生重要的调节作用。事实上，这与消费者学习的观点“不谋而合”，因为该领域学者认为，广告中是否含有对产品或服务主要特征的解释，这是影响消费者学习效果的重要因素（Delbaere，2008）。而在以往的隐喻广告效果研究中，学者们主要考查的是图画隐喻配有解释性信息的情况，关于文字隐喻配有解释性信息会产生什么样的认知效果，我们不得而知。

总的来说，上述这四个问题在以往研究中讨论得并不充分，所以我们完全可以在此方向上有更深入的发掘。

（2）缺乏对隐喻内容如何影响广告效果的讨论

从以往研究的结果来看，该领域在揭示隐喻广告效果的具体表现和影响因素这两个方面已经取得了较为一致的结果。Sopory & Dillard（2002）对隐喻广告相关研究的元分析结果也证实了这一点。然而，隐喻广告研究的目的不仅仅是向广告主证实隐喻广告能够产生什么样的效果以及在什么具体情境下会产生这些效果，更重要的是，它应该向广告主进一步揭示隐喻广告效果的成因，从而使其更有效地开展隐喻广告营销活动。但是，目前这一话题并没有得到应有的关注，具体表现为：由于理论基础和研究范式的限制，该领域绝大多数研究都认为隐喻广告的效果来源于隐喻在形式上对预期的艺术性偏离（McQuarrie & Mick，1993，1996，1999），忽略了隐喻内容产生影响的可能性。换言之，研究者们将关注点放在了是否使用隐喻如何影响广告效果上，忽略了使用什么样的隐喻也有可能对广告效果产生影响。在这种情况下，我们有必要从内容的角度出发对隐喻广告效果进行探讨。

（3）缺乏隐喻广告视觉加工特征及其与广告效果关系的研究

从信息加工的角度来看，视觉注意是广告加工不可或缺的一个环节。通过观察消费者对广告的视觉注意情况，研究者们一方面可以了解广告的视觉效果到底如何，另一方面可以分析视觉注意对广告效果的影响。正因为视觉注意如此重要，广告的视觉注意研究目前已经吸引了国内外诸多学者的关注，相关成果十分丰富，而且近二十年来陆续有国内外学者对广告眼动研究的这些成果进行梳理和总结（Higgins，Leinenger，& Rayner，2014；Radach 等，2003；Rosbergen，1998；Wedel & Pieters，2008b；闫国利，1999）。尽管如此，我们发现：第一，以往的广告效果研究虽然十分关注视觉注意的重要性并对其展开了众多研究，但是从广告心理加工的角度来看，视觉注意不是孤立存在的，它应该与广告心理加工的其他环节存在联系，而这是以往研究所忽略的，且目前仅有很少一部分学者在关注这个问题（Pieters 等，2002；Wedel & Pieters，2000；李宝珠、魏少木，2018）。第二，在这些研究中，专门针对隐喻广告视觉注意情况的研究寥寥无几，而且它们基本都以图画隐喻为研究对象（Lagerwerf 等，2012；张红宇等，2017），这背后的原因在于：早期的广告视觉注意研究重在分析广告的形式特征（如大小、颜色、位置等）如何影响消费者的视觉注意，直到近年来才有研究开始关注内容特征的影响，而这又主要集中在广告图文一致性（Radach 等，2003）和广告内容与媒介内容的一致性（Simola 等，2013 等）等问题上，在这种情况下，以隐喻为代表的广告策略并没有引起该领域学者们的注意。

2.5　研究问题的提出

结合上一小节的述评，本书重点围绕以下三个问题展开研究：（1）隐喻形式对广告的认知、情感和行为效果有何影响？这三个层面的效果之间有何关系？（2）隐喻内容是否会对广告效果产生影响？如果是的话，隐喻内容对广告的认知、情感和行为效果有何影响？（3）视觉加工作为学习过程的重要一环，隐喻形式和隐喻内容是否会对广告的视觉加工产生不同的影响？视觉加工与广告效果是否存在联系？

针对上述问题，笔者拟通过三个研究对其进行探讨和分析，它们具体如下：

研究一从隐喻形式入手，以消费者学习中基于类比学习的知识迁移理论和隐喻理解的相关观点为理论基础，研究新产品广告中是否使用隐喻；如果使用了隐喻，它如何影响消费者在认知、情感和行为上的反应。在此基础上，利用中介效应分析法进一步考察隐喻广告认知、情感和行为效果之间的关系，建立隐喻广告效果的生成路径。

研究二从隐喻内容入手，在详细分析隐喻广告效果成因的已有观点——预期偏离观的基础上，指出该观点重形式轻内容的不足，并针对这一不足提出不同隐喻在内容上也存在不同的偏离度这一新的解释，然后借助实验法对本研究提出的观点进行验证。

研究三将研究一和二结合起来，同时关注广告是否使用隐喻以及使用什么隐喻这两个方面的影响，并且以视觉注意在消费者学习和广告加工过程中均具有重要作用为立足点，以心理学领域的眼动追踪技术为技术支撑，考察受众对隐喻广告的视觉加工情况，然后以此为基础探讨隐喻广告的视觉加工特征与广告效果之间的关系。

基于上述研究内容，本书的研究框架如图 2.2：

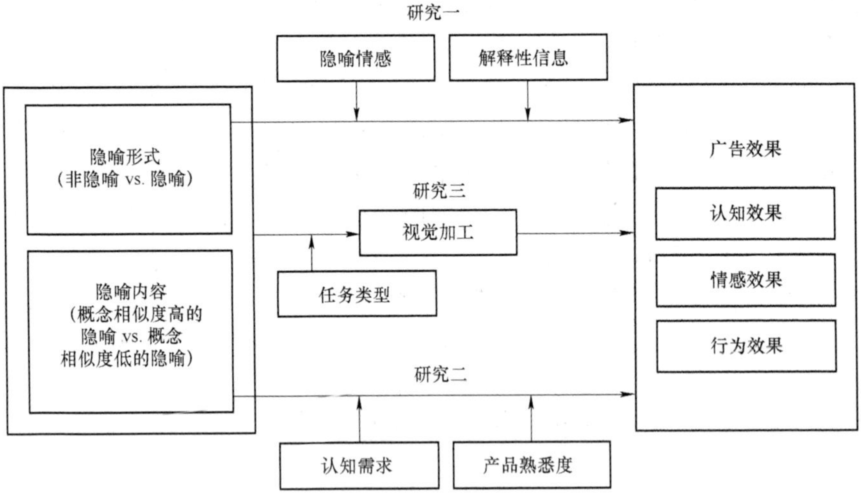

图 2.2　本书研究框架

在开展上述三个具体研究之前，我们首先对隐喻广告现状进行了调查的预研究。其原因在于：隐喻广告效果的一个重要前提是企业实践中隐喻广告的应用十分普遍，或者说，隐喻作为一种广告策略确实被广告主广泛应用于实践，如果隐喻广告在现实中只是偶然现象，那么隐喻广告效果研究就会像空中楼阁一样缺乏立足的基础，很难具有实践意义。而从笔者梳理的相关成果来看，以往关于隐喻广告应用情况的说明大多基于国外学者对本国 20 世纪 90 年代杂志广告的研究，而且它们都侧重介绍修辞整体的使用情况，很少专门对隐喻进行详细说明。与此同时，虽然近年来国内已经有一小部分学者在开展隐喻广告效果实证研究（吴水龙 等，2017；肖灿，2014 等），但这些研究并没有建立在国内隐喻广告应用现状的基础上。因此，下一章首先对隐喻广告的现状进行分析研究。

第 3 章

隐喻广告的应用现状及特征研究

本章重点关注隐喻在广告实践中的应用现状和特征，主要以国内主流杂志中的平面广告为研究对象，着力解决以下六个具体问题：（1）包含隐喻的广告占整体样本的比例是多少？（2）广告中的隐喻经常出现在哪种广告元素中？从隐喻模态的角度来看，广告多使用文字隐喻还是图画隐喻？（3）从新颖程度来看，广告多使用新颖隐喻还是固化隐喻？（4）广告中的隐喻主要用来描述什么，或者说其目的域是什么？（5）广告所使用的隐喻在源域选择上有何特点？（6）隐喻的使用是否有助于传播广告的主要卖点？

3.1 研究方法

内容分析法是研究平面广告各要素使用情况的重要方法（Babbles，2002：23），而且以往的修辞广告研究（Leigh，1994；McQuarrie & Mick，1992，1993；Stern，1988 等）也多采用这种方法考察广告中修辞手段的应用情况。鉴于此，本研究沿袭该领域的传统做法，主要完成以下工作：（1）筛选研究样本；（2）广告信息编码；（3）编码信度测评。

3.1.1 筛选研究样本

首先，以杂志发行量和传播力为选择依据（McQuarrie & Mick，1993：310），综合"2016 年中国邮政发行报刊百强排行榜"[①]"2016 年中国杂志十大品牌排行榜"[②]和"2016 年中国杂志融合传播百强榜"[③]和这三个榜单的排名，筛选出

---

① 该榜单由中国邮政集团（http:www.wenming.cn/xwcb_pd/yw/201609/t20160926_3756306.shtml）发布。

② 该榜单由中国产业信息网（http://www.chinairn.com/news/20160620/144143388.shtml）发布。

③ 该榜单由人民网研究院（http://media.people.com.cn/n1/2016/1219/c120837－28960756.html）发布。

时政新闻类和财经类杂志各五本，其中前者包括《三联生活周刊》《中国新闻周刊》《南方人物周刊》《Vista 看天下》《南风窗》，后者包括《中国企业家》《中国经济周刊》《经理人》《21 世纪商业评论》《财经》。由于《Vista 看天下》和《21 世纪商业评论》这两本杂志不刊登广告，所以本研究的广告来源就限定在其余八本杂志上。

其次，为方便研究，笔者主要通过电子图书网站[①]来获取这八本杂志 2016 年[②]全年的电子版刊物，并从中提取出每本杂志当年刊登的所有广告。

最后，删除每本杂志中重复出现的广告（结果详见表 3.1），同时删除八本杂志之间重复出现的广告，最终获得有效广告 652 个。

表 3.1　本研究重点关注的八本杂志及其 2016 年刊登广告的情况

编号	杂志名称	类别	可查到的期数/全年总期数	广告总量	删除重复后的广告总量
1	中国企业家	财经类	17/24	104	40
2	中国经济周刊	财经类	44/50	372	79
3	经理人	财经类	11/12	154	61
4	财经	财经类	33/36	96	23
5	三联生活周刊	时政新闻类	51/52	759	174
6	中国新闻周刊	时政新闻类	43/48	327	92
7	南方人物周刊	时政新闻类	37/40	225	103
8	南风窗	时政新闻类	25/26	194	80
总计					652

3.1.2　广告信息编码

结合本章研究的目的，同时为方便后续研究的开展，笔者主要对广告本身和隐喻这两大类信息进行编码。

其中，对广告基本信息的编码主要涉及杂志类型、杂志名称、广告编号、广告元素、广告类型、产品类型和主要卖点这七个方面，其中杂志类型、广告元素、广告类型、产品类型和主要卖点这五个编码项目的具体解释如下：

① 主要使用的电子图书网站为 PDF 之家（http://www.pdfzj.com/）。

② 由于本研究需要获取近年来国内杂志上刊登的平面广告，而且在时间上必须具有连续性，所以笔者将杂志来源设定为 2016 年发行的杂志上。

（1）杂志类型：指广告具体出现在哪种类型的杂志上，主要分为两个类别，分别是（a）时政新闻类杂志和（b）财经类杂志。

（2）广告元素：指广告具体由哪些元素构成，具体的广告元素包括（a）广告标题、（b）广告图画、（c）广告正文、（d）广告标识和（e）广告标语五类。关于每个广告元素的界定见表 3.2 的第一部分。

（3）广告类型：主要分为（a）商务广告和（b）公益广告这两个类别。

（4）产品类型：主要分为（a）实物类产品和（b）服务类产品两个类别。在此基础上，根据国家统计局提供的国家标准《国民经济行业分类》（GB/T 4754—2011）和《统计用产品分类目录》，对每个广告的广告主进行行业分类代码标注，对每个广告所涉及的产品类型进行产品代码标注（同时标注大类和中类）。

（5）主要卖点：指广告主希望受众通过观看广告所获得的关于其产品或服务的主要特点。编码者需要用言简意赅的关键词描述出主要卖点。

对隐喻相关信息的编码则主要参照 Babbles（2002）的研究，在考虑可操作性的基础上，主要筛选了隐喻有无、隐喻位置、隐喻类型、目的域类型、源域类型和隐喻主导性这六个方面的信息进行编码标注，它们各自包含的内容如下所示：

（1）隐喻有无：指广告中是否存在隐喻，分为（a）有和（b）无两类。针对隐喻的识别，笔者主要参照 Bounegru & Forceville（2011：213）的多模态隐喻识别步骤来进行，分为三步：第一，在给定的情景中，分属于两个范畴的两种现象存在相似性关系；第二，两种现象分别为源域和目的域，在该情景中，二者之间是不可逆的关系；第三，源域至少存在一个特征或含义可以被映射到目的域上，通常映射的是含义结构。同时，专门针对语言隐喻，笔者还参考了 Steen 等（2010）开发的隐喻识别步骤（MIP），具体内容详见附录 A 第一部分。

（2）隐喻位置：针对使用隐喻的广告，进一步标注出隐喻具体存在于哪种广告元素中，这些元素包括（a）广告标题、（b）广告图画、（c）广告正文、（d）广告标识和（e）广告标语这五类。另外，针对文字隐喻，即出现在广告标题、正文或标语中的隐喻，结合 Spears（2003）的分类标准，进一步区分为（a）主格隐喻（Nominative Metaphor）和（b）关系隐喻（Relational Metaphor）。针对图画隐喻，即隐喻出现在广告图画中，结合 Mulken 等（2010）的分类标准，进一步区分为（a）情景隐喻、（b）混合隐喻和（c）图画明喻这三类。关于每种隐喻类型的界定见表 3.2 的第二部分。

表 3.2　　隐喻各编码项目的定义

编码对象		具体内容	定义
第一部分	广告元素	广告标题	出现在广告顶部的文字
		广告图画	除广告标识外的所有图画
		广告正文	除广告标题和标语以外的其他文字信息
		广告标识	用来指代企业（或者产品本身）的带有或不带文字的符号
		广告标语	广告口号或者出现在广告底部的短篇正文
第二部分	隐喻新颖度	固化隐喻	隶属语法化隐喻的范畴，从字面表达上和含义推断上人们都已经习以为常
		新颖隐喻	非固化的隐喻，由该广告创造，此前并未出现过
	文字隐喻	主格隐喻	以“A 是 B”形式出现的隐喻表达
		关系隐喻	以非“A 是 B”形式出现的隐喻表达
	图画隐喻	情景隐喻	广告图画中仅出现源域而不出现作为目的域的广告产品或服务
		混合隐喻	广告图画中同时出现两个概念域，但二者在视觉结构上融为一体形成新事物
		图画明喻	广告图画中同时出现两个概念域，但二者在视觉结构上完整地并置在一起
第三部分	目的域类型	产品特征	强调产品的某一方面特征
		产品利益	产品如何改善消费者的生活状况，即产品使用者如何受益于该产品的特征
		企业	强调产品生产商而非产品自身的某种特征
		消费者	关注消费者如何看待自己
第四部分	源域类型	普遍具身型	人类在该源域中普遍都有的体验
		区域具身型	因地理区域限制，并不是每个人都能获得的直接经验
		文化型	基于某种典型文化所形成的判断
		亚文化型	某种文化中只有特定群体才有的体验
第五部分	隐喻主导性	主导型	隐喻源域所蕴含的信息传递了广告的主要卖点
		说服型	隐喻源域能够传递广告主要卖点，但并非其唯一来源
		二者都不是	隐喻用于传递广告卖点外的其他信息

资料来源：BABBLES G S. Conceptual metaphor in consumer and managerial decision making [D]. Berkeley: University of California, 2002.

（3）隐喻类型：从新颖程度上分为（a）固化隐喻和（b）新颖隐喻两个类别。关于每种隐喻类型的界定见表 3.2 的第二部分。

（4）目的域类型：主要分为（a）产品特征、（b）产品利益、（c）企业和（d）消费者这四类。如果某则广告中隐喻的目的域涉及两种类型，则将这两种类型同时标注出来。关于每种目的域的界定见表 3.2 的第三部分。

（5）源域类型：主要分为（a）普遍具身型、（b）区域具身型、（c）文化型和（d）亚文化型四个类别。关于每种源域的界定见表 3.2 的第四部分。

（6）隐喻主导性：指广告卖点是否主要由隐喻来传递，主要分为（a）主导型、（b）说服型和（c）二者都不是这三类。关于隐喻是否具有主导性的界定见表 3.2 的第五部分。

3.1.3　编码信度测评

首先，根据 3.1.2 节提出的编码要求，笔者在以往研究的基础上制定出适合本研究的广告信息编码表（见附录 A 第二部分），并据此对样本中的所有广告进行广告基本信息和隐喻信息上的编码。

其次，让两名熟悉隐喻的语言学专业硕士研究生同时按照编码表进行编码练习，练习使用的材料与正式编码的材料不同，练习的目的是使编码者熟悉各编码项目的定义，如果其中存在异议，需要商讨后达成一致。

再次，让这两名研究生对所有广告进行正式编码。

最后，测评两名研究生分别编码的结果与对应的笔者编码的结果是否具有较高的一致性，以此保证编码信度。这一部分主要采用 Cohen's Kappa 系数来评估编码信度，计算该系数的公式为：$k=(P_0-P_e)/(1-P_e)$，其中 P_0 表示实际一致率，P_e 表示理论一致率。系数 k 的取值范围为 $-1\leqslant k\leqslant 1$，其中 -1 表示完全不一致，1 表示完全一致，一般而言，系数 k 大于.70 即为取得了相当满意的一致性程度。编码信度测评的结果将在研究结果部分进行汇报。

3.2　研究结果

3.2.1　编码信度测评结果

编码信度系数的计算借助 SPSS 的列联表功能来完成。计算结果显示：$k=.85>.70$，且 $p=.000$。这说明编码者之间的编码结果存在较高的一致性，编码结果比较可信。

3.2.2 广告信息编码结果

这一小节主要按照本章开头提出的六个问题来分别呈现广告信息编码结果。

（1）隐喻广告的使用比例

表3.3呈现的是本研究所搜集到的652个广告是否含有隐喻的基本情况。从表3.3中可以看出：(a)整体而言，含有隐喻的广告有173个，占整体样本的26.5%；(b)从杂志类型来看，财经类杂志上刊登的广告使用隐喻的比例较高，占该类杂志总体样本的33.0%，相比之下，时政新闻类杂志上的隐喻广告只占该类杂志总体样本的23.6%；（c）从广告类型来看，商务广告使用隐喻的比例为27.5%，而公益广告中只有6.7%使用隐喻；（d）从产品类型来看，在所有实物类产品的广告中，有39.8%含有隐喻，而服务类产品的广告使用隐喻的比例为18.1%。

表3.3　广告有无隐喻的基本情况

分类标准	子类	隐喻广告数量	非隐喻广告数量	总计
杂志类型	时政新闻类杂志	106（23.6%）	343（76.4%）	449（100%）
	财经类杂志	67（33%）	136（67%）	203（100%）
	总计	173（26.5%）	479（73.5%）	652（100%）
广告类型	商务广告	171（27.5%）	451（72.5%）	622（100%）
	公益广告	2（6.7%）	28（93.3%）	30（100%）
	总计	173（26.5%）	479（73.5%）	652（100%）
产品类型	实物类产品	101（39.8%）	153（60.2%）	254（100%）
	服务类产品	72（18.1%）	326（81.9%）	398（100%）
	总计	173（26.5%）	479（73.5%）	652（100%）

注：（1）隐喻广告数量的统计标准：只要广告中含有隐喻，不管数量多少、类型如何、出现在哪种元素中，该广告都标注为隐喻广告，否则为非隐喻广告。

（2）表中各数字括号内的百分比表示该数字与同一行最右列“总计”的比值。

另外，为了更清楚地了解具体是哪些行业、哪类产品的广告主在使用隐喻广告，笔者还统计了隐喻广告的行业分布和产品分类特点（见附录B）。[①]统计结果显示：（a）隐喻广告的广告主主要来自汽车制造业（22.5%）、新闻出版业（13.9%）、货币金融服务业（9.8%）、互联网和相关服务（9.2%）以及酒、饮料和精制茶制造业（6.4%）这五大行业，它们一共占隐喻广告总体的61.8%；（b）隐喻广告所

① 鉴于隐喻广告所涉及的具体行业和产品类别较细、较多，笔者将详细的统计结果以表格形式呈现在附录部分，正文部分只对结果进行说明。

涉及的产品以汽车、杂志、商业银行服务为主，不仅如此，这三类产品在广告中使用隐喻的比例（含隐喻的该类产品广告数量/该类产品所有的广告数量）也很大，具体而言，所有汽车类广告使用隐喻的比例为 62.9%，所有杂志类广告使用隐喻的比例为 33.8%，而所有商业银行服务广告使用隐喻的比例为 54.8%。

（2）隐喻的主导性特征

表 3.4 呈现的是隐喻广告中隐喻的主导性特征的统计结果。从表 3.4 中可以看出，在隐喻广告所包含的所有隐喻中，说服型隐喻的使用比例略高于主导型隐喻（47.9% vs. 41.5%），而且这一特征不受产品类型的影响。这说明如果广告主在实践中使用了隐喻，这些隐喻经常单独扮演传播广告主要卖点的角色。

表 3.4　　隐喻广告中隐喻的主导性

广告类型	隐喻数量	隐喻主导性		
		主导型	说服型	二者均不是
实物类产品广告	122（100%）	52（42.6%）	59（48.4%）	11（9.0%）
服务类产品广告	95（100%）	38（40.0%）	45（47.4%）	12（12.6%）
总计	217（100%）	90（41.5%）	104（47.9%）	23（10.6%）

注：表中各数字括号内的百分比表示该数字与同一行第二列“隐喻数量”的比值。

（3）隐喻广告的描述对象

表 3.5 呈现的是广告中隐喻的目的域类型（即描述对象）的统计结果。从表 3.5 可以看出，整体而言，在隐喻广告所包含的所有隐喻中，以产品特征为目的域的隐喻在数量上占有较大比例（50.7%），其次是以企业为目的域的隐喻（28.6%），以产品利益和消费者为目的域的隐喻所占比例不大，分别是 9.2%和 3.2%。这说明广告主在实践中常用隐喻来描述产品特征和企业自身，较少描述产品利益和消费者。

表 3.5　　隐喻广告中隐喻的目的域类型

广告类型	隐喻数量	隐喻目的域类型				
		产品特征	产品利益	企业	消费者	以上均不是
实物类产品广告	122（100%）	69（56.6%）	15（12.3%）	26（21.3%）	1（0.8%）	11（9.0%）
服务类产品广告	95（100%）	41（43.2%）	5（5.3%）	36（37.9%）	6（6.3%）	7（7.3%）
总计	217（100%）	110（50.7%）	20（9.2%）	62（28.6%）	7（3.2%）	18（8.3%）

注：表中各数字括号内的百分比表示该数字与同一行第二列“隐喻数量”的比值。

从产品类型来看，实物类产品的广告使用隐喻时主要用来描述产品特征（56.6%），其次是企业（21.3%）和产品利益（12.3%），而将消费者作为描述对象的隐喻仅有一例。相比之下，服务类产品的广告所用隐喻的描述对象以产品特征（43.2%）和企业（37.9%）为主，虽然该类广告也用隐喻来描述消费者和产品利益，但所占比例极小，分别是6.3%和5.3%。这说明不管是实物类产品还是服务类产品，广告主使用隐喻所描述的对象往往是产品特征。

从隐喻目的域类型来看，以产品特征和产品利益为目的域的隐喻多出现在实物类产品而非服务类产品的广告中（产品特征：62.7% vs. 37.3%；产品利益：75.0% vs. 25.0%），以企业和消费者为目的域的隐喻则多出现在服务类产品而非实物类产品的广告中（企业：58.1% vs. 41.9%；消费者：85.7% vs. 14.3%）。这说明实物类产品和服务类产品的广告在使用隐喻时的侧重点并不相同：前者多用隐喻描述与产品相关的信息，而后者多用隐喻描述与企业和消费者相关的信息。

（4）广告中隐喻源域的选择特点

表3.6呈现了广告中隐喻的源域类型的统计结果。从表3.6中可以看出，整体而言，在隐喻广告所包含的隐喻中，源域类型主要以普遍具身型为主（78.8%），远高于文化型源域的使用比例（21.2%），而且这一特征不受产品类型的影响。另外，所有隐喻广告中并没有出现以区域具身型和亚文化型事物为源域的隐喻。这些特征说明，广告主在实践中使用隐喻时往往选择人类普遍都有的体验作为源域，较少使用基于某种典型文化的源域。

表3.6　　　　隐喻广告中隐喻的源域类型

广告类型	隐喻数量	隐喻源域类型			
		普遍具身型	区域具身型	文化型	亚文化型
实物类产品广告	122（100%）	108（88.5%）	—	14（11.5%）	—
服务类产品广告	95（100%）	63（66.3%）	—	32（33.7%）	—
总计	217（100%）	171（78.8%）	—	46（21.2%）	—

注：表中各数字括号内的百分比表示该数字与同一行第二列“隐喻数量”的比值。

与此同时，从表3.6中还可以发现：从隐喻源域类型来看，文化型源域经常出现在服务类产品的隐喻广告中（69.6%），这远高于它出现在实物类产品的隐喻广告中的比例（30.4%）。这说明相比实物类产品，服务类产品的广告主更容易在隐喻中使用基于某种典型文化的源域来传递相关信息。

（5）广告中隐喻的位置

表 3.7 呈现了广告中隐喻所在位置的统计结果。首先，从隐喻广告数量来看，在所有隐喻广告中，标题含有隐喻的广告在数量上最多（31.8%），其次是图画（19.7%）和正文（19.7%）。然后，从隐喻数量来看，在隐喻广告所包含的所有隐喻中，出现在标题上的隐喻比例最大（26.3%），其次是正文（18.0%）和图画（17.5%）。综合这两个维度来看，标题和正文是广告中最常出现隐喻的位置。

与此同时，从表 3.7 中还可以看出：在有些隐喻广告中，隐喻还同时出现在了多个位置上，这一类隐喻广告所占的比例为 25.4%，而这其中又以标题和图画同时出现隐喻的广告居多（14.5%）。这说明在企业的广告实践中，他们并不局限把隐喻设计在一种广告元素中，相反，多种广告元素同时使用隐喻的做法已经成为常态。

此外，为了进一步了解隐喻在不同广告元素中的使用特征，笔者还从隐喻模态的角度对广告中出现的文字隐喻（即出现在标题、正文或标语中的隐喻）和图画隐喻（即出现在图画中的隐喻）进行了分析。就出现在文字模态当中的隐喻而言，不管隐喻是在标题处，还是正文或者标语处，“A 是 B”这种形式的主体隐喻在使用比例上显著少于非“A 是 B”形式的关系隐喻（24.7% vs. 75.3%），而且这一特征不受产品类型的影响。这说明广告主在使用文字隐喻时，很少直接告诉消费者产品（即目的域）被比喻成了哪种事物（即源域），相反，他们经常通过能体现源域特征的文字来让消费者体会源域和目的域之间的相似性。就出现在图画模态当中的隐喻而言，不管广告产品的类型如何，混合隐喻的使用比例（55.2%）都远高于情景隐喻（32.8%）和图画明喻（12.0%）。这说明广告主在使用图画隐喻时，经常将产品（即目的域）和把产品所比喻成的对象（即源域）融合成一个新事物呈现给消费者。

表 3.7　　隐喻在广告中的位置分布情况

广告元素	隐喻广告情况				隐喻使用情况					
	含有 1 个隐喻的广告数量	含有 2 个隐喻的广告数量	含有 3 个隐喻的广告数量	总计	文字隐喻		图画隐喻			总计
					主格隐喻	关系隐喻	情景隐喻	混合隐喻	图画明喻	
H	48	6	1	55	17	40	—	—	—	57
T	29	5	—	34	—	—	10	24	5	39
P	25	9	—	34	12	26	—	—	—	38
S	6	—	—	6	1	5	—	—	—	6

续表

广告元素	隐喻广告情况				隐喻使用情况					
	含有1个隐喻的广告数量	含有2个隐喻的广告数量	含有3个隐喻的广告数量	总计	文字隐喻		图画隐喻			总计
					主格隐喻	关系隐喻	情景隐喻	混合隐喻	图画明喻	
H+P	13	11	1	25	2	26	11	10	3	52
H+T	7	3	—	10	4	7	—	—	—	11
H+S	1	2	—	3	—	4	—	—	—	4
P+T	1	1	—	2	—	2	—	2	—	4
P+S	1	—	—	1	—	1	—	1	—	2
H+P+T	1	—	1	2	—	1	1	—	—	2
H+P+S	—	1	—	1	1	1	—	—	—	2
总计	132	38	3	173	37	113	22	37	8	217

注：H＝标题（headline），P＝图画（picture），T＝正文（text），S＝标语（slogan）。

（6）广告中隐喻的新颖程度

表3.8呈现的是广告中隐喻新颖程度的统计结果。整体上看，在隐喻广告所使用的所有隐喻中，固化隐喻的比例比新颖隐喻要高（56.7% vs. 43.3%）。

表3.8　　广告中新颖隐喻和固化隐喻的分布情况

分类标准	子类	隐喻数量	新颖程度	
			新颖隐喻	固化隐喻
产品类型	实物类产品	122（100%）	45（36.9%）	77（63.1%）
	服务类产品	95（100%）	49（51.6%）	46（48.4%）
	总计	217（100%）	94（43.3%）	123（56.7%）
广告元素	H	63（100%）	21（33.3%）	42（66.7%）
	P	39（100%）	32（82.1%）	7（17.9%）
	T	43（100%）	6（14.0%）	37（86.0%）
	S	6（100%）	2（33.3%）	4（66.7%）
	H+P	38（100%）	24（63.2%）	14（36.8%）
	H+T	13（100%）	3（23.1%）	10（76.9%）

续表

分类标准	子类	隐喻数量	新颖程度	
			新颖隐喻	固化隐喻
广告元素	H+S	5（100%）	1（20.0%）	4（80.0%）
	P+T	3（100%）	2（66.7%）	1（33.3%）
	P+S	1（100%）	1（100%）	—
	H+P+T	4（100%）	2（50.0%）	2（50.0%）
	H+P+S	2（100%）	—	2（100%）
	总计	217（100%）	94（43.3%）	123（56.7%）

注：（1）H = 标题（headline），P = 图画（picture），T = 正文（text），S = 标语（slogan）。
（2）表中各数字括号内的百分比表示该数字与同一行第四列“隐喻数量”的比值。

就不同类型的产品而言，固化隐喻在实物类产品广告中的使用比例明显高于新颖隐喻（63.1% vs. 36.9%），而在服务类产品广告中则稍高于新颖隐喻（51.6% vs. 48.4%）；就隐喻在广告中出现的位置而言，标题和正文上使用固化隐喻的比例显著高于新颖隐喻（标题：66.7% vs. 33.3%；正文：86.6% vs. 14.0%），而图画上则是新颖隐喻的使用比例显著高于固化隐喻（82.1% vs. 17.9%）。这说明在广告实践中，新颖隐喻常见于广告图画而非文字，而且这与产品类型关系不大。

3.3　总结和讨论

本章研究旨在探究企业广告实践中的隐喻广告特征。基于上一节的研究结果，笔者发现隐喻广告的使用存在以下特点。

（1）隐喻在广告尤其是商业广告中的应用十分普遍，具体体现在以下两个方面：第一，平均每四个或每五个商业广告中就有一个使用了隐喻；第二，在使用隐喻的广告（即隐喻广告）中，有近四分之一都包含了两个或两个以上的隐喻。

（2）如果广告中使用了隐喻，那么隐喻经常被用来传递广告主卖点或广告诉求，而且这不受产品类型、企业类型等因素的影响。

（3）综合隐喻出现在广告中的位置及其新颖程度来看，广告中出现隐喻较多的位置是标题和正文，但这些隐喻的新颖度都较低，相比之下，广告图画中出现隐喻的比例稍低一些，但这些隐喻都具有较高的新颖度。这一现象可以结合隐喻突显性（Metaphorical Salience）进行解释。隐喻突显性是指某一隐喻被用来描述某个特定目的域概念的重要程度，通常用词频来确定（Kövecses 等，2015：344）。换言之，如果人们在描述某个概念时经常使用同一个隐喻，那么该隐喻在这个概念上就具有较高的隐喻突显性，但是，其新颖程度则会伴随人们的广泛使用而降低。结合本研究的结果，笔者发现在描述产品特征或企业时，“自家产品/企业是同行业引领者”这一隐喻具有较高的隐喻突显性。以汽车广告为例，不止一家汽车品牌会在广告标题或正文中多次使用含有引领这一意义的语言表达，如“驭领时代所向”（帕萨特）、“引领宽适尊享新标准”（上海大众）、“引领天下之势”（奔驰）、“突破科技，引领未来”（丰田）、“全球销量引领者迈出的新脚步”（比亚迪）等。在这种情况下，标题或正文处的隐喻虽然从数量上统计占有一定优势，但它们从本质上来说都是同一个隐喻，经过多家品牌反复使用，该隐喻的新颖度自然就会降低，而这又进一步拉低了文字隐喻整体的新颖度。

（4）从隐喻广告所涉及的产品类型来看，实物类产品的企业在广告实践中更倾向于借助隐喻来向消费者传递相关信息。这一点似乎有悖人们的常识——通常情况下服务类产品应该比实物类产品更抽象，而隐喻往往是被用来描述抽象事物的，所以隐喻更应该用在服务类产品的广告中。然而结合广告中隐喻的目的域类型来看，产品特征和产品利益是隐喻所描述的主要对象，而这二者本身又带有一定的抽象性，所以在实物类产品的广告中经常见到隐喻不足为奇。

（5）国内企业在广告实践中使用隐喻时多选择普遍具身型源域，这与Babbles（2002）的发现并不完全一致，因为其研究发现国外杂志广告中的隐喻多使用社会文化型源域，但这并不意味着本研究与 Babbles（2002）存在矛盾，因为隐喻的具身性和文化性本来就是相互融合的（尹新雅、鲁忠义，2015），二者不可能完全对立。另外，国内企业在隐喻广告中多使用具身型源域，这并不意味着由此产生的广告效果一定比使用文化型源域差，换言之，隐喻使用中并不存在具身型源域和文化型源域孰优孰劣的问题。在广告实践中，如果广告主试图用隐喻来传递广告卖点，那么只要选择出恰当的隐喻即可，不必局限在一定是具身型隐喻还是文化型隐喻上。

第 4 章

隐喻形式对广告效果的影响研究

本章研究主要考察隐喻形式对广告效果的影响，涉及两个方面：第一，隐喻广告相比非隐喻广告所能产生的认知效果、情感效果和行为效果的具体表现，其中重点关注隐喻源域情感特征和广告有无解释性信息这两个因素对隐喻广告效果的调节作用；第二，进一步分析隐喻广告认知效果、情感效果和行为效果之间的关系，并由此提出隐喻广告效果的生成路径。

4.1 理论背景与研究假设

本小节首先论述隐喻广告相比非隐喻广告所产生的认知效果、情感效果和行为效果的具体表现，然后论述隐喻源域情感特征和广告有无解释性信息对隐喻广告效果的调节作用，最后论述隐喻广告各效果之间的关系。

4.1.1 隐喻广告的认知效果

以往研究对隐喻广告认知效果的分析主要围绕认知精细加工程度这一变量，但它只能告诉我们隐喻广告相比非隐喻广告是否更容易激发消费者产生很多想法。如果将消费者学习领域的知识迁移观引入，这将有助于我们进一步分析这些想法具体是什么以及它们是否符合广告主的预期。下面分别论述隐喻与知识迁移、认知推断和认知精细加工程度的关系。

4.1.1.1 隐喻与知识迁移

隐喻与知识迁移这两个概念从表面上来看似乎并不相关，因为它们分别隶属认知语言学和消费者行为（特别是消费者学习）这两个不同的研究领域。但是如果从本质上来看，二者其实存在密切的关系，因为它们研究的内容都是人们如何用已有的知识去了解新事物。具体而言，隐喻作为人类最重要的认知机制，它强调认知的具身性，即利用具体的、有形的、简单的源域概念去表达和理解抽象的、无形的、复杂的目的域概念（Lakoff & Johnson，1980），而这里所说的“源域概念”即为已有的体验或知识，“目的域概念”则为未知的新事物。知识迁移同样如此，因为简单来说，知识迁移就是“一种学习对另一种学习的影响”（朱燕，1999：229）。

然而值得注意的是，尽管隐喻和知识迁移关注的现象相同，但二者的立足点和着眼点并不相同：在隐喻中，人们能够利用源域的相关概念去理解目的域，这主要基于两个概念域之间的相似性（Lakoff & Johnson，1980）；相比之下，在知识迁移中，人们已有的知识结构和新事物之间并不一定存在相似性。换言之，相似性是隐喻发生的充要条件，但只是知识迁移的充分不必要条件。事实上，从这个角度进一步分析的话，隐喻在很大程度上与知识迁移中的类比学习（或者类比推理）更为相近，这一点可以从类比学习的过程中一探究竟。根据Gregan-Paxton & John（1997：267－268）的总结，类比学习的过程通常包含以下四个阶段：（a）第一阶段为基本域[①]的通达，其主要目标在于激活学习者大脑当中对基本域的心智表征，以便使基本域成为获取目的域有关信息的重要来源。需要注意的是，这一阶段能否实现，与目的域激活基本域心智表征的能力密切相关。（b）第二阶段为关系结构的映射，其目标在于实现基本域和目的域之间的对应，以便使与基本域相关的知识能够迁移到目的域上。这一阶段的完成主要是通过学习者大脑中关于基本域和目的域的心智表征在某些元素上建构起一一对应的关系，这些对应关系即为基本域和目的域之间传递知识的通道。（c）第三阶段为信息的迁移，即来自基本域的相关知识被迁移至目的域。该阶段存在一个基本假设，即如果两个概念域在（映射阶段建立起来的）某些方面相似，那么它们在其他方面也可能存在相似。（d）第四阶段为图式的形成，换言之，类比学习的副产品是最终形成了一个更为抽象的知识结构，它会在以后的类比学习中作为基本域而出现。

由类比学习所涉及的上述四个阶段来看，从形式逻辑的角度出发，“类比推理就是已知其中的一个（或一类）对象具有特定属性，根据两个（或两类）对象在某些属性上的相同或相似来推出另一个（或另一类）对象也具有该特定属性的推理”（郝嘉佳等，2017：495）。甚至有学者提出，类比是隐喻的必要不充分条件（Cornelissen，2004：212）。除此之外，隐喻观和类比学习观的另一个相近之处还在于：二者都认为从源域迁移或者映射到目的域的知识主要是两个概

① 这里的基本域（Base Domain）即概念隐喻理论中所说的源域（Source Domain），基本域这种叫法属于类比学习中的常用叫法，故笔者在这里直接引用不做更改。

念域之间相似的关系结构，而非相似的客观属性[①]。

基于上述分析，如果我们站在消费者学习这个角度来看，隐喻应该像类比推理那样能够在知识迁移中发挥重要作用，因为根据已有研究（Gregan-Paxton 等，2002；Gregan-Paxton & Moreau，2003；Moreau，Lehmann，& Markman，2001）的发现，与不含类比的信息相比，包含类比的信息确实更容易让人产生知识迁移。由此我们预期：

H1a：相比广告标题是字面表达的情况，受众在广告标题含有隐喻的情况下更容易产生两个概念域在结构关系上的知识迁移。

4.1.1.2　隐喻与认知推断

认知结构是认知科学领域的一个重要概念，因为它不仅能够对记忆产生限制和修正的作用，还会对后续的高层认知加工（如推断、决策等）产生影响（Babbles，2002：65 – 72）。但是，认知结构如何形成人类概念系统的基础并进一步影响后续的认知加工过程呢？对此，认知科学领域的学者（Lakoff & Johnson，1999）认为是隐喻在其中发挥了重要作用。因为基于具身认知观，隐喻反映的是永久性的跨域神经联系，这恰恰是形成人类概念系统的重要基础（Lakoff & Johnson，1999），而目前关于概念认知力的实验研究（Gentner & Gentner，1983；Kempton，1987 等，Babbles，2002）已经对此进行了证实。简言之，隐喻能够在人们了解新事物的过程中提供一个丰富的认知结构，这个认知结构则进一步影响到人们随后的认知加工过程，使其推断或决策倾向与隐喻提供的信息相一致。而从消费者学习这个角度来看，学者们（Delbaere，2008：13 – 17）认为消费者在经历了知识迁移过程后，其最终结果也是产生推断，基于这些推断，消费者得以对不熟悉的事物有所了解，至此形成完整的学习过程。

总之，不管是认知科学领域对隐喻的研究，还是消费者学习领域对知识迁移的研究，它们都说明：隐喻在帮助人们建立起认知结构或者完成知识迁移后，会对随后的认知推断产生重要影响。根据 Babbles（2002：72）的观点，隐喻对推断、决策等高层认知加工行为的影响被称为“框架效应（Framing Effect）”。

---

① 关于类比学习的具体内容，或者说，具体是哪些知识从基础域迁移到了目的域上，类比学习的理论基础——结构映射观给出的答案是：基本域中的关系结构，即由基本域的相关属性组建成的相互联系的系统（Delbaere，2008：12 – 13）。

表 4.1 隐喻的框架效应

	目的域中存在某信息	目的域中不存在某信息
源域蕴含某信息	完全照应：基于隐喻的现实是准确的，能够激发准确的推断和信息使用	误报：基于隐喻的现实是不准确的，引发了不恰当的推断和信息使用
源域不蕴含某信息	遗漏：基于隐喻的现实是不完整的，抑制或隐藏准确的推断和信息使用	准确拒绝：基于隐喻的现实是准确的，但抑制或隐藏了不恰当的推断和信息使用

资料来源：BABBLES G S. Conceptual metaphor in consumer and managerial decision making［D］. Berkeley：University of California，2002.

然而，Babbles（2002：72）进一步指出，隐喻所产生的框架效应并不总是积极的，而这主要取决于隐喻的源域和目的域中是否同时含有某一信息（见表 4.1）。具体而言，当且仅当源域和目的域中同时含有某一信息，即二者具有相似性时，才能激发准确的推断。否则，如果只有源域或只有目的域含有某一信息，甚至两个概念域均不含有某一信息，很容易引发不恰当的推断。

事实上，推断准确与否如此重要的原因在于，它反映的是该推断背后所基于的隐喻是否得到了理解。根据语用学家的观点，语言使用要区分两种意义：信息发出者所要传递的意义和话语接受者自我理解的意义（Leech，1983；Sperber & Wilson，1986 转引自 Feiereisen，Wong，Broderick，2008：595）。就隐喻广告而言，当广告主作为信息发出者在广告中使用隐喻时，其所要传递的信息能否被广告受众理解到，或者说，广告受众能否从隐喻中获得广告主预期的推断，这对隐喻在广告中的使用效果起决定性作用。因为从目前已有的修辞视角下的隐喻广告效果研究（Lagerwerf & Meijers，2008；McQuarrie & Phillips，2005；Phillips，2000）来看，学者们发现当广告中含有（视觉或文字）隐喻时，受众会基于隐喻产生多种推断信息，甚至在有些情况下，受众还有可能基于隐喻产生不准确的推断甚至误解（Misinterpretation），而这些情况都不是广告主预期发生的。由此我们预期：

H1b：相比广告标题是字面表达的情况，受众在广告标题含有隐喻的情况下更容易产生不符合预期的无效推断。

4.1.1.3 隐喻与认知精细加工

在认知心理学领域，认知精细加工（Cognitive Elaboration）反映的是“工作记忆中的信息与先验知识结构相结合的程度”（MacInnis Price，1987：475）。宽泛地讲，认知精细加工指的是“由某个刺激所引起的认知活动的数量、复杂度或范围”（McQuarrie & Mick，1999）。在隐喻加工的过程中，知识迁移和认知推理的完成需要调配大量的认知资源，而这会进一步激发更多的精细加工[①]。由此我们预期：

H1c：相比广告标题是字面表达的情况，受众在广告标题含有隐喻的情况下容易产生更多的认知精细加工。

4.1.2　隐喻广告的情感效果和行为效果

以往的隐喻广告效果研究（Ang，2002；Kim 等，2012）发现：在不考虑其他因素影响的情况下，隐喻广告相比非隐喻广告能让消费者产生更积极的情感效果——消解紧张或产生乐趣，而这种情感又会迁移到广告态度上，使消费者产生积极的广告态度[②]。与此同时，根据 Sopory & Dillard（2002）的发现，一般而言，隐喻广告比非隐喻广告能产生更积极的劝说效果，而积极的劝说效果有助于激发消费者的购买欲望。由此我们预期：

H2：相比广告标题是字面表达的情况，受众在广告标题含有隐喻的情况下更容易产生积极的广告态度。

H3：相比广告标题是字面表达的情况，受众在广告标题含有隐喻的情况下更容易产生购买意向。

4.1.3　隐喻源域情感特征对隐喻广告效果的调节作用

传统的隐喻研究多关注隐喻理解中概念意义的映射，但近年来有学者（宋健楠，2016；徐宏颖、彭宣维，2016）指出：在隐喻映射中，概念（语义）特征和情感特征应该是并行发展的，二者共同形成词项意义的辐射状延伸方式。换言之，在使用隐喻的时候，源域本身的概念特征和情感特征应该同时映射到目的域上。如果事实确实如此，那么隐喻广告相比非隐喻广告所产生的积极的情感效果应该不是绝对的，它还应该与隐喻源域本身的情感特征密切相关。特别是当源域本身具有消极的情感特征时，如果消费者意识到了这种情感，他们会停止深入的认知加工，从而使认知精细加工的程度降低并产生消极的广告态度，同时购买意向也会减弱。此外，对于都使用隐喻的广告，不管隐喻的情感特征如何，它都不会对知识迁移和认知推断产生影响，因为影响这二者的主要是隐喻的语义特征而非情感特征。基于此，我们假设：

H4：在隐喻标题条件下，隐喻的情感特征差异不会对（a）知识迁移和（b）

---

① 隐喻广告与认知精细加工的关系已经在本书第 2 章 2.2.1.1 节“认知效果”部分进行了详细的综述，故这里笔者不再赘述。

② 隐喻广告的情感效果已经在本书第 2 章 2.2.1.2 节“情感效果”部分进行了详细的综述，故这里笔者不再赘述。

认知推断产生显著影响，但是会对认知精细加工程度、广告态度和购买意向产生显著影响，即当隐喻广告所使用的源域具有较强的消极特征时，相比隐喻广告所使用的源域具有较强的积极特征，受众会产生（c）较少的认知精细加工，（d）更消极的广告态度和（e）较低的购买意向；在字面标题条件下二者不存在显著差异。

4.1.4 广告有无解释性信息对隐喻广告效果的调节作用

在平面广告中，如果广告主利用广告正文解释了包含在广告标题中的隐喻的意思，那么广告受众不需要自己对这个隐喻进行解释就能获得从源域迁移到目的域上的结构关系，甚至还能由此获得更符合广告主预期的推断。换言之，仅靠阅读广告中的解释性信息便可激活相应的知识迁移过程，并且不太可能产生无效推断。如果事实确实如此，当广告中的标题不含有隐喻（即广告标题是字面表达）并且配以相应的解释性信息时，这种情况同样能够促使受众进行两个概念域之间结构关系上的知识迁移，同时避免产生不符合预期的推断，这就与广告标题包含有隐喻且广告中配有解释性信息的情况所产生的效果没有太大差异。与此同时，如果广告主将对隐喻的解释性信息放置在广告中，那么受众则不需要完成对隐喻的“解谜”，而与之相关的乐趣也不复存在，此时隐喻广告的情感效果与非隐喻广告不存在差异。由此，我们预期解释性信息的存在会对广告标题是否使用隐喻产生调节作用，具体假设如下：

H5：当广告中不存在解释性信息时，受众在标题含有隐喻的情况下（相比标题是字面表达的情况）更容易产生（a）结构关系的知识迁移、（b）不符合预期的无效推断、（c）更多的认知精细加工、（d）积极的广告态度，以及（e）更高的购买意向。而当广告中存在解释性信息时，受众在隐喻标题和字面标题下产生结构关系的知识迁移和做出无效推断的情形不存在显著差异，且由于解释性信息的“稀释”作用，隐喻标题相比字面标题在认知精细加工、广告态度和购买意向上的优势不再显著。

此外，我们还预期解释性信息和隐喻源域的情感特征存在交互作用。具体来讲，如果隐喻源域本身具有较强的消极情感特征，解释性信息的存在则会“稀释”这种消极情感，并提高受众的购买意向。具体假设如下：

H6：当隐喻源域具有较强的消极情感特征时，如果广告中不存在解释性信息，受众在标题含有隐喻的情况下（相比标题是字面表达的情况）更容易产生（a）消极的广告态度和（b）较低的购买意向。但是，如果广告中存在解释性信息，在标题含有隐喻和标题是文字表达这两种情况下，受众的广告态度和购买意向不存在显著差异。

综合 4.1.1—4.1.4 这四个小节对隐喻广告效果具体表现以及隐喻源域情感特征和广告有无解释性信息对隐喻广告效果调节作用的论述，我们基于假设 H1—H6 提出了如图 4.1 所示的研究框架模型图。

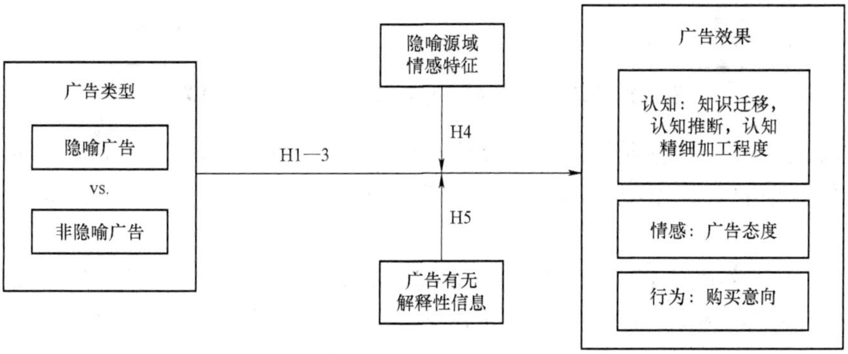

图 4.1　广告是否使用隐喻及相关调节变量影响广告效果的研究框架

4.1.5　隐喻广告各效果之间的关系

根据广告心理效果层级模型①中的“学习阶层模型”，消费者在产生特定行为之前先搜集相关信息进行认知加工，然后对所拥有的信息进行评估处理，最后再产生相应的行为。换言之，该模型认为心理效果的形成存在线性关系，当消费者学习新内容时，他们会按照“认知—情感—意动”这一顺序产生相应的心理效果。结合隐喻的本质特征我们知道，当广告主在介绍新产品的广告中使用隐喻时，他们试图使消费者通过对已知概念的认知来学习或者了解未知概念（即广告产品或服务）。因此我们预期，在不考虑其他影响因素的情况下，广告是否含有隐喻所引发的心理效果按照“认知—情感—意动”这一顺序产生。具体假设如下：

H7：如果不考虑其他影响因素，广告中是否使用隐喻（即自变量 X）会首先影响广告的认知效果 M_1（即认知精细加工程度），再进一步影响广告的情感效果 M_2（即广告态度），最后影响广告的意动效果 Y（即购买意向）。

为了更清楚地揭示各变量之间的关系，我们基于该假设提出了如图 4.2 所示的中介效果模型图。其中，自变量是广告中是否使用隐喻，认知精细加工程度为第一个中介变量，广告态度为第二个中介变量，因变量为购买意向。

① 广告效果层级模型的基本观点是：各效果之间存在线性关系，即先生成的效果会影响后生成的效果。

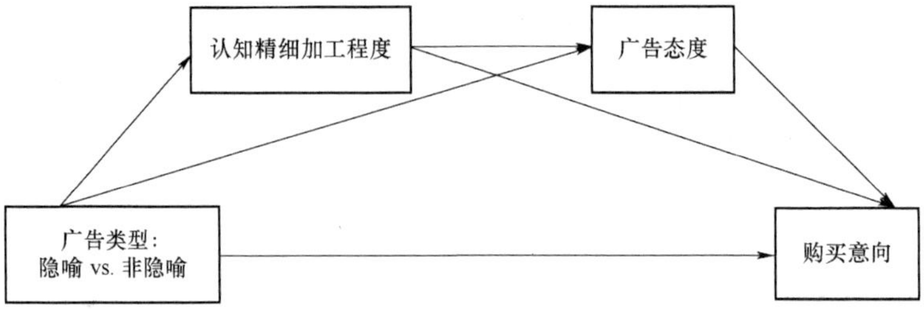

图 4.2 隐喻广告认知、情感和行为效果之间的关系

与此同时，考虑到隐喻广告效果会受到相关因素的调节作用，我们预期隐喻广告效果的层级模型并不是在相关调节因素的每个水平下都成立。具体假设如下：

H8a：就隐喻广告而言，隐喻源域概念的情感特征不同，会使广告的情感效果 M_2（即广告态度）在广告的认知效果 M_1（即认知精细加工程度）和广告的意动效果 Y（即购买意向）之间的中介效应产生差异。

H8b：就隐喻广告而言，广告中是否含有解释性信息，会使广告的情感效果 M_2（即广告态度）在广告的认知效果 M_1（即认知精细加工程度）和广告的意动效果 Y（即购买意向）之间的中介效应产生差异。

4.2 研究方法

4.2.1 广告产品选择与品牌名称拟定

（1）广告产品选择

时政新闻类杂志被选为本章研究所使用的广告产品，原因如下：第一，从本书第 3 章对国内杂志平面广告隐喻使用情况的分析来看，以杂志为对象的平面广告所占比例较大，而且它们在隐喻使用上所占的比例也较大；第二，相比财经类杂志，时政新闻类杂志的读者范围更为广泛，具有更好的代表性，因而本研究将杂志类型定为时政新闻类；第三，由于本研究的被试以在校大学生为主，所选择的广告产品必须在被试的购买能力范围内，或者被试接触到该产品的概率很大，相比汽车、家电、银行理财产品等高额消费产品，在校大学生具有购买杂志的经济能力，而通过报刊亭、图书馆等渠道接触到该产品的可能性很大；第四，每本杂志的主打特色并不一样，例如，同样是时政新闻类杂志，《三联生活周刊》主要强调其内容带给读者精神上的享受，《南方人物周刊》则强调其内容的真实性、有深度等特点。另外，虽然被试对时政新闻类杂志存在整体的认知，但可能并不了解某本具体的杂志有什么特点。在这种情况下，如果被试不了解某本杂志，换言之，这是一个需要通过学习才能认知的对象，那么我们就能很好地测量包含隐喻的广告能否发挥知识迁移的作用。

（2）品牌名称拟定

本章将时政新闻类杂志中的人物类杂志作为主要的广告产品对象进行研究。为了避免被试对已有人物类杂志品牌的认知和体验影响到研究结果，笔者重新拟定了一个虚假的品牌名称——《中国人物》。与此同时，为了确保被试不熟悉这个虚假的品牌名称，笔者通过在线问卷的形式让 24 名大学毕业生被试（其中男生 8 人，女生 16 人，平均年龄 26 岁）对其熟悉度进行了 7 点量表测量。在问卷中，笔者一共测量了五个杂志品牌名称，其中包含目标杂志《中国人物》的品牌名称，以及四个已有人物类杂志的品牌名称，它们分别是《人物周刊》《人物》《环球人物》和《时代人物》。需要说明的是，目标杂志的名称第三个出现（问卷详细内容见附录 C 第一部分）。结果显示，该品牌名称的平均熟悉度最低（$M=2.5$），而且远低于所有品牌名称熟悉度的平均值（$M=3.5$），由此证明本研究虚构的品牌名称具有较低的熟悉度。

4.2.2　实验材料的制作

本章主要采用 2（广告标题：隐喻 vs. 非隐喻）×2（解释性信息：有 vs. 无）×2（隐喻情感：消极 vs. 积极）混合实验设计，其中广告标题和解释性信息是被试间变量，隐喻情感是被试内变量。结合实验设计，本实验需要以隐喻情感为区分维度设计两组广告（隐喻情感积极 vs. 隐喻情感消极），并针对每组广告设计四个版本：（a）隐喻标题—无解释性信息；（b）隐喻标题—有解释性信息；（c）字面标题—无解释性信息；（d）字面标题—有解释性信息。因此，用于该实验的所有广告在设计上共涵盖四种广告元素：标题、图画、品牌名称和解释性信息。下面具体介绍实验材料的编制过程。

（1）广告标题的制作

笔者主要以本书第 3 章识别出的含有隐喻的杂志类广告为现实依据，编写广告标题内容信息。根据第 3 章的研究结果，这些杂志类广告所包含的隐喻主要有 5 种（见表 4.2），其目的域涉及杂志本身、杂志记者和杂志内容这三种类型。这里笔者仅以表 4.2 中第一个隐喻“记者是蚊子”为例（其余四个隐喻的原始广告见附录 E），简要说明这些隐喻的提取过程：首先，从包含该隐喻的原始广告（见图 4.3）中获取广告标题、正文和图画；其次，以广告图画中的机械蚊子为切入点，结合标题中“触碰每个人的体温”以及正文中“无孔不入”“挑剔着内容血液的纯度”这些语言表达，分析出广告主是在用蚊子无处不在及其对血液比较挑剔的特点来形容新闻记者深入一线新闻现场、坚持报道高质量新闻；最后，根据上一步获得的源域和目的域之间的映射关系，提取出隐喻“记者是蚊子”。

表 4.2　杂志类广告的内容信息及其蕴含的隐喻

广告 1	广告标题	触碰每个人物的体温 Touch everyone’s temperature
	广告正文	我们无孔不入，我们挑剔着内容血液的纯度
	图画描述	一只机械蚊子
	隐喻	记者是蚊子
广告 2	广告标题	拒绝膨化爆炸 碎片化报道
	广告正文	无
	图画描述	数十粒爆米花散落在玻璃碗外面，最前面一粒是骷髅状
	隐喻	新闻报道是爆米花
广告 3	广告标题	有态度 Refuse False News 回南天 拒绝掺水新闻 发霉天 新闻依旧新鲜
	广告正文	无
	图画描述	一袋干燥剂，上下标有英文“危险，勿食”，中间用五种语言标识防潮、保鲜
	隐喻	新闻报道是食物
广告 4	广告标题	非掘地三尺 不见真相 报道从来不是敷衍了事 The report was never perfunctory
	广告正文	无
	图画描述	一位矿工在满是文字的纸张上向下挖掘，而挖开的地方下面仍然有无数的纸张
	隐喻	记者是矿工
广告 5	广告标题	影响有影响力的人
	广告正文	无
	图画描述	暮色降临下发出一束亮光的海上灯塔
	隐喻	杂志是海上灯塔

注：表 4.2 广告标题、广告正文和图画描述这三列中标有下画线的文字是识别出隐喻的重要依据，隐喻一行加下画线的文字是隐喻的目的域。

基于表 4.2 中杂志类广告所使用的隐喻，笔者将其编写成隐喻标题，并将隐喻标题编写为表达相同意义的字面标题（见表 4.3）。

表 4.3　　基于真实广告编写的广告隐喻标题和字面标题

隐喻	实验材料编写	
	隐喻标题	字面标题
杂志记者是蚊子	我们的记者是新闻现场无孔不入的蚊子，绝不将就血液的纯度	我们的记者深入新闻现场的各个角落，坚持呈现最精彩的内容
新闻报道是爆米花	我们的报道绝不是膨化成的爆米花，更不是没有血肉的骷髅	我们的报道没有膨化后的虚假，更不存在内容的肤浅和片面化
新闻报道内容是食物	我们的报道是发霉天依旧新鲜的食物，不掺水、纯干货	我们的报道在内容信息上绝对真实可靠，不作假、真新闻
杂志记者是矿工	我们的记者是新闻界的矿工，非掘地三尺不见真相是态度、更是追求	我们的记者坚持追寻新闻背后的真相，不敷衍、有深度是态度、更是追求
杂志是海上灯塔	我们的杂志是海上屹立的灯塔，永远为您指引前行的方向	我们的杂志能够对读者产生不可忽视的引导作用

随后，笔者让 23 名被试（其中男生 5 人，女生 18 人，平均年龄 24.3 岁）对编写好的广告标题进行如下三项前测：

（1）第一项前测是为了保证隐喻标题和对应的字面标题传递的是相同的广告产品信息，对此笔者按照以往研究的做法（Kim 等，2012：84），主要让被试采用 7 点量表的方式评判他们对四个陈述的同意度（问卷具体内容见附录 C 第二部分）。

（2）第二项前测的目的是预防各隐喻标题之间以及各字面标题之间的修辞性程度差异对实验结果产生干扰，对此笔者沿袭该领域的传统做法（McQuarrie & Mick，1996，1999），采用 7 点量表测量各隐喻标题及其对应的字面标题的修辞性程度（问卷具体内容见附录 C 第三部分）。

（3）第三项前测主要针对隐喻的熟悉度展开测量，因为根据隐喻生涯理论（Bowdle & Gentner，2005）的基本观点，隐喻的固化程度会影响其加工方式，对此笔者主要采用 7 点量表让被试评定他们对包含隐喻的隐喻标题的熟悉程度（问卷具体内容见附录 C 第四部分）。上述三项前测的结果见表 4.4。

表 4.4 广告标题前测各项指标的均值和标准差

隐喻	信息一致性	广告标题修辞性程度					隐喻熟悉度
		隐喻标题	字面标题	*t/F*	*df*	*p*	
杂志记者是蚊子	3.85（1.68）	5.48（1.44）	3.39（1.85）	3.42	22	.002	3.70（2.43）
新闻报道是爆米花	4.46（1.93）	5.87（1.57）	4.17（1.96）	3.59	22	.002	3.61（2.16）
杂志是灯塔	4.57（1.67）	5.35（1.49）	2.65（1.74）	6.16	22	.000	5.17（1.89）
新闻报道是食物	4.63（1.87）	5.13（1.96）	2.78（1.83）	3.56	22	.002	4.04（2.24）
杂志记者是矿工	4.41（.77）	5.22（1.42）	4.09（1.47）	2.16	22	.042	5.13（1.79）

注：括号内为标准差。

从表 4.4 中可以看出：（1）就被试对隐喻标题和字面标题传递相同信息的认可度而言，所有五组标题之间不存在统计上的显著性差异（$F(4, 110) = .90$，$p = .43$），且多重比较结果显示，五组标题两两之间不存在统计上的显著差异；（2）就广告标题的修辞性程度而言，配对样本 t 检验的结果显示，在每个隐喻下，隐喻标题的修辞性程度都显著高于字面标题；（3）就隐喻熟悉度而言，五个隐喻之间存在统计上的显著差异（$F(4, 110) = 3.01$，$p = .02$），而多重比较结果显示，“杂志记者是蚊子”和“杂志是灯塔”的熟悉度存在显著差异（$p = .02$），“杂志记者是蚊子”和“杂志记者是矿工”的熟悉度存在显著差异（$p = .02$），“新闻报道是爆米花”和“杂志是灯塔”的熟悉度存在显著差异（$p = .01$），“新闻报道是爆米花”和“杂志记者是矿工”的熟悉度存在显著差异（$p = .01$）。

为了保证实验结果的可靠性，实验材料的筛选需要同时满足以下特征：第一，隐喻标题及其对应的字面标题传递的是相同的广告产品信息；第二，隐喻标题和字面标题的修辞性程度存在显著差异；第三，隐喻标题所含的隐喻具有较低的熟悉度。而从上述三项前测的结果来看，仅有“新闻报道是爆米花”（以下简称“爆米花隐喻”）和“杂志记者是蚊子”（以下简称“蚊子隐喻”）这两个隐喻下的隐喻标题和字面标题符合要求，原因在于：第一，两个隐喻的熟悉度均偏低，且不存在统计上的显著差异（$p = .89$）；第二，在广告标题的修辞性程度上，二者的隐喻标题（$t(22) = -1.43$，$p = .16$）和字面标题（$t(22) = -1.70$，$p = .09$）均不存在统计上的显著差异；第三，虽然蚊子隐喻下的隐喻标题和字面标题在传递信息的认可度上低于平均值，但它并不与爆米花隐喻存在统计上的显著差异（$p=.21$）。

另外，笔者采用 7 点量表测量了蚊子隐喻和爆米花隐喻的情感倾向。基于 16 名被试（其中男生 8 人，女生 8 人，平均年龄 23.94 岁）的数据结果显示，蚊子隐喻比爆米花隐喻更容易激发消极的情感，二者存在统计上的显著差异（$M_{蚊子隐喻}=3.31$，$M_{爆米花隐喻}=5.06$，$t(15)=-3.72$，$p=.00$）。

另外，就广告标题的位置而言，所有标题都放置在每则广告的正上方。标题文字统一用 36 像素大小的黑色宋体分两行呈现，逗号（含）之前的文字放在第一行，逗号之后的文字放在第二行，所有标题控制在 30 个字符范围内（含标点）。

（2）广告图画的制作

就图画的内容而言，依照人物类杂志的通常做法，同时也为了避免图画与标题之间产生交互作用，每组广告选择一个包含名人图像的杂志封面作为图画内容。名人的选择范围主要设定在已有人物类杂志的封面人物上。随后，让 36 名硕士研究生被试对 16 位名人的熟悉度进行 7 点量表测评，结果两名被试的数据因无效被剔除，剩余 34 名被试（其中男生 14 人，女生 20 人，平均年龄 24 岁）。

（3）品牌名称的制作

品牌名称按照已有人物类杂志的设计方式，采用红底白字，其中红底是尺寸为 180 像素 × 60 像素的矩形，白字是 40 像素大小的黑体。设计好的品牌名称统一放置在广告右下角。

（4）解释性信息的制作

在本研究中，解释性信息以广告正文的形式出现，主要根据设计广告标题时所依据的真实广告进行内容编写。解释性信息的内容应该与广告标题所传递的信息一致，即都是围绕广告主卖点进行编写。所有解释性信息的文字用 30 像素大小的黑色宋体呈现，且内容长度基本一致，均控制在 75 个字符以内（含标点符号），包含两个完整的句子表达。需要说明的是，在有解释性信息的条件下，解释性信息放置在广告图画的右侧。

经过对上述四种元素的设计和前测，最终形成两组符合本实验具体要求的材料，其中积极隐喻情感和消极隐喻情感各一组。以消极隐喻情感为例，这组广告使用的是隐喻“记者是蚊子”，以此为基础改编成的实验材料有四个版本。

4.2.3　因变量

本研究主要关注以下三类因变量信息：第一类与认知加工相关，包括认知精细加工程度、知识迁移结果、认知推断这三项；第二类与情感有关，主要指广告态度；第三类与行为有关，主要指产品购买意向。

（1）认知精细加工程度

以往研究对认知精细加工程度的测量主要采用 McQuarrie & Mick（1999）提出的方法，但 Jeong（2008）认为该方法中有些问题重在测量广告信息的特征而不是被试对广告信息的认知反应，因而应该被舍弃。本研究赞同 Jeong（2008）的观点，重点通过被试对“我看完这则广告后产生了很多想法”和“这则广告能激发人们产生很多想法”这两个陈述句的认可度来测量他们的认知精细加工程度。鉴于这两个句子的内部一致性信度较高（Cronbach $\alpha=0.92$），最终的认知精细加工程度采用平均值。

（2）知识迁移结果

在以往的知识迁移研究中，学者们（Delbaere，2008；Gregan-Paxon & Moreau，2003）主要是通过两个认知反应问题来测量被试的知识迁移结果。本研究参考以往研究的做法，同样使用这两个问题，内容具体如下：

（a）从这则广告中你能了解到有关这本杂志的哪些信息？请写下你的所有想法（包括是从哪些文字中获得这些信息的）。

（b）你的朋友来找你，告诉你说：“我听说最近新出了一本杂志叫《中国人物》。我对它还不是很清楚。你能给我讲讲吗？”请将你打算向朋友描述的内容写下来。

待被试回答完问题之后对其进行编码标注。如果被试对这两个问题或其中任意一个的回答与两个概念在进行类比比较有关，就被标注为结构关系的知识迁移。以蚊子隐喻为例，从隐喻标题“我们的记者是新闻现场无孔不入的蚊子，绝不将就血液的纯度”中预期得到的关系推断是记者能够利用一切机会挖掘最好的新闻信息，这里是将蚊子无孔不入并对血液十分挑剔迁移到记者无处不在并追求最好的新闻上。如果被试的回答包含预期推断的要点，则标注为结构关系的知识迁移。相反，如果被试的回答里只包含了杂志的特征，则将其标注为客观属性的知识迁移。如果被试的回答与上述二者无关，则标注为无效。

（3）认知推断

对被试认知推断的测量主要沿用 Babbles（2002：77）的方法：首先，对符合实验材料要求的两个隐喻（即蚊子隐喻和爆米花隐喻[①]）各写出 3 个推断并用陈述句进行表达（见表 4.5）。以蚊子隐喻为例，在隐喻标题条件下，将记者比作蚊子除了可以获得新闻记者深入一线新闻现场（对应于蚊子无处不在）和坚持报道高质量新闻（对应于蚊子对血液比较挑剔）这两个与广告主卖点相关的

① 本章下文将蚊子隐喻称为消极隐喻，将爆米花隐喻成为积极隐喻。

有效推断，还有可能产生与广告主卖点无关的无效推断，如记者紧盯新闻人物不放（对应于蚊子驱赶不散）、见到新闻人物就一哄而上（对应于蚊子看到猎物的反应）和轰炸式提问新闻人物（对应于蚊子不停的嗡嗡声）。相比之下，由于字面标题不存在隐喻，所以很难从中获得上述无效推断。

表 4.5　　基于隐喻的认知推断

消极隐喻：杂志记者是蚊子

推断	认可度		*t*	*df*	*p*
	隐喻标题	字面标题			
（1）记者紧盯新闻人物不放	4.90	3.75	1.89	19	.07
（2）记者看到新闻人物会一哄而上	4.80	3.35	2.90	19	.00
（3）记者的轰炸式提问一刻也不停	3.80	2.60	2.16	19	.04

积极隐喻：新闻报道是爆米花

推断	认可度		*t*	*df*	*p*
	隐喻标题	字面标题			
（1）这本杂志不存在缺乏思维和情感的报道	5.15	3.25	2.94	19	.00
（2）这本杂志不缺乏阅读价值	5.25	4.00	2.37	19	.02
（3）这本杂志不是人们休闲娱乐的标配	4.15	2.95	2.19	19	.00

然后，采用 7 点量表让 20 名被试（其中男生 7 人，女生 13 人，平均年龄 26 岁）评定他们在隐喻标题条件和字面标题条件下对每个推断表达的认可度（问卷具体内容见附录 C 第五部分），如果被试在隐喻标题条件下对每个推断的认可度高于字面标题，则说明这些推断只能从隐喻标题上而非字面标题上获得。针对每个推断表达，对被试在隐喻标题和字面标题下的认可度进行配对样本 t 检验，结果见表 4.5 后两列。从统计结果来看，在每个推断表达下，被试对从隐喻标题中获得该推断的认可度显著高于字面标题，这说明在两个隐喻下编写的推断能够有效判断认知推断的有效性，可以应用于正式实验。另外，鉴于每个隐喻下三个认知推断表达的内部一致性信度均较高（消极隐喻：Cronbach $\alpha=0.85$；积极隐喻：Cronbach $\alpha=0.84$），最终采用三个认知推断的平均值来衡量被试在每个隐喻下的认知推断有效性。

（4）广告态度和购买意向

以往研究对广告态度和购买意向的测量主要采用量表的方法（如 Jeong，2008；Kim 等，2012），本研究同样沿袭这一做法，采用 7 点量表来对这两个因变量进行测量。其中，对广告态度的测量主要通过以下四组在语义上存在差异的义项来完成：好—坏、喜欢—不喜欢、愉悦—不愉悦、吸引人—不吸引人。鉴于这四个变量的内部一致性信度较高（Cronbach $\alpha=0.89$），最终采用它们的平均值来衡量广告态度。对购买意向的测量主要借助 7 点量表询问被试购买广告中产品的可能性。

4.2.4 被试与实验流程

97 名本科生参与了本项研究（其中女生 86 名，男生 11 名，平均年龄 20 岁），他们被随机分配到以下 4 个条件的任意一个当中：条件（a）隐喻标题—无解释性信息（$N=25$），条件（b）隐喻标题—有解释性信息（$N=25$），条件（c）字面标题—无解释性信息（$N=24$），条件（d）字面标题—有解释性信息（$N=23$）。每个条件下都包含两个广告，一个是积极隐喻情感的广告，一个是消极隐喻情感的广告。为了控制以往杂志阅读经验的影响，在实验正式开始之前每名被试需要书面回答一些问题，如是否阅读人物类杂志、是否了解人物类杂志的特点等（见附录 D）。统计结果显示，73.2%的被试不经常阅读人物类杂志，12.4%的被试每个月阅读一次，14.4%的被试每星期阅读一到两次。另外，所有被试对人物类杂志特点的描述均未涉及杂志记者和杂志报道，这说明被试对杂志记者和杂志报道（即本实验所用两个隐喻的目的域）的关注较少，或者说熟悉度较低。正式实验时，被试首先阅读实验背景和任务要求：《中国人物》是一本新出版的人物类杂志，为了配合营销宣传，该杂志制作了两则广告，但由于不知道广告效果如何，该杂志现在邀请您对这些广告进行评估，请您按照自己习惯的速度看完每则广告，之后按照提示完成评估。然后依次阅读两则广告。

4.3 研究结果

4.3.1 操纵检验

为了增加实验的有效性，笔者对两个隐喻下的隐喻标题及其对应的字面标题的修辞性程度进行了操纵检验。独立样本 t 检验的结果和实验操纵一致，被试认为隐喻标题的修辞性程度显著高于字面标题（$M_{隐喻标题}=4.59$，$M_{字面标题}=3.73$；$t(95)=4.111$，$p=.00$；消极隐喻：$M_{隐喻标题}=4.36$，$M_{字面标题}=3.43$；$t(95)=2.9$，$p=.00$；积极隐喻：$M_{隐喻标题}=4.82$，$M_{字面标题}=4.03$，$t(95)=4.07$，$p=.00$）；配对样本 t 检验结果显示，消极隐喻和积极隐喻的隐喻标题在修辞程度上不存在统计上的显著差异（$t(49)=-1.92$，$p=.06$）。

4.3.2　假设检验

4.3.2.1　卡方检验结果

由于知识迁移结果是分类变量，故笔者对其进行卡方检验。表 4.6 呈现的是被试在各自的实验条件下看完每个广告后的知识迁移结果。需要说明的是，由于本实验采用开放式问题测量知识迁移结果，有些被试或者没有回答该问题，或者回答的内容与问题无关，这些都属于无效的测量结果，不纳入卡方检验的范畴。

就是否发生结构关系的知识迁移而言，将各实验条件进行对比后发现[①]：隐喻标题时，广告中不加解释性信息比加入解释性信息更容易让被试产生结构关系的知识迁移（条件（a）vs. 条件（b）），字面标题时，是否加入解释性信息则不存在较大差异（条件（c）vs. 条件（d））；当广告中不加入解释性信息时，被试在隐喻标题条件比字面标题条件下更容易产生结构关系的知识迁移（条件（a）vs. 条件（c）），当广告中加入解释性信息时，广告标题是否含有隐喻则不存在较大差异（条件（b）vs. 条件（d））。总的来说，虽然有效结果的样本数量较少，但是不管隐喻源域具有的是消极情感特征还是积极情感特征，被试都是只在条件（a），即广告标题含有隐喻且广告中不包含解释性信息的情况下发生了结构关系的知识迁移。

表 4.6　　各实验条件下被试的知识迁移结果统计

实验条件	消极隐喻				积极隐喻			
	有效		无效		有效		无效	
	结构关系	属性特征	无关	未填写	结构关系	属性特征	无关	未填写
（a）隐喻标题无解释	5	3	7	10	5	7	2	11
（b）隐喻标题有解释	0	4	11	10	0	7	4	14
（c）字面标题无解释	0	2	6	16	0	2	3	19
（d）字面标题有解释	0	6	5	12	0	5	4	14
总计	5	15	29	48	5	21	13	58

注：在知识迁移结果这一因变量的测量中，如果被试的回答与问题相关，根据回答内容标注为“结构关系”或“属性特征”，即有效结果；如果被试的回答与问题无关或者没有回答该问题，则分别标注为“无关”和“未填写”。

---

① 由于条件（b）、（c）、（d）下的频数均为 0，不符合卡方检验的条件，笔者在这里只通过频数的比较来说明相关结果。

就是否发生属性特征的知识迁移而言，卡方检验结果[①]显示：不管隐喻源域具有消极的情感特征还是积极的情感特征，各实验条件下被试的知识迁移结果不存在显著差异（消极：$\chi^2=.55$，$p=.61$；积极：$\chi^2=.88$，$p=.64$）。这说明，不管广告主是否使用隐喻以及是否加入解释性信息，消费者产生属性特征的知识迁移的可能性没有较大差异。

综合上述两点分析来看，研究假设H1a、H4a和H5a得到支持。

4.3.2.2 方差分析结果

由于认知推断有效度、认知精细加工程度、广告态度和购买意向是连续变量，故笔者分别对这四个因变量进行重复测量一个因素的三因素方差分析。下面分别说明方差分析的结果。

（1）认知推断

首先是三个自变量在认知推断上的主效应。方差分析的结果显示：(a)广告标题的主效应显著，被试在隐喻标题条件下对各认知推断的认可度显著高于字面标题条件（$F(1, 93)=51.63$，$p=.00$，$\eta^2=.35$），这说明隐喻标题相比字面标题更容易引发无效的认知推断，H1b成立。(b)解释性信息的主效应十分显著，被试在无解释性信息条件下对各认知推断的认可度显著高于有解释性信息条件（$F(1, 93)=6.97$，$p=.01$，$\eta^2=.07$），这说明整体而言广告无解释性信息比有解释性信息更容易引发无效的认知推断。(c)隐喻情感的主效应不显著（$F(1, 93)=1.08$，$p=.30$，$\eta^2=.01$），这说明隐喻源域本身所具有的情感特征并不影响认知推断。

两重交互作用的结果如下：(a)广告标题和解释性信息的两重交互作用显著（$F(1, 93)=13.34$，$p=.00$，$\eta^2=.12$），进一步的简单效应检验结果显示，隐喻标题时，被试在无解释性信息条件下对各认知推断的认可度显著高于有解释性信息条件（$M_{无正文}=5.61$，$M_{有正文}=4.63$；$F(1, 93)=20.44$，$p=.00$，$\eta^2=.12$），字面标题时，被试在无解释性信息条件下和有解释性信息条件下对各认知推断的认可度不存在统计上的显著差异（$M_{无正文}=3.93$，$M_{有正文}=4.09$；$F(1, 93)=.49$，$p=.48$，$\eta^2=.00$）。广告无解释性信息时，被试在隐喻标题条件下对各认知推断的认可度显著高于字面标题条件（$M_{隐喻标题}=5.61$，$M_{字面标题}=3.93$；$F(1, 93)=59.38$，$p=.00$，$\eta^2=.39$），广告有解释性信息时二者差异减小，但仍存在统计上的显著差异（$M_{隐喻标题}=4.63$，$M_{字面标题}=4.09$；$F(1, 93)=6.17$，$p=.01$，$\eta^2=.06$）。这一结果支持H5b，说明解释性信息的存在能够调节隐喻对消费者认知推断的影响。(b)隐喻情感和广告标题的两重交互作用不显著（$F(1, 93)=.95$，$p=.33$，$\eta^2=.01$），

① 由于样本数量较少且存在期望值小于5的情况，基于列联表的卡方检验采用Fisher精确概率法。

这说明隐喻源域的情感特征并不影响广告受众的认知推断，该结果支持 H4b。(c) 隐喻情感和广告正文的两重交互作用也不显著（$F(1, 93) = .73$，$p = .39$，$\eta^2 = .00$）。

图 4.3（a）—（c）所示为这三个自变量两两之间在认知推断上的作用图，该图可以对上述结果加以辅助说明。

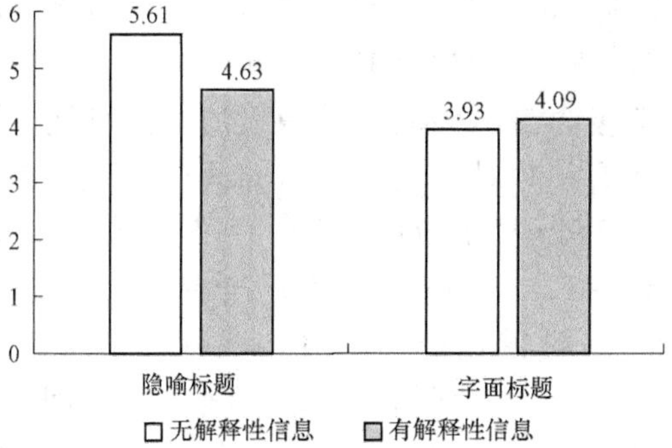

图 4.3（a）　广告标题和解释性信息在认知推断上的交互作用

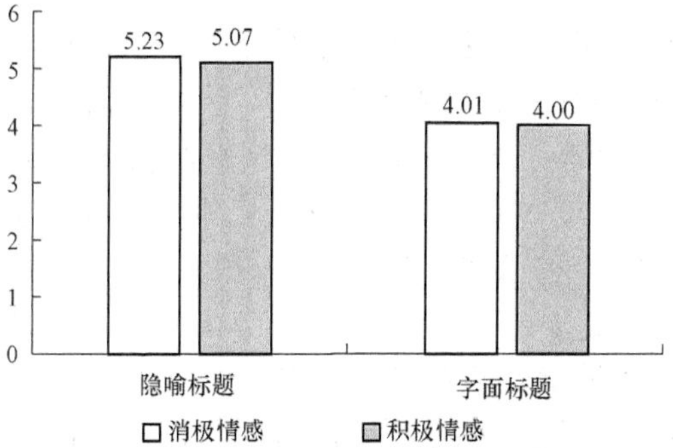

图 4.3（b）　广告标题和隐喻源域情感特征在认知推断上的交互作用

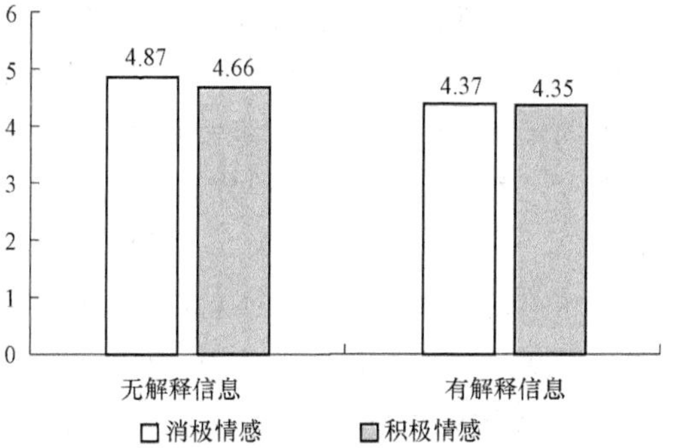

图 4.3（c）　隐喻源域情感特征和解释性信息在认知推断上的交互作用

隐喻情感、广告标题和广告正文的三重交互作用显著（F（1，93）=4.17，p=.04，η^2=.04）。进一步的简单效应检验结果显示：（a）隐喻标题条件下，如果隐喻源域具有消极的情感特征，被试在广告无解释性信息条件下对各认知推断的认可度显著高于有解释性信息条件（$M_{无正文}$=5.65，$M_{有正文}$=4.81；F（1，93）=9.00，p=.00，η^2=.08），如果隐喻源域具有积极的情感特征，被试在广告无解释性信息条件下对各认知推断的认可度显著高于有解释性信息条件（$M_{无正文}$=5.56，$M_{有正文}$=4.45；F（1，93）=19.33，p=.00，η^2=.01）；字面标题条件下，不管隐喻源域具有消极的情感特征还是积极的情感特征，被试在广告无解释性信息时和有解释性信息时对各认知推断的认可度不存在显著差异（消极：$M_{无正文}$=4.09，$M_{有正文}$=3.92；F（1，93）=.34，p=.55，η^2=.00；积极：$M_{无正文}$=3.76，$M_{有正文}$=4.25；F（1，93）=3.45，p=.06，η^2=.03）。（b）隐喻标题条件下，不管有无解释性信息，被试在消极隐喻情感条件下和积极隐喻情感条件下对各认知推断的认可度不存在统计上的显著差异（无正文：$M_{消极情感}$=5.65，$M_{积极情感}$=5.56；F（1，93）=.17，p=.67，η^2=.00；有正文：$M_{消极情感}$=4.81，$M_{积极情感}$=4.45；F（1，93）=2.64，p=.10，η^2=.02）；字面标题条件下，不管有无解释性信息，被试在消极隐喻情感条件下和积极隐喻情感条件下对各认知推断的认可度不存在统计上的显著差异（无正文：$M_{消极情感}$=4.09，$M_{积极情感}$=3.76；F（1，93）=2.17，p=.14，η^2=.02；有正文：$M_{消极情感}$=3.93，$M_{积极情感}$=4.25；F（1，93）=1.90，p=.17，η^2=.02）。（c）广告无解释性信息时，如果隐喻源域具有消极的情感特征，被试在隐喻标题条件下对各认知推断的认可度显著高于字面标题条件（$M_{隐喻标题}$=5.61，$M_{字面标题}$=4.09；F（1，93）=30.26，p=.00，η^2=.24），如果隐喻源域具有积极的情感特征，被试在隐喻标题条件下对各认知推断的认可度显著高于字面标题条件（$M_{隐喻标题}$=5.56，$M_{字面标题}$=3.76；F（1，93）=49.90，p=.00，η^2=.34）；广告有解释性信息时，如果隐喻源域具有消极的情感特征，被试在隐喻标题条件下对各认知推断的认可度显著高于字面标题条件（$M_{隐喻标题}$=4.81，$M_{字面标题}$=3.93；F（1，93）=9.59，p=.00，η^2=.09），如果隐喻源域具有积极的情感特征，被试在隐喻标题条件和字面标题条件下对各认知推断的认可度不存在统计上的显著差异（$M_{隐喻标题}$=4.45，$M_{字面标题}$=4.25；F（1，93）=.64，p=.42，η^2=.00）。图 4.4（a）和（b）所示为不同广告标题类型下有无解释性信息和隐喻源域情感特征对广告受众认知推断的调节作用图，图 4.4（c）和情感特征（d）所示为有、无解释性信息条件下隐喻源域情感特征和广告标题对广告受众认知推断的作用图，该图可以对上述三重交互作用的结果加以辅助说明。

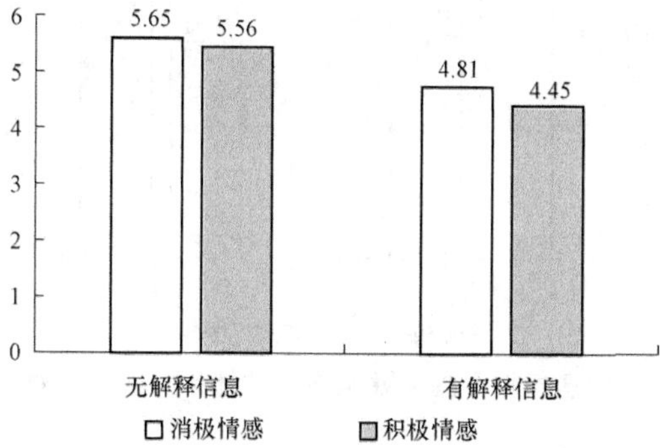

图 4.4（a） 隐喻标题条件下隐喻源域情感特征和解释性信息对认知推断的交互作用

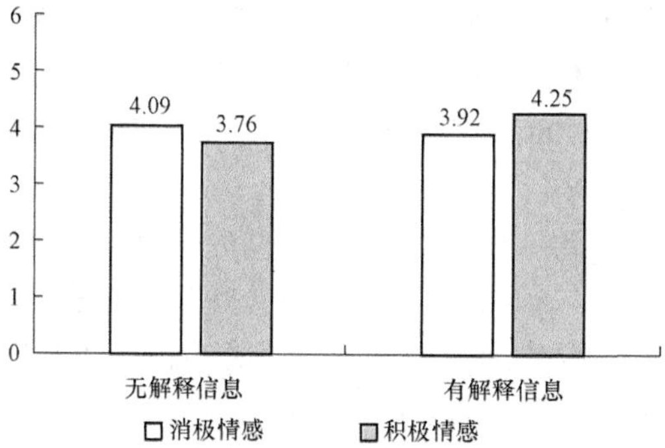

图 4.4（b） 字面标题条件下隐喻源域情感特征和解释性信息对认知推断的交互作用

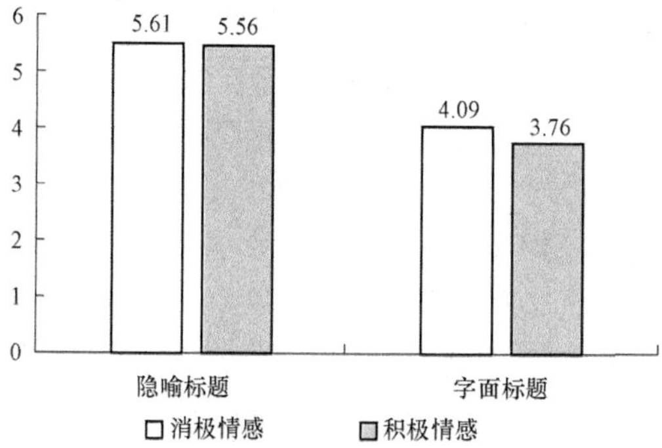

图 4.4（c） 无解释性信息条件下隐喻源域情感特征和广告标题对认知推断的交互作用

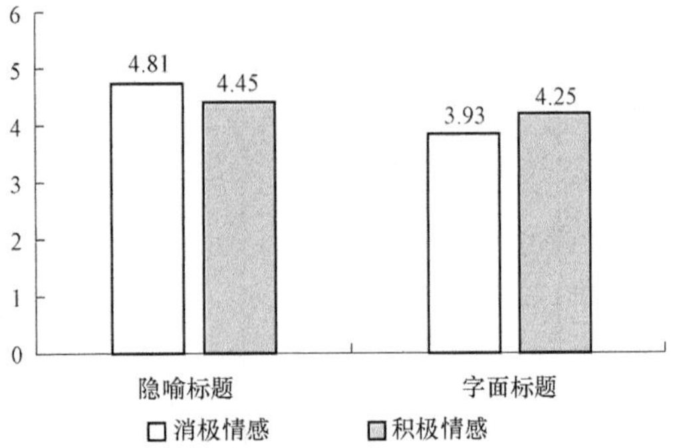

图 4.4（d） 有解释性信息条件下隐喻源域情感特征和广告标题对认知推断的交互作用

（2）认知精细加工程度

方差分析结果显示，广告标题的主效应十分显著（$F(1, 93)=27.47$，$p=.00$，$\eta^2=.22$），隐喻标题所引发的认知精细加工程度显著高于字面标题，H1c 成立；隐喻情感的主效应十分显著（$F(1, 93)=9.84$，$p=.00$，$\eta^2=.09$），消极隐喻所引发的认知精细加工程度显著低于积极隐喻；解释性信息的主效应不显著（$F(1, 93)=.52$，$p=.46$，$\eta^2=.00$），广告有无解释性信息所引发的认知精细加工程度不存在统计上的显著差异。

两重交互作用的结果如下：(a)隐喻情感和广告标题的两重交互作用显著（$F(1, 93)=5.23$，$p=.02$，$\eta^2=.05$），该结果支持 H4c。进一步的简单效应检验结果显示，当隐喻源域主要传递消极情感时，隐喻标题所激发的认知精细加工程度显著高于字面标题（$M_{消极隐喻标题}=4.59$，$M_{消极字面标题}=3.38$；$F(1, 93)=25.83$，$p=.00$，$\eta^2=.21$），当隐喻源域主要传递积极情感时，隐喻标题所激发的认知精细加工程度显著高于字面标题（$M_{积极隐喻标题}=4.69$，$M_{积极字面标题}=4.01$；$F(1, 93)=12.82$，$p=.00$，$\eta^2=.12$）；在隐喻标题条件下，消极隐喻和积极隐喻所激发的认知精细加工程度不存在统计上的显著差异（$M_{消极隐喻}=4.59$，$M_{积极字面标题}=4.69$；$F(1, 93)=.37$，$p=.54$，$\eta^2=.00$），在字面标题条件下，消极隐喻所对应的字面标题所激发的认知精细加工程度显著低于积极隐喻所对应的字面标题（$M_{消极字面标题}=3.38$，$M_{积极字面标题}=4.01$；$F(1, 93)=14.27$，$p=.00$，$\eta^2=.13$）。(b) 隐喻情感和广告正文的两重交互作用不显著（$F(1, 93)=.68$，$p=.41$，$\eta^2=.00$）。(c) 广告标题和解释性信息的两重交互作用不显著（$F(1, 93)=.37$，$p=.53$，$\eta^2=.07$），这说明解释性信息存在与否不会对标题类型如何影响认知精细加工产生调节作用，该结果不支持 H5c。图 4.5（a）—（c）为三个自变量两两之间在认知精细加工上的交互作用图，该图可以对上述结果加以进一步的说明。

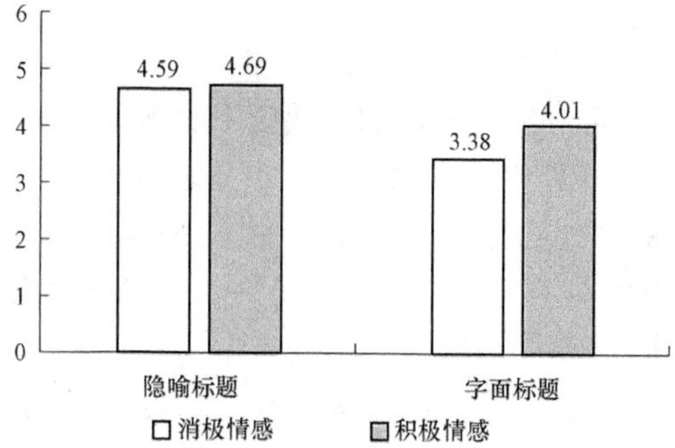

图 4.5（a）　广告标题和隐喻源域情感特征在认知精细加工程度上的交互作用

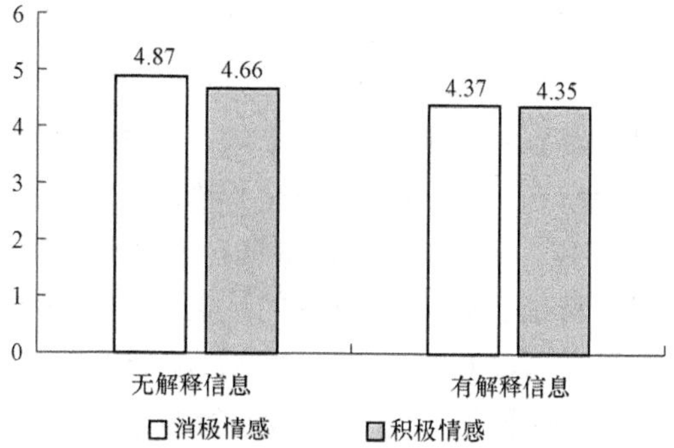

图 4.5（b）　隐喻源域情感特征和解释性信息在认知精细加工程度上的交互作用

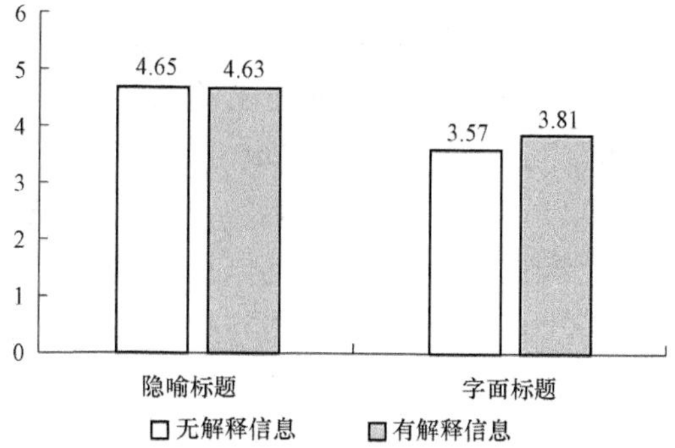

图 4.5（c）　解释性信息和广告标题在认知精细加工程度上的交互作用

隐喻情感、广告标题和解释性信息的三重交互作用不显著（F（1，93）=.28，p=.59，η^2=.00）。

（3）广告态度

方差分析的结果显示，广告标题的主效应不显著（F（1，93）=.03，p=.86，η^2=.00），H2 不成立。解释性信息的主效应不显著（F（1，93）=.67，p=.42，η^2=.00）。隐喻情感的主效应显著（F（1，93）=15.30，p=.00，η^2=.14），消极隐喻条件下的广告态度显著低于积极隐喻条件。这说明消费者对隐喻广告的态度受隐喻源域的情感特征所影响。

两重交互作用结果如下：（a）隐喻情感和广告标题的两重交互作用显著（F（1，93）=5.55，p=.02，η^2=.05），进一步的简单效应检验结果显示：隐喻标题时，被试在消极隐喻条件下的广告态度显著低于积极隐喻条件（$M_{消极情感}$=3.75，$M_{积极情感}$=4.46；F（1，93）=20.27，p=.00，η^2=.17），字面标题时，二者不存在统计上的显著差异（$M_{消极情感}$=4.04，$M_{积极情感}$=4.22；F（1，93）=1.17，p=.28，η^2=.01）；不管是积极隐喻还是消极隐喻，被试在隐喻标题条件下和字面标题条件下的广告态度均不存在统计上的显著差异（消极：$M_{隐喻标题}$=3.75，$M_{字面标题}$=4.04；F（1，93）=2.67，p=.10，η^2=.02；积极：$M_{隐喻标题}$=4.46，$M_{字面标题}$=4.22；F（1，93）=1.83，p=.17，η^2=.01）。这说明广告主在使用隐喻的时候，源域概念本身所具有的情感特征会影响消费者的广告态度。（b）隐喻情感和解释性信息的两重交互作用显著（F（1，93）=9.98，p=.00，η^2=.09）。进一步的简单效应检验结果显示：无解释性信息时，消极隐喻条件下的广告态度显著低于积极隐喻条件（$M_{消极情感}$=3.66，$M_{积极情感}$=4.46；F（1，93）=25.28，p=.00，η^2=.21），有解释性信息时，二者之间不存在统计上的显著差异（$M_{消极情感}$=4.13，$M_{积极情感}$=4.22；F（1，93）=.28，p=.59，η^2=.00）；消极隐喻条件下，被试在无解释性信息时的广告态度显著低于有解释性时（$M_{无正文}$=3.66，$M_{有正文}$=4.13；F（1，93）=6.97，p=.01，η^2=.07），积极隐喻条件下，被试在无解释性信息和有解释性信息时的广告态度不存在统计上的显著差异（$M_{无正文}$=4.46，$M_{有正文}$=4.22；F（1，93）=1.88，p=.17，η^2=.02）。这说明，如果广告主使用的隐喻源域具有消极的情感特征，可以通过在广告中加入解释性信息来改善消费者的广告态度。（c）广告标题与广告解释性信息的交互作用不显著（F（1，93）=1.79，p=.17，η^2=.02），这说明该实验的结果并不支持 H5d。

图 4.6（a）—（c）为三个自变量两两之间在广告态度上的交互作用图，该图可以对上述结果加以进一步的说明。

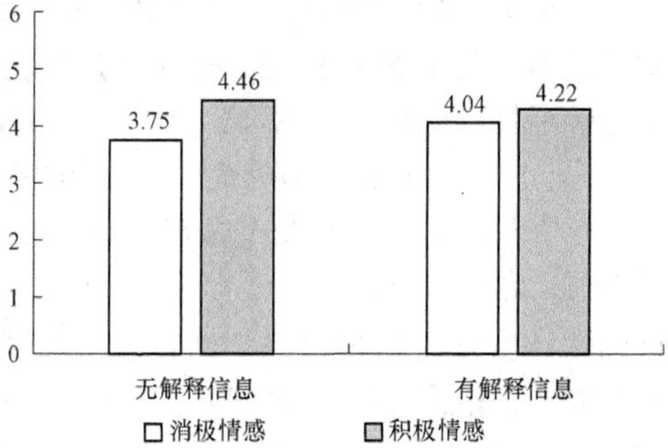

图 4.6（a）　广告标题和隐喻源域情感特征在广告态度上的交互作用

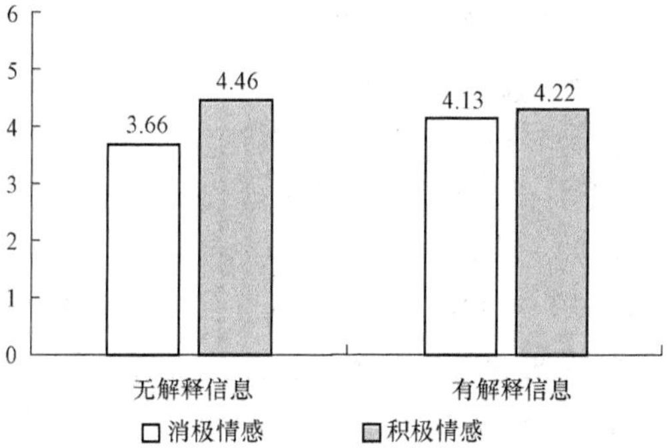

图 4.6（b）　隐喻源域情感特征和解释性信息在广告态度上的交互作用

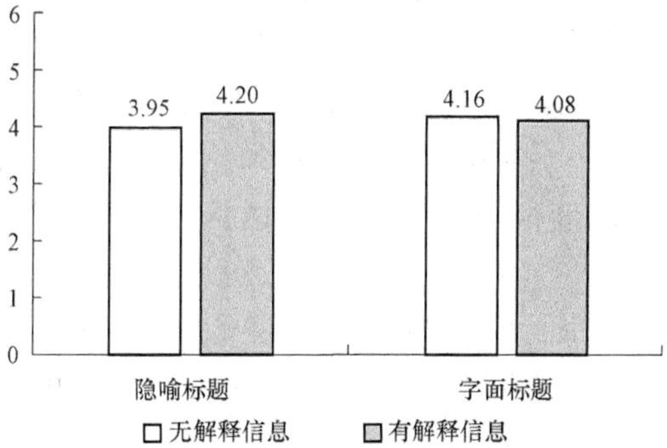

图 4.6（c）　解释性信息和广告标题在广告态度上的交互作用

广告标题、解释性信息和隐喻情感的三重交互作用边缘显著（F（1，93）=3.21，p=.07，η^2=.03）。进一步的简单效应检验结果显示：（a）隐喻标题条件下，如果隐喻源域具有消极的情感特征，被试在广告无解释性信息条件下的广告态度显著低于有解释性信息条件（$M_{无正文}$=3.31，$M_{有正文}$=4.59；F（1，93）=12.17，p=.00，η^2=.11），如果隐喻源域具有积极的情感特征，被试在无解释性信息时和有解释性信息时的广告态度不存在统计上的显著差异（$M_{无正文}$=4.59，$M_{有正文}$=4.33；F（1，93）=1.07，p=.30，η^2=.01）；字面标题条件下，不管隐喻源域具有消极的情感特征还是积极的情感特征，被试在广告无解释性信息时和有解释性信息时的广告态度不存在显著差异（消极：$M_{无正文}$=4.00，$M_{有正文}$=4.08；F（1，93）=.08，p=.76，η^2=.00；积极：$M_{无正文}$=4.33，$M_{有正文}$=4.10；F（1，93）=.82，p=.36，η^2=.00）。（b）隐喻标题条件下，无解释性信息时，被试在消极隐喻情感条件下的广告态度显著低于积极隐喻情感（$M_{消极情感}$=3.31，$M_{积极情感}$=4.59；F（1，93）=32.49，p=.00，η^2=.25），有解释性信息时，被试在消极隐喻情感条件下和积极隐喻情感条件下的广告态度不存在统计上的显著差异（$M_{消极情感}$=4.18，$M_{积极情感}$=4.33；F（1，93）=.44，p=.50，η^2=.00）；字面标题条件下，不管有无解释性信息，被试在消极隐喻情感条件下和积极隐喻情感条件下的广告态度不存在统计上的显著差异（无正文：$M_{消极情感}$=4.00，$M_{积极情感}$=4.33；F（1，93）=2.11，p=.14，η^2=.02；有正文：$M_{消极情感}$=4.08，$M_{积极情感}$=4.10；F（1，93）=.00，p=.92，η^2=.00）。（c）广告无解释性信息时，如果隐喻源域具有消极的情感特征，被试在隐喻标题条件下的广告态度显著低于字面标题条件（$M_{隐喻标题}$=3.31，$M_{字面标题}$=4.00；F(1，93)=7.50，p=.00，η^2=.07)，如果隐喻源域具有积极的情感特征，被试在隐喻标题条件下和字面标题条件下的广告态度不存在统计上的显著差异（$M_{隐喻标题}$=4.59，$M_{字面标题}$=4.33；F（1，93）=1.02，p=.31，η^2=.01）；广告有解释性信息时，不管隐喻源域具有消极的情感特征还是积极的情感特征，被试在隐喻标题条件下和字面标题条件下的广告态度均不存在统计上的显著差异（消极：$M_{隐喻标题}$=4.18，$M_{字面标题}$=4.08；F（1，93）=.16，p=.68，η^2=.00；积极：$M_{隐喻标题}$=4.33，$M_{字面标题}$=4.10；F（1，93）=.81，p=.36，η^2=.00）。这说明隐喻广告对受众态度的影响不能一概而论，受众的广告态度很容易受到解释性信息和隐喻源域本身所带情感的影响。

图 4.7（a）和（b）所示为不同广告标题类型下有无解释性信息和隐喻源域情感特征对广告受众广告态度产生影响的作用图，该图可以对上述结果加以进一步的说明。

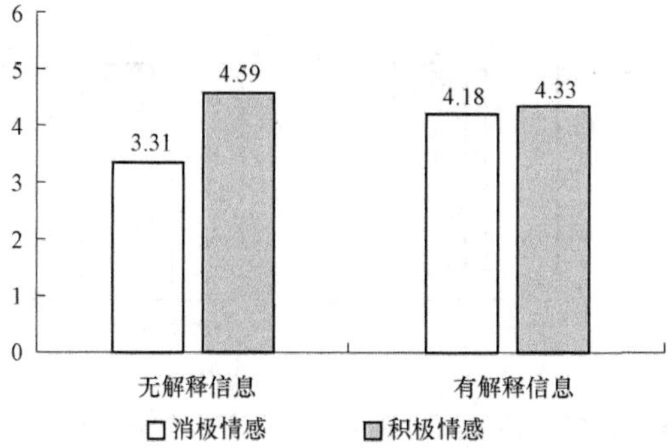

图 4.7（a）　隐喻标题条件下解释性信息与隐喻源域情感特征对广告态度的交互作用

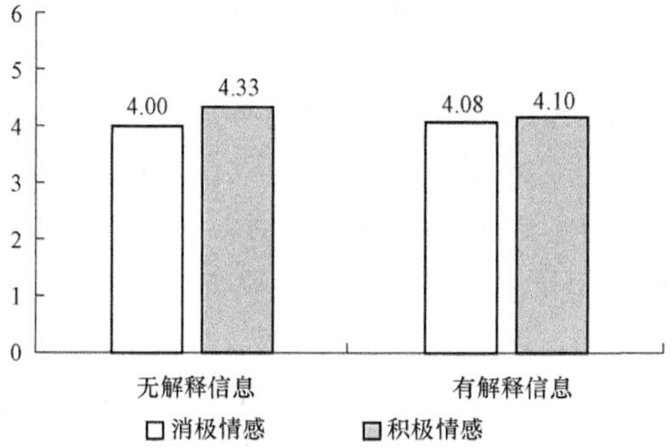

图 4.7（b）　字面标题条件下解释性信息与隐喻源域情感特征对广告态度的交互作用

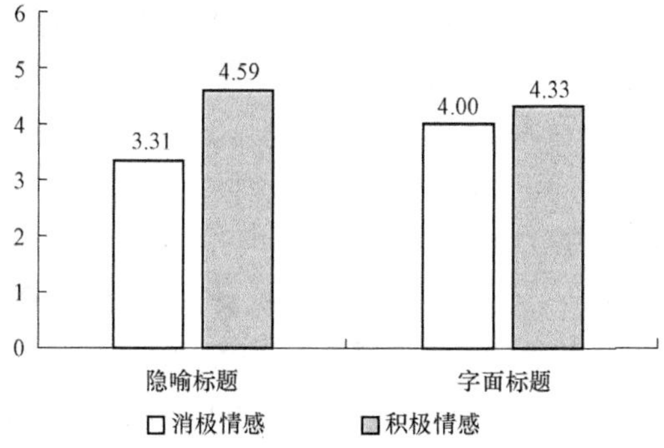

图 4.7（c）　无解释性信息条件下隐喻源域情感特征和广告标题对广告态度的交互作用

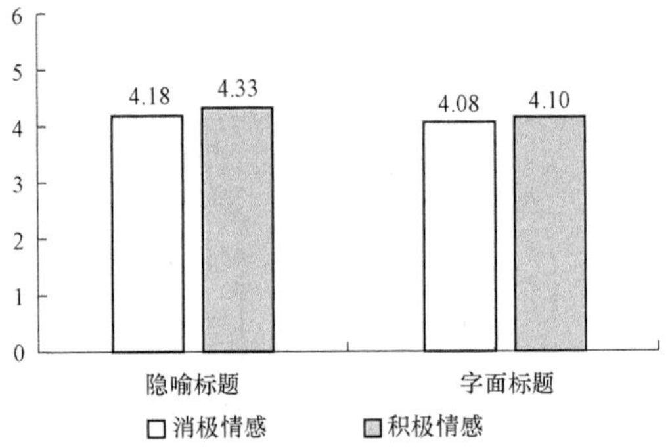

图 4.7（d） 有解释性信息条件下隐喻源域情感特征和广告标题对广告态度的交互作用

隐喻情感和广告标题的两重交互作用显著说明，本实验的结果支持 H4d。另外，隐喻情感和广告解释性信息的两重交互作用以及广告标题、隐喻情感和广告标题的三重交互作用显著说明，本实验的结果支持 H6a。

（4）购买意向

方差分析的结果显示，广告标题的主效应边缘显著（F（1，93）=3.02，p=.08，η^2=.03），H3 成立。隐喻情感的主效应十分显著（F（1，93）=22.36，p=.00，η^2=.19），解释性信息的主效应不显著（F（1，93）=1.66，p=.20，η^2=.01）。这说明广告主是否使用隐喻以及所用隐喻的情感特征会影响消费者的购买意向。

两重交互作用结果如下：（a）隐喻情感和广告标题的两重交互作用不显著（F（1，93）=1.04，p=.30，η^2=.01），说明 H4e 不成立。（b）广告标题和解释性信息的两重交互作用不显著（F（1，93）=.78，p=.37，η^2=.00），说明 H5e 不成立。（c）隐喻情感和解释性信息的两重交互作用显著（F（1，93）=5.69，p=.01，η^2=.05）。进一步的简单效应检验结果显示，无解释性信息时，被试在消极隐喻情感条件下的购买意向显著低于积极隐喻情感条件（$M_{消极情感}$=3.06，$M_{积极情感}$=4.08；F（1，93）=25.59，p=.01，η^2=.05），有解释性信息时，二者不存在统计上的显著差异（$M_{消极情感}$=3.68，$M_{积极情感}$=4.01；F（1，93）=2.71，p=.10，η^2=.02）；消极隐喻条件下，被试在广告无解释性信息条件下的购买意向显著低于有解释性信息条件（$M_{无正文}$=3.06，$M_{有正文}$=3.68；F（1，93）=5.19，p=.02，η^2=.00），积极隐喻条件下，二者不存在统计上的显著差异（$M_{无正文}$=4.08，$M_{有正文}$=4.01；F（1，93）=.07，p=.78，η^2=.00）。这一结果支持 H6b，说明广告主使用具有消极情感特征的隐喻源域时，可以通过在广告中加入解释性信息来提高消费者的购买意向。

图 4.8（a）—（c）为三个自变量两两之间在购买意向上的交互作用图，该图可以对上述结果加以进一步的说明。

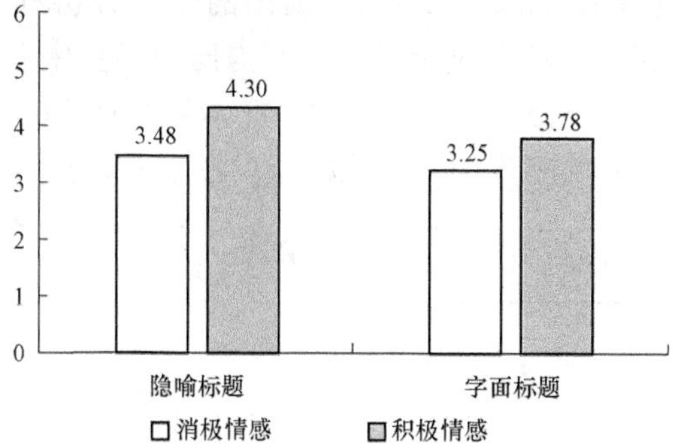

图 4.8（a）　广告标题和隐喻源域情感特征在购买意向上的交互作用

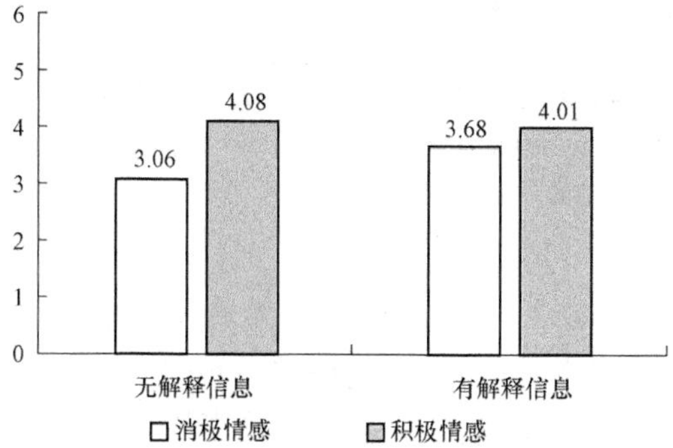

图 4.8（b）　隐喻源域情感特征和解释性信息在购买意向上的交互作用

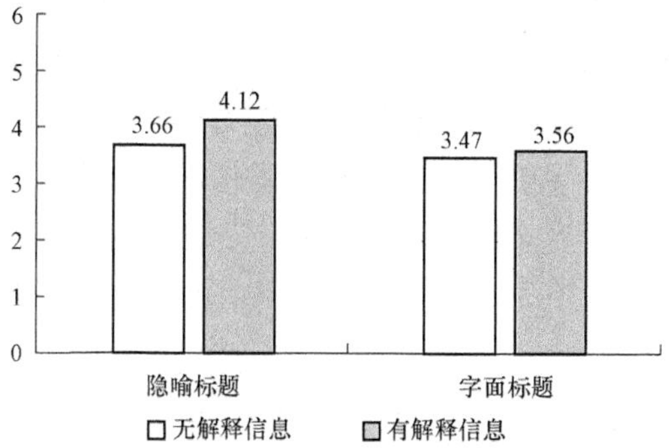

图 4.8（c）　广告标题和解释性信息在购买意向上的交互作用

广告标题、解释性信息和隐喻情感的三重交互作用不显著（$F(1, 93) = 1.25$，$p = .26$，$\eta^2 = .013$）。

4.3.2.3 中介效应结果

（1）多步中介效应结果

按照 Zhao，Lynch，Chen（2010）提出的中介分析程序，参照 Hayes，Preacher，Myers（2011）和 Hayes（2013）提出的多步中介变量的检验方法，进行 Bootstrap 中介变量检验，模型选择 6，样本量选择 5 000，设置 95%的置信区间①。购买意向（Y）的多步中介效应模型如图 4.9 所示。

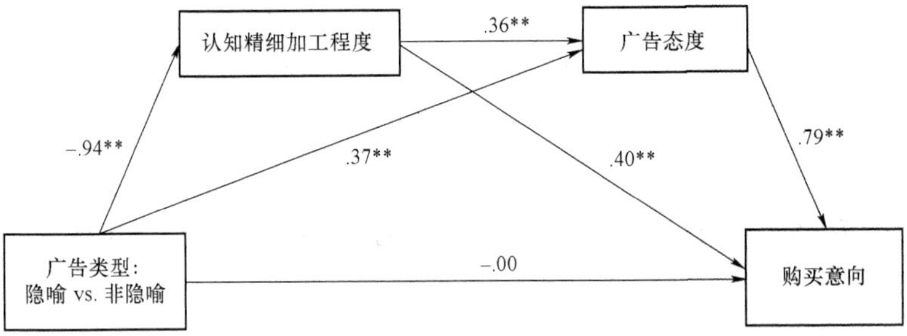

图 4.9 购买意向（Y）的多步中介效应模型

注：（1）模型使用混合样本（$N=194$）。模型拟合参数：$F=95.42$，$df_1=3$，$df_2=190$，$p<.00$，$R=.77$，$R^2=.60$，$MSE=.70$。图中单向线上所标的数据为回归系数。

（2）** 表示 $p<.01$，* 表示 $p<.05$。

回归分析的结果具体如下：（a）广告中是否使用隐喻（X）对认知精细加工（M_1）的影响达到显著水平（$t=-6.16$，$p=.000$）；（b）在控制认知精细加工（M_1）的情况下，广告中是否使用隐喻（X）对广告态度（M_2）的影响达到显著水平（$t=2.74$，$p=.00$）；（c）在控制广告中是否使用隐喻（X）和广告态度（M_2）的情况下，认知精细加工（M_1）对购买意向（Y）的影响达到显著水平（$t=6.49$，$p=.00$）；（d）在控制广告中是否使用隐喻（X）和认知精细加工（M_1）的情况下，广告态度（M_2）对购买意向（Y）的影响达到显著水平（$t=11.24$，$p=.00$）；（e）在控制认知精细加工（M_1）和广告态度（M_2）的情况下，广告中是否使用隐喻（X）对购买意向（Y）的影响未达到显著水平（$t=-.048$，$p=.96$）；（f）在控制广告中是否使用隐喻（X）的情况下，认知精细加工（M_1）对广告态度（M_2）的影响达到显著水平（$t=6.30$，$p=.00$）。

进一步的中介效应结果显示：（a）"广告是否使用隐喻→认知精细加工程度→广告态度→购买意向"的中介路径显著（-.43，-.14），作用大小为-.27；（b）"广告是否使用隐喻→认知精细加工程度→购买意向"的中介路径显著（-.57，-.21），作用大小为-.38；（c）"广告是否使用隐喻→广告态度→购买意

① 本研究按照陈瑞等（2014）的观点完成中介效应检验的软件操作、数据结果分析及数据结果汇报。

向”的中介路径显著（.10，.50），作用大小为.29。

此外，控制了两个中介变量后，自变量对因变量的影响不显著（–.27，.25）。由此说明，认知精细加工和广告态度在广告是否使用隐喻对消费者购买意向的影响中发挥了中介作用，且不存在其他的中介变量，即 H7 成立。

（2）不同条件下的路径效应结果

针对本研究关注的两个调节变量——隐喻情感和广告正文，分别在它们各自的两个水平下进行路径效应分析，以此探究不同条件下隐喻广告的情感效果（M_2）是否一定会在认知效果（M_1）对意动效果（Y）的影响中发挥中介作用。按照 Zhao 等（2010）提出的中介分析程序，参照 Hayes 等（2011）和 Hayes（2013）提出的简单中介变量的检验方法，进行 Bootstrap 中介变量检验，模型选择 4，样本量选择 5 000，设置 95%的置信区间[①]。不同条件下的路径回归系数结果见表 4.7。

表 4.7　不同条件下的回归路径系数

<table>
<tr><th colspan="2">路径/条件（n，模型拟合参数）</th><th>路径回归系数</th><th>p</th></tr>
<tr><td colspan="4">积极情感（N=50，F=29.12，df_1=2，df_2=47，p<.00，R=.74，R^2=.55，MSE=.57）</td></tr>
<tr><td rowspan="4">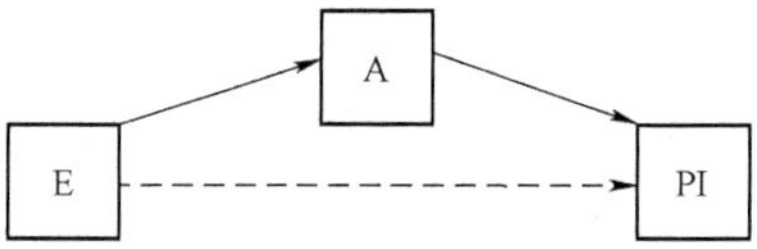
</td><td>E→A</td><td>.68**</td><td>p<.001</td></tr>
<tr><td>E→PI</td><td>-.05</td><td>p>.05</td></tr>
<tr><td>A→PI</td><td>.87**</td><td>p<.001</td></tr>
<tr><td>E→A→PI</td><td>.60*</td><td>p<.05</td></tr>
<tr><td colspan="4">消极情感（N=50，F=29.73，df_1=2，df_2=47，p<.00，R=.75，R^2=.56，MSE=.93）</td></tr>
<tr><td rowspan="4">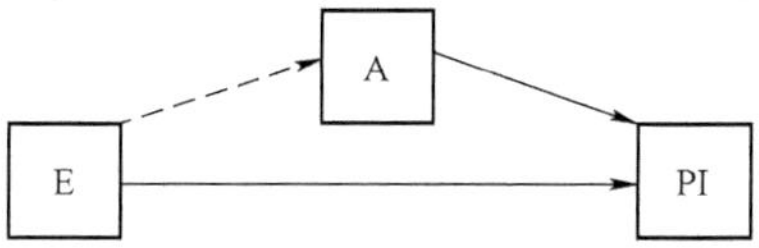
</td><td>E→A</td><td>.21</td><td>p>.05</td></tr>
<tr><td>E→PI</td><td>.45**</td><td>p<.00</td></tr>
<tr><td>A→PI</td><td>.75**</td><td>p<.00</td></tr>
<tr><td>E→A→PI</td><td>.16</td><td>p>.05</td></tr>
<tr><td colspan="4">有正文（N=50，F=29.8，$df1$=2，$df2$=47，p<.00，R=.75，$R2$=.56，MSE=.71）</td></tr>
<tr><td rowspan="4">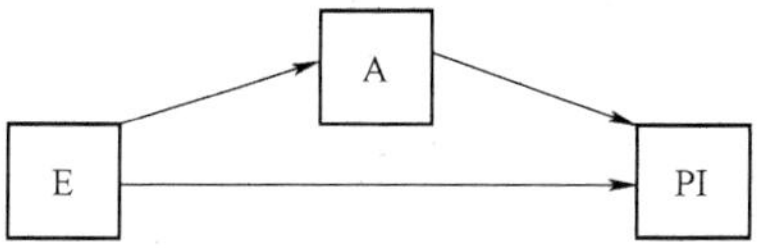
</td><td>E→A</td><td>.41*</td><td>p<.01</td></tr>
<tr><td>E→PI</td><td>.38*</td><td>p<.05</td></tr>
<tr><td>A→PI</td><td>.86**</td><td>p<.00</td></tr>
<tr><td>E→A→PI</td><td>.35*</td><td>p<.05</td></tr>
</table>

① 本研究按照陈瑞等（2014）的观点完成中介效应检验的软件操作、数据结果分析及数据结果汇报。

续表

路径/条件（n，模型拟合参数）		路径回归系数	p
无正文（N=50，F=31.17，df_1=2，df_2=47，p<.00，R=.76，R^2=.57，MSE=.78）			
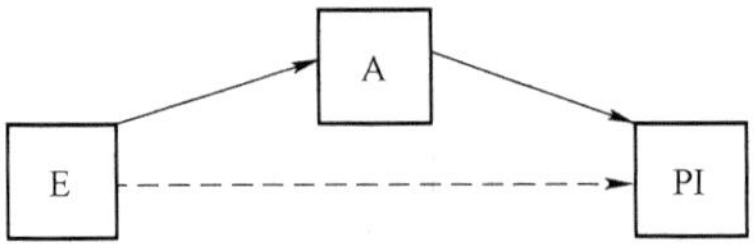	E→A	.39*	p<.05
	E→PI	.24	p>.05
	A→PI	.73**	p<.00
	E→A→PI	.28	p>.05

注：E＝认知精细加工，A＝广告态度，PI＝购买意向。单向实线和*表示在 p＝.05 的水平上显著，单向虚线表示在 p＝.05 的水平上不显著。

结合表 4.7 呈现的内容和简单中介效应分析的结果来看：首先，对隐喻广告而言，在隐喻情感积极的情况下，“认知精细加工程度→广告态度→购买意向”的中介路径显著（.23，.91），作用大小为.60，而在隐喻情感消极的情况下，“认知精细加工程度→广告态度→购买意向”的中介路径不显著（－.09，.50），作用大小为.16。这一结果说明，如果广告中使用隐喻，只有在隐喻的源域概念具有积极而非消极的情感特征时，广告态度才会在认知精细加工对购买意向的影响上发挥中介作用。H8a 成立。

其次，对隐喻广告而言，在广告中含有解释性信息的情况下，“认知精细加工程度→广告态度→购买意向”的中介路径显著（.11，.63），作用大小为.35，而在广告中不含有解释性信息的情况下，“认知精细加工程度→广告态度→购买意向”的中介路径不显著（－.06，.76），作用大小为.28。这一结果说明，如果广告中使用隐喻，只有在加入解释性信息时，广告态度才会在认知精细加工对购买意向的影响上发挥中介作用。H8b 成立。

4.4 总结和讨论

本章以杂志广告实例为实验材料依据，在消费者学习新产品视角下考察了隐喻广告及相关调节变量对消费者心理的影响，同时分析了隐喻广告效果的生成路径。基于实验结果，我们发现：（1）就认知效果而言，相比非隐喻广告，隐喻广告让消费者产生了更多的认知精细加工，而这具体表现为消费者更容易产生结构关系而非属性特征的知识迁移，以及更容易产生不符合预期的认知推断。解释性信息能够有效地调节隐喻广告的认知效果。（2）就情感效果而言，隐喻广告并没有比非隐喻广告产生更积极的广告态度，但是隐喻源域本身所具有的情感特征会影响消费者对隐喻广告的广告态度。（3）就行为效果而言，隐喻广告确实比非隐喻广告更容易让人产生购买意向，而且隐喻源域本身所具有的情感特征和解释性信息存在交互作用。（4）在不考虑相关影响因素的调节作用的情况下，认知效果和情感效果在广告主是否使用隐喻对消费者购买意向的影响中发挥中介作用，即隐喻广告效果的生成存在“认知—情感—意动”这一线性关系，符合广告效果层级模型中学习阶层模型的基本观点；在考虑相关因素的调节作用时，结果显示并不是所有情况下隐喻广告的效果都按照“认知—情感—意动”这一顺序来形成。

基于上述发现，本章研究的理论贡献在于：

（1）将消费者学习中的知识迁移理论引入隐喻广告效果测量，揭示了隐喻广告（相比非隐喻广告）在认知效果上的具体表现，丰富了该领域的理论体系。在以往研究中，学者们主要用认知精细加工来衡量隐喻广告的认知效果，但这只能说明隐喻广告是否更容易激发消费者产生更多想法，并不能告诉广告主消费者在想什么以及这么想是否符合广告预期。本章研究以消费者学习为立足点，以基于类比学习的知识迁移理论为理论基础，在证实隐喻广告（相比非隐喻广告）确实能让消费者产生更多认知精细加工的基础上，首次论证了隐喻广告对消费者知识迁移和认知推断的影响，从而深化了隐喻广告认知效果的内涵，使其更加清晰具体。除此之外，本章研究还引入了解释性信息这一变量，发现广告中有无解释性信息会调节隐喻广告的认知效果，而这在提高消费者对广告信息的认知推断有效性上十分重要。

（2）拓宽了学者们对隐喻广告情感效果的认识，首次论证了隐喻源域所具有的情感特征能够对消费者的广告态度产生调节作用。实验数据结果虽然与以往研究并不一致，但笔者认为以往研究并未考虑实际情况，在实验中所操控的实验材料基本上都是隐喻源域带有积极或中性的情感特征，或者说使用的都是具有积极或中性特征的广告情景（Theodorakis，Koritos，Stathakopoulos，2015），所以被试在隐喻条件下的情感反应都比较积极。本章研究将隐喻源域的情感特征对隐喻广告情感效果的影响纳入考虑范畴，是对该领域相关研究的拓展，但由于实验材料数量和被试样本范围有限，这一结论是否能得到进一步推广还有待更多实证研究的论证。

（3）将隐喻广告的认知效果、情感效果和意动效果联系起来，揭示了隐喻广告效果的生成路径。以往的隐喻广告效果研究大多只针对认知、情感或意动中的某一个或两个层面，很少同时对三者进行分析，而且也很少对三者之间的关系，特别是路径关系进行讨论。本章研究基于多步中介效应检验，揭示出广告中是否使用隐喻对消费者购买意向的影响受认知精细加工程度和广告态度的中介作用，即隐喻广告效果的生成存在“认知—情感—意动”这一线性关系，这一结果符合广告效果层级模型中的学习阶层模型的基本观点。另外，基于简单中介效应检验，揭示出隐喻广告效果的生成过程受相关影响因素的调节作用。

除了理论贡献外，本章研究的发现同样具备较强的应用价值。一般而言，广告中是否使用隐喻确实能通过认知反应和情感反应影响到购买意向。但是，隐喻在广告实践中的使用并不是任意的，广告主尤其要注意所用隐喻的源域在情感特征上的倾向，因为一旦选择了具有消极情感特征的源域概念，这种消极的情感极有可能也被迁移到消费者对广告乃至品牌的态度上，出现有违隐喻广告设计初衷的现象。不过，如果广告主确实想让消费者通过具有消极情感特征的源域概念来学习广告产品或服务的特征，可以通过在广告中加入解释性信息的方式来缓解这类隐喻所产生的消极情感，而且这还能有效地降低认知推断的无效性。总之，隐喻广告的效果不能一概而论，在使用时应该有所选择。

综上所述，本章研究讨论了隐喻广告对消费者学习新产品的影响，不仅丰富和发展了隐喻广告效果研究，还为企业的隐喻广告实践提供了指导。尽管如此，笔者认为仅仅说明隐喻形式对广告效果的影响是不够的，如果能让广告主“知其然更知其所以然”，了解隐喻广告效果的成因，那么他们就能够以更加行之有效的方式开展隐喻广告实践活动。因此，下一章笔者将重点围绕隐喻广告效果的成因展开讨论。

第 5 章

隐喻内容对广告效果的影响研究

本章研究主要对隐喻广告效果的成因进行探讨，重点关注隐喻内容而非隐喻形式对隐喻广告效果生成的作用。具体而言，笔者首先对隐喻内容如何影响广告效果进行理论探讨，然后采用实验法对本研究提出的观点进行验证。

5.1　隐喻内容影响广告效果的理论探讨

由于研究视角的限制，以往研究大多将隐喻广告效果直接归因于隐喻形式的作用，这在很大程度上容易让人忽略隐喻内容在隐喻广告效果生成中的作用。因此，本节的讨论起始于对预期偏离观这个广为该领域研究者所引用的理论观点的批评分析，在对该理论的基本观点进行详细介绍并指出其不足的基础上，从隐喻的认知本质出发对该观点进行补充。

5.1.1　预期偏离观的基本观点及其不足

5.1.1.1　基本观点

根据 McQuarrie & Mick（1996）专门针对广告这种文体提出的修辞分类观，隐喻既然作为一种修辞，它必然具备所有修辞的共性。但如果对所有修辞做进一步区分的话，在修辞格（Figurative Mode）这个层面，隐喻属于“转义”（Trope）而非“形变”（Scheme），再进一步从修辞操作（Rhetorical Operation）这个层面来讲的话，隐喻属于转义下面的“颠覆”（Distabilization）。换言之，隐喻既具备所有修辞的共性，也有与其他修辞相比的特殊性，这两者共同促进了隐喻广告效果的生成。下面笔者将对该观点进行详细介绍。

（1）隐喻具备所有修辞的共性——形式上对预期的艺术性偏离

对于隐喻广告相比非隐喻广告为什么能够产生积极的效果这一问题，广告研究领域的学者借鉴修辞学的观点，认为这与隐喻作为一种典型的修辞手段而必然具备所有修辞共有的本质特征有关。具体而言，研究者们认为，修辞的本质特征是“对预期的艺术性偏离（An Artful Deviation from Expectation）”（以下简称“预期偏离观”）（McQuarrie & Mick，1993，1996，1999）。就言语中的修辞而言，当它出现时，必然同时满足以下四个条件：（a）所形成的表达是对预期的偏离；（b）所形成的语言表达并非荒谬无意义；（c）这种偏离发生在形式而非内容层面；（d）这种偏离应用在各种情境中表达各种内容时都存在固定不变的形式（Corbett，1965；McQuarrie & Mick，1996：425）。McQuarrie & Mick（1996：425）认为将修辞这样定义的好处在于，该定义：（a）提供了测量偏离度的标准，即预期；（b）对偏离度的数量和类型进行了限制，即把荒谬无意义的错误表达排除在外；（c）将偏离度设定在了文本的形式结构层面而非内容层面；（d）说明修辞存在有限数量的形式，各形式之间存在不同的特征。至于该定义将修辞认定为对“预期”的偏离而不是传统观点所认定的对“语言表达惯常方式（Ordinary Manner of Expression）”的偏离（Corbett，1965），McQuarrie & Mick（1996：425）给出的解释是：有些修辞方式在日常对话中的应用十分频繁，甚至已经成为语言表达的惯常方式，这时再用“惯常”来区分修辞和非修辞恐怕并不容易。根据语用学家 Grice（1989）的观点，每段会话在进行时都存在一定预期，这些预期构成了会话惯例（Conventions）。由此，McQuarrie & Mick（1996：425）认为，修辞的偏离度更多的是体现在它对惯例的违背上，也就是对预期的偏离上。

基于修辞学的这种预期偏离观，McQuarrie & Mick（1996，1999）在 Berlyne（1973）的不一致观（Incongruity）的基础上提出：修辞所具有的预期偏离性是增加认知精细加工程度的重要原因。具体而言，根据 McQuarrie & Mick（1999）的观点，当修辞出现在文本中时，它会因为预期偏离性这种本质特征而使自身区别于非修辞语言，即得到突显（Marked）并呈现出不一致性。而突显性或不一致性又被认为是吸引注意的一个重要因素（Berlyne，1973），它会引发信息接收者的注意，并引导他们思考信息发出者为什么要突显这一信息。结合 Sperber & Wilson（1986）提出的关联理论的基本观点，信息接收者总是假设信息发出者提供的信息是相关的，因此，如果某一信息被突显，那么信息发出者必然希望信息接收者注意到这一信息，并利用语境去理解它。McQuarrie & Mick（1999）认为，在这个理解的过程中，信息接收者头脑中必然会发生大量复杂的认知加工活动，而这就是认知心理科学所讲的认知精细加工。简言之，修辞能够激发认知精细加工的主要原因就在于其自身的预期偏离性特征。

同样是基于修辞学的这种预期偏离观，McQuarrie & Mick（1996，1999）在 Barthes（1985）的文本乐趣观（Pleasure-of-text）的基础上提出：修辞所具有的预期偏离性是产生积极情感的重要原因。具体而言，Barthes（1985）指出，符号学领域存在这样一个基本原则：读者能够享受到文本的乐趣，那些用某种方式传递出复杂信息的文本尤其如此。因为对读者来说，带有多重解释或意义的文本具有更高的诗学或美学价值，当他们理解到这些文本所要表达的真实含义后，会产生解谜的乐趣。基于这种观点，McQuarrie & Mick（1996，1999）认为修辞表达也属于这种具有内在趣味性的文本，因为根据预期偏离观，修辞表达虽然从字面意义上来看并不成立，但它们并不是荒谬无意义的，当人们理解了修辞表达的真实含义后，这些真实含义就像他们获得的解谜后的奖赏（Reward），让他们产生积极的情感。简言之，修辞自身的预期偏离性特征是其让人产生积极情感的重要原因。

基于上述观点，McQuarrie & Mick（1996，1999）以隐喻为例指出，既然修辞的本质特征是从形式上对预期的艺术性偏离，而这种偏离性又能够让人产生一定的认知和情感反应，那么隐喻作为一种典型的修辞方式，它必然也存在修辞共有的本质特征以及由这种本质特征产生的效果。具体而言，对隐喻这种修辞方式来说，听话者知晓说话者使用词语时的惯例，例如其中一个惯例——说话者所使用的词语的意义多是这些词语在字典中的主要意义，但是隐喻违背了这一惯例（McQuarrie & Mick，1996）。然而隐喻理解仍然能够顺利进行，其原因在于听话者可以利用其他惯例来解决说话者违背惯例的情况，进而通过语境来获得隐喻的准确含义（McQuarrie & Mick，1996：426，1999：40）。在这个理解隐喻的过程中，听话者会产生一定的认知反应和情感反应，它们具体表现为认知精细加工的增加和积极情感的产生。

（2）隐喻相比其他修辞的特殊性——修辞格和修辞操作上的差异

对于隐喻广告为何比其他修辞广告具有优势，研究者们认为这与隐喻和其他修辞在修辞格和修辞操作上的差异有关。具体而言，在本小节开头笔者提到，根据 McQuarrie & Mick（1996）提出的广告修辞分类观，所有修辞还可以在修辞格和修辞操作这两个层面进行进一步归类。首先，就修辞格而言，它主要分为形变和转义这两类，其中形变是指文本过于规则（Excessive Regularity）或者编码过多（Overcoded），而转义是指文本缺乏规则（Irregularity）或者编码不足（Undercoded）。然而这只是形变和转义在定性层面上的差异，如果从深度加工的角度来考虑二者在定量层面上的差异，那么整体而言，形变的偏离度应该低于转义，因为形变只发生在感觉层面，而转义更多地发生在语义层面。如果在形变和转义这两类修辞格内部再做进一步区分的话，二者又可以根据复杂度在各自内部区分出两种修辞操作。具体而言，形变包含重复（Repetition）和反相（Reversal）这两类修辞操作，其中重复是指某个元素在一个表达中多次出现但其意义不变，反相是指某个元素在一个表达中是其他元素的镜像，在这二者当中重复的复杂度低于反相；转义包含替代（Substitution）和颠覆这两类修辞操作，其中替代是指信息接收者需要对某个表达进行调整以获得其真实含义，颠覆是指语境使某一表达的含义具有模糊性，在这二者当中替代的复杂度低于颠覆。据此，McQuarrie & Mick（1996）将隐喻归类为转义这类修辞格当中的颠覆这种修辞操作。

根据 McQuarrie & Mick（1996）的观点，如果从形变和转义在偏离度上的差异来看的话，后者应该比前者能吸引更多的注意力，而且从修辞加工中获得的乐趣也应该更多。另外，在修辞操作这一层面，McQuarrie & Mick（1996）基于资源匹配观（Resource-matching Theory，Anand & Sternthal，1990）提出，不管是在形变内部还是在转义内部，由于复杂度高的修辞比复杂度低的修辞更难理解，所以前者比后者在加工时需要更多的认知努力，但是一旦前者被理解，对它们的记忆效果也会更好。由此，鉴于隐喻属于转义当中的颠覆，那么相比转义当中属于替代的修辞和归类于形变下面的修辞，它都应该具有更好的效果。

5.1.1.2　以往研究的验证

从上一小节对预期偏离观基本观点的介绍可以看出，该观点实际上在解释以下两个问题：第一，隐喻广告相比非隐喻广告为何具有优势；第二，隐喻广告相比其他修辞广告为何具有优势。

就第一个问题而言，预期偏离观认为：既然隐喻是一种典型的修辞手段，那么它自然就具备所有修辞的共性——在形式上对预期的艺术性偏离，而这恰恰是它相比直白的非隐喻广告能够产生效果的重要原因。特别值得一提的是，以预期偏离观为理论基础，该领域的相关研究基本上形成了统一的研究范式：编制两条语义对等的广告语，它们传递的都是同一个广告卖点，但一个用修辞表达而另一个用直白表达。例如，根据一则手电筒广告改编的两条英文广告语分别是“The gift idea that leaves everybody beaming”和“The gift idea that leaves everybody happy”（Phillips & McQuarrie，2009：49），二者的差异只在最后一个词上，其中“beaming”是修辞用法，“happy”是直白用法。当这两个句子被放置在实验设计中时，如果它们在对应的因变量上存在差异，那么这些差异出现的原因就被归结为是修辞的形式而非内容在发生作用。而从以往研究的结果来看，预期偏离观的解释在很大程度上得到了验证（Kim 等，2002；McQuarrie & Mick，2009；Morgan & Reichert，1999；Mothersbaugh，Huhmann，Franke，2002；Toncar & Munch，2000）。不仅如此，Phillips & McQuarrie（2004：114）在研究视觉修辞时同样采用预期偏离观来定义视觉修辞，而以该研究为理论基础的图画隐喻广告效果研究更是不在少数，而这些研究的结果也证实了预期偏离观在解释隐喻广告效果成因上的合理性（Jeong，2008；Lagerwerf & Meijers，2008；Lagerwerf 等，2012；McQuarrie & Phillips，2005；Mohanty & Ratneshwar，2015；Mulken 等，2010）。

就第二个问题而言，预期偏离观认为：虽然所有修辞相比非修辞都存在形式上对预期的艺术性偏离，但是不同修辞之间也存在偏离度的差异，而这决定了它们应用在广告中时存在广告效果上的差异。这一观点也得到了相关研究的证实。具体而言，McQuarrie & Mick（1996）的实证研究结果证实了转义确实比形变具有更高的偏离度，而在转义和形变内部，复杂度高的修辞确实比复杂度低的修辞具有更高的偏离度，即颠覆比替代更具偏离性，反相比重复更具偏离性；McQuarrie & Mick（2009）的研究以转义当中的双关和形变当中的押韵为例发现，虽然转义比形变具有更高的偏离度，但是更高的偏离度意味着需要调配更多的认知资源，而这致使前者并没有比后者产生更积极的广告效果（如广告态度、记忆效果等）；Mothersbaugh 等（2015）发现当形变和转义应用在广告中时，前者引发受众关注内容，而后者引发受众同时关注形式和内容。而在专门比较隐喻广告与其他修辞广告的研究中，Burgers 等（2015）发现使用规约化隐喻的广告（相比语义相同但采用字面表达的广告）更容易让受众产生广告复杂度低、创新性高、赞赏度高等感受，而这些感受又会作为中介变量对受众的品牌态度和购买意向产生积极影响，但相比之下规约化讽刺则不会产生这样的广告效果。

综上所述，针对隐喻广告相比非隐喻广告为何更具优势以及隐喻广告相比其他修辞广告为何更具优势这两个问题，预期偏离观都给予了解释，而以往研究的结果也在很大程度上证明了该观点的合理性，特别是关于第一个问题，相关研究在数量上尤为丰富。

5.1.1.3　不足之处

尽管修辞学视角下的预期偏离观对隐喻广告效果的成因具有较强的解释力，且以往研究的结果在很大程度上也证实了其合理性，但笔者认为该观点仍然存在一定的不足，而这主要体现在它对偏离度的解释上。具体而言，偏离度本身是一个动态概念，它不是恒定不变的。这也是 McQuarrie & Mick（1996：426）明确提出的观点：“（我们）必须意识到，任何修辞表达的偏离度都可以或大或小。”然而，如果我们进一步来看的话，偏离度更是一个相对概念。就偏离度的这种相对性而言，从前面两个小节的讨论中可以看到，预期偏离观所提到的偏离在相对性上主要体现以下两个层面：第一，修辞相对非修辞更具偏离度，即修辞和非修辞的比较；第二，在所有类别的修辞中，有些类别的修辞相对另一些类别的修辞更具偏离度，即不同类别修辞的比较。以隐喻为例表现为，隐喻广告与非隐喻广告的比较和隐喻广告与其他修辞广告的比较。但是笔者认为，偏离度的相对性还应该存在于以下层面：在同一类别的修辞中，有些修辞表达相对另一些修辞表达更具偏离性，即同一类别修辞的比较。以隐喻为例表现为，隐喻广告与隐喻广告的比较。换言之，如果提及某一修辞的偏离度，那它应该存在于三个层面或者三个维度上（如图 5.1（a）），即该修辞相对字面非修辞的偏离度、该修辞相比其他修辞的偏离度以及该修辞内部不同表达之间的偏离度，而不是像预期偏离观所关注的两个层面（如图 5.1（b））。

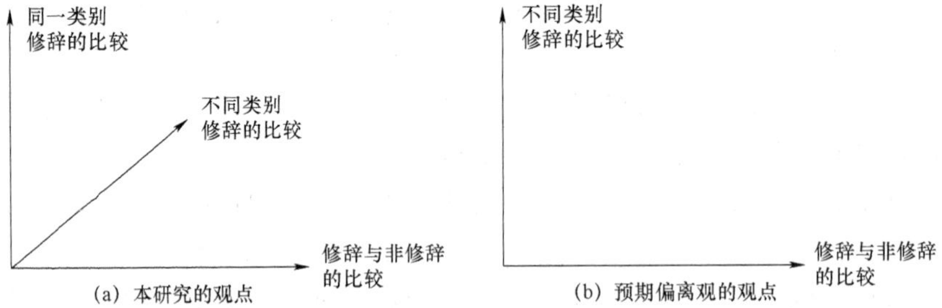

图 5.1 修辞偏离度的来源

注：箭头所指方向为偏离度较高。

鉴于预期偏离观已经对修辞与非修辞的比较以及不同类别修辞的比较进行了解释，并且已经有相关研究对其进行了验证，笔者在下一节重点从同一类别修辞的比较这个维度入手解释隐喻偏离度的来源，以此作为对预期偏离观的补充。

5.1.2 本研究对预期偏离观的补充

5.1.2.1 概念相似性促成隐喻在内容上的偏离度

从上一节的讨论来看，修辞学视角下的预期偏离观对隐喻广告效果成因的解释虽然广为该领域学者所认可，但它的不足之处也十分明显：没有对不同隐喻广告之间的偏离度进行解释和验证。针对这一问题，笔者提出了以下观点：从比较同一类别的修辞的偏离度这个角度出发，不同隐喻广告之间，或者更准确地说是不同隐喻之间在偏离度上的差异主要来源于隐喻的认知本质而非修辞本质，即内容上而非形式上的偏离度。

具体而言，隐喻的认知本质是用一个源域概念去理解一个目的域概念，而这种理解的基础是二者之间的相似性，即概念相似性（Conceptual Similarity）。Gkiouzepas & Hogg（2011）提出，概念相似性可以理解为隐喻当中源域概念和目的域概念相关联的程度，或者说两个概念在类别上的语义相邻度（Semantic Proximity）。一般而言，将概念相似性高的两个概念放在一起比较符合预期，因为它们在类别上具有较高的语义相邻度，相反，如果两个概念的概念相似性较低，将二者放在一起必然会与预期相违背。此时，如果将由概念相似性低的两个概念形成的隐喻与由概念相似性高的两个概念形成的隐喻进行比较，那么前者的隐喻偏离度应该高于后者。在这种情况下，隐喻的偏离度实际上体现在内容（相对于形式）上的偏离。需要说明的是，由概念相似性所决定的隐喻偏离度并不是恒定不变的，它还会受到隐喻使用频率的影响。特别是，对于概念相似性较低的两个概念而言，当它们形成的隐喻具有较高的使用频率时，该隐喻的偏离度会降低。

简言之，如果从同一类别修辞的比较这个角度来看，隐喻的偏离度还源自构成隐喻的源域概念和目的域概念的概念相似性程度（即隐喻内容），而且由此形成的隐喻偏离度会受到隐喻使用频率的调节作用。

5.1.2.2　以往研究对本研究基本观点的间接支撑

从以往的隐喻广告研究来看，虽然很少有学者直接关注概念相似性如何作用于隐喻偏离度并对隐喻广告效果产生影响，但有些研究可以为笔者在上一节提出的观点提供间接支持。例如，Phillips & McQuarrie（2009）以语义完全不同且偏离度存在显著差异的三组隐喻作为实验材料，考察它们出现在广告中时对受众观念的影响，结果发现并不是所有隐喻都能够有效地改变受众观念，真正发挥作用的是偏离度高的隐喻。[①]从该研究的结果来看，预期偏离观对修辞在形式上具有偏离性的强调似乎并不成立，因为对两个或多个都使用了隐喻的语言表达而言，它们在偏离度上的差异并不出现在形式上，相反，这应该属于内容上的差异，而当它们带来不同的效果时，这也应该是内容偏离的作用[②]。由此笔者认为，虽然 Phillips & McQuarrie（2009）的研究并没有直接说明是概念相似性

① Phillips & McQuarrie（2009）选用的三组隐喻各自对应一个概念隐喻，它们分别是："锻炼是旅途（EXERCISE IS A JOURNEY）"，"锻炼是工作（EXERCISE IS WORK FOR PAY）"和"锻炼是热源（EXERCISE IS HEAT）"。三者的偏离度由高到低分别是：热源隐喻 > 旅途隐喻 > 工作隐喻。

② 基于这一结果，Phillips & McQuarrie（2009）指出隐喻广告效果的根源来自它的修辞性质而非认知性质，即形式上而非内容上的作用。然而笔者认为，虽然 Phillips & McQuarrie（2009）特别说明是隐喻在形式上而非内容上的偏离度在起作用，但该研究对隐喻偏离度的测量本质上是对内容而非形式的测量。因为在实验设计中研究者使用的都是隐喻表达，完全不涉及非隐喻的字面表达，如果说某个隐喻比另一个隐喻具有更大的偏离度，那么既然二者都是修辞表达，且偏离度较低的隐喻并没有达到完全规约化的程度，它们之间偏离度存在差异的成因就不能简单地归结为是形式在起作用，相反地，这应该在一定程度上反映出是隐喻内容在起作用。因此，笔者将 Phillips & McQuarrie（2009）的研究结果视为隐喻内容在起作用的证据。

的差异导致了隐喻偏离度的产生，但从研究范式和研究结果来看，这确实是隐喻内容而非隐喻形式在起作用。

然而，值得注意的是，虽然 Phillips & McQuarrie（2009）的研究能在一定程度上证明隐喻内容的作用，但这项研究的实验设计仍然存在如下问题。第一，所选隐喻的目的域虽然都是同一概念，但这些隐喻的源域概念与目的域概念之间的对应关系并不相同①，所以由此形成的隐喻关注的是目的域概念的不同方面，如果受众本身就对目的域概念的这些不同方面存在不一样的认知，那这很有可能影响到隐喻使用的效果。第二，没有控制所选隐喻的使用频率或者熟悉度，而熟悉度对偏离度有直接的影响，如果不对熟悉度加以控制，很难说明到底是熟悉度还是偏离度在起作用。第三，所选因变量和测量方式并不能有效地衡量出隐喻的认知性质，具体而言，研究者基于结构映射观②提出，既然隐喻对改变人们的观念系统具有重要作用，那么隐喻本身所具备的“突显（Highlight/ Salient）—掩蔽（Hide/Masked）”性就应该使目的域概念中与源域概念相匹配或相对应的特征得到突显，而这会对与之相关的观念产生积极的强化作用，即让本来没有这些观念的受众产生这些观念，相反，不匹配或不对应的特征由于被掩蔽则不具备这种效果。然而问题在于，让受众仅仅通过一次性地看一个广告就改变自身观念的可能性并不大，换言之，隐喻对人们观念的改变不是一蹴而就的，因此利用这一变量衡量隐喻内容的作用显得并不科学。除此之外，关于 Phillips & McQuarrie（2009）的研究为什么要选择受众观念作为因变量，研究者在文章引言部分和讨论部分还给出了另一个解释：因为以往研究对这个因变量关注的不多。尽管如此，笔者认为这种“因为别人没有研究过所以要去研究”的观点并不能成为该研究选择将受众观念作为因变量进行考察的主要原因③。

综上所述，以往研究并没有提供概念相似性能够作用于隐喻偏离度并对隐喻广告效果产生影响的直接证据，而在间接证明隐喻内容如何影响隐喻广告效

① 虽然从表面上来看，Phillips & McQuarrie（2009）所选三个隐喻的目的域都是“锻炼”，但是在与不同的源域概念形成对应关系时，它们的关注点并不相同。旅行隐喻关注的是锻炼的过程，上班赚钱隐喻关注的是锻炼的结果，热源隐喻关注的是锻炼的方式。

② 鉴于本书第 2 章 2.2.1.1 部分已经对结构映射观的具体内容有所介绍，且第 4 章的理论基础部分对该话题也有涉及，故这里笔者不再对此进行赘述。

③ 事实上，在与该论文第一作者 Phillips 教授的邮件通讯中，笔者特别提到了为什么要选择受众观念这一变量而不选择其他的问题，Phillips 教授给出回答是：“We focused on consumer belief in the article and book chapter, because metaphor in advertising has been extensively studied by us and others in terms of comprehension, liking (Aad and Abr), and PI.” 也就是说，该论文的两位研究者在选择因变量时特别关注该变量是否被以往研究分析过或使用过。

果的研究中，由于实验设计的问题，相关结果并不具备足够的说服力。鉴于此，本章研究将直接探究由概念相似性所引发的隐喻内容的偏离度如何影响隐喻广告效果。如果从另一个角度来看的话，笔者是跳出了“广告是否使用隐喻”的研究藩篱，在关注“广告使用什么样的隐喻”这一问题。

5.2　隐喻内容影响广告效果的实验验证

本节主要通过一个具体的实验对笔者在上一节提出的理论观点进行验证。

5.2.1　研究问题与假设

结合笔者对预期偏离观不足之处的补充，本章围绕隐喻广告效果的成因重点回答以下问题：针对同一个广告诉求（或广告卖点），如果使用隐喻熟悉度不存在显著差异但概念相似性存在差异的隐喻是否会产生不同的广告效果？换言之，隐喻广告的效果是否会受到隐喻内容的影响？

对此，笔者结合第 4 章的理论背景和研究结果提出：就认知效果而言，由于相似性较高的两个概念具有较高的语义相邻度，当它们形成一个隐喻时，广告受众不需要花费太多认知努力便可准确获得二者之间的相似性，此时的认知精细加工程度比较低；相比之下，如果一个隐喻的源域概念和目的域概念具有较低的概念相似性，广告受众需要花费更多的认知努力去寻找二者之间的相似性，此时的认知精细加工程度则比较高。需要说明的是，不管是由两个概念相似性较高的概念构成的隐喻，还是由两个概念相似性较低的概念构成的隐喻，它们的本质都是隐喻，所以它们对知识迁移的影响不存在较大差异。因此，这一部分仅关注概念相似度对认知精细加工程度的影响，不关注知识迁移结果，具体假设为：

H1：概念相似性较低的两个概念形成的隐喻比概念相似性较高的两个概念形成的隐喻更容易让广告受众产生更多的认知精细加工。

就情感效果和行为效果而言，由于概念相似性较高的两个概念具有较高的语义相邻度，它们所形成的隐喻比较符合预期，即具有较低的偏离度；相比之下，如果一个隐喻的源域概念和目的域概念具有较低的概念相似性，那么这个隐喻不太符合预期，即具有较高的偏离度。根据预期偏离观对偏离度和文本乐趣之间关系的解释，偏离度越高，越容易让人获得解谜后的乐趣，而这种文本的乐趣又会促进积极态度的产生。与此同时，积极的情感有助于激发购买意向。因此，这一部分的具体假设为：

H2：概念相似性较低的两个概念形成的隐喻比概念相似性较高的两个概念

形成的隐喻更容易让广告受众产生积极的广告态度。

H3：概念相似性较低的两个概念形成的隐喻比概念相似性较高的两个概念形成的隐喻更容易让广告受众产生较高的购买意向。

在探讨概念相似性如何影响隐喻广告效果的基础上，本章研究同时关注以下两个协变量的作用：（1）认知需求水平，根据 Chang & Yen（2013）和 DeRosia（2008）针对图画隐喻广告效果的研究，消费者的认知需求水平会对隐喻广告的效果产生调节作用，因此，为了控制认知需求水平的作用，本研究将其设定为协变量；（2）产品熟悉度，因为消费者对产品的熟悉度与其掌握的与产品相关的知识多少密切相关，从消费者学习的角度来看，这种知识多少上的差异是影响消费者加工广告信息的一个不可忽略的因素（Gregan-Paxton & John，1997），因此，为了控制它的影响，本研究将产品使用频率设定为协变量。

综合上述对隐喻源域和概念域的概念相似度以及相关协变量如何影响广告效果的讨论，我们基于假设 H1—H3 提出了如图 5.2 所示的研究框架模型。

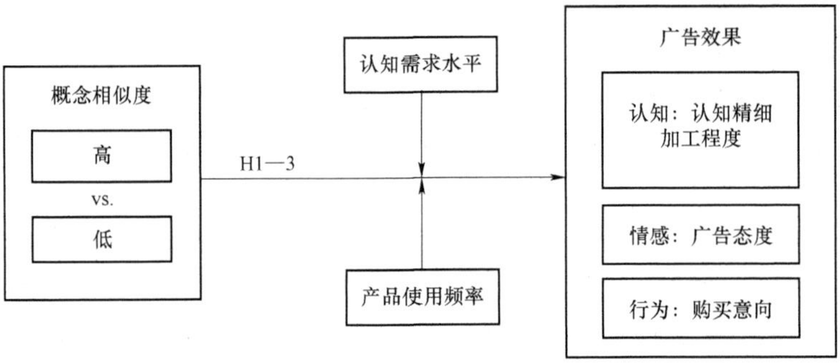

图 5.2 研究框架模型

5.2.2 研究方法

本研究采用单因素两水平实验设计，自变量为隐喻源域概念和目的域概念的概念相似度（以下简称“概念相似度”），两个水平分别为概念相似度高和概念相似度低。下面主要介绍（1）实验材料的制作、（2）协变量和因变量的选择与测量、（3）被试来源和实验流程。

5.2.2.1 实验材料的制作

（1）广告产品和所用隐喻的选择

本研究选择防晒霜为广告产品，原因在于：第一，由于本研究的被试主要以在校大学生为主，他们购买或接触到防晒霜的可能性更大，对该产品比较熟悉；第二，市场上防晒霜品牌种类繁多，广告宣传也较多，便于从中选择真实的隐喻广告作为现实依据。为了避免名称熟悉度的干扰作用，将产品名称虚构为芳华。采用 7 点量表让 75 名被试（其中男生 26 人，女生 49 人，平均年龄 19 岁）评估该名称的熟悉度（1= “十分不熟悉”，7= “十分熟悉”），结果显示该名称的熟悉度偏低（M 熟悉度 = 1.63），说明符合要求。

在选定产品后，按照以下要求从广告实例中选出备选广告：针对产品的同一个特点，不同广告主或者同一广告主在广告中使用了不同的隐喻，即广告主使用不同的隐喻说明同一个广告诉求或广告卖点。由此获得五个防晒霜产品的隐喻广告，它们分别将防晒霜比作城堡、金钟罩、绿荫、遮阳伞和贝壳。

为了保证所选隐喻仅在源域概念和目的域概念的概念相似度上存在差异，需要完成以下前测：（1）源域概念熟悉度测量（N=65，其中男生 11 人，女生 54 人，平均年龄 19 岁），该项前测的目的在于排除源域概念熟悉度对隐喻两个概念的相似度的干扰，使用的语义项为“熟悉”；（2）源域概念在隐喻中的使用频率测量（N=32，其中男生 5 人，女生 27 人，平均年龄 27 岁），即测量源域概念是否经常出现在隐喻中（不管目的域如何）用于传递某一固定特征，如在广告实践中，丝绸这一概念经常被用作隐喻的源域用来传递某种事物（即目的域概念）非常顺滑这一信息，这在洗发水广告和巧克力广告中均有体现，相比之下，动物皮毛同样具有非常顺滑这一特征，但它作为隐喻源域概念的概率就非常低，因此，如果不对源域概念在隐喻中的使用频率进行控制，由此引起的差异会对实验材料的效果产生干扰，该项前测使用“人们经常用 A 事物来比喻具有 X 特征的其他事物”这一陈述句，让被试判断其对这一陈述句的赞同度；（3）源域概念和目的域概念的概念相似度测量（N=45，其中男生 15 人，女生 30 人，平均年龄 22 岁），该项前测的目的在于区分出概念相似度不同的隐喻，对此，参照 Gkiouzepas & Hogg（2011）的测量方式，使用“相似（Similar）”和“相关（Related）”这两个语义项[①]，鉴于这两个测量语义项的内部一致性大于 0.70（Cronbach α=0.80），故这里使用它们的平均值作为概念相似度的最终值。前测的具体内容分别见附录 E 第一至第三部分。表 5.1 呈现了所有备选材料在上述三项前测中结果的平均值。

① Gkiouzepas & Hogg（2011）使用了“相似（Similar）”“相关（Related）”“联系（Connected）”和“兼容（Compatible）”这四个语义项，但笔者认为汉语中“相关”和“联系”这两个概念很难区分，故将二者合并为“相关”。另外，由于 compatible 一词的中文解释是“兼容”或者“共存”，而这容易让人产生误解，故笔者不对其进行测量。

表 5.1　　备选材料前测结果的平均值

广告产品	所用隐喻	源域概念熟悉度	源域概念使用频率	源域和目的域的概念相似度
防晒霜	防晒霜是城堡	3.68（1.54）	4.53（1.67）	2.20（1.52）
	防晒霜是金钟罩	2.92（1.47）	5.44（1.87）	2.87（1.79）
	防晒霜是绿荫	4.94（1.69）	3.88（1.47）	3.90（1.67）
	防晒霜是遮阳伞	5.66（1.52）	3.78（1.77）	5.21（1.53）
	防晒霜是贝壳	4.83（1.65）	3.66（1.88）	2.90（1.75）

注：括号内为标准差。

进一步的单因素方差分析结果具体如下。

首先，就源域概念的熟悉度而言：防晒霜广告所使用的五个源域概念之间存在统计上的显著差异（F（4，320）=18.81，p=.000），进一步的多重比较结果显示，“城堡”和“金钟罩”有显著差异（p=.007），“城堡”和“绿荫”有显著差异（p=.000），“城堡”和“遮阳伞”有显著差异（p=.000），“城堡”和“贝壳”有显著差异（p=.000），“金钟罩”和“绿荫”有显著差异（p=.001），“金钟罩”和“遮阳伞”有显著差异（p=.001），“金钟罩”和“贝壳”有显著差异（p=.000），“绿荫”和“遮阳伞”有显著差异（p=.009），“绿荫”和“贝壳”无显著差异（p=.698），“贝壳”和“遮阳伞”有显著差异（p=.003）。

其次，就源域概念在隐喻中的使用频率而言：防晒霜隐喻广告所使用的五个隐喻源域概念之间存在统计上的显著差异（F（4，155）=5.83，p=.000），进一步的多重比较结果显示，“城堡”和“金钟罩”有显著差异（p=.039），“城堡”和“遮阳伞”无显著差异（p=.086），“城堡”和“绿荫”无显著差异（p=.133），“城堡”和“贝壳”有显著差异（p=.046），“金钟罩”和“绿荫”有显著差异（p=.000），“金钟罩”和“遮阳伞”有显著差异（p=.000），“金钟罩”和“贝壳”有显著差异（p=.000），“遮阳伞”和“绿荫”无显著差异（p=.829），“贝壳”和“绿荫”无显著差异（p=.615），“遮阳伞”和“贝壳”无显著差异（p=.774）。

最后，就隐喻源域概念和目的域概念的概念相似度而言：防晒霜隐喻广告所使用的五个隐喻之间存在统计上的显著差异（F（4，220）=22.56，p=.000），进一步的多重比较结果显示，“防晒霜—城堡”和“防晒霜—金钟罩”有显著差异（p=.001＜.01），“防晒霜—城堡”和“防晒霜—绿荫”有显著差异（p=.000），“防晒霜—城堡”和“防晒霜—遮阳伞”的差异边缘显著（p=.058），“防晒霜—城堡”和“防晒霜—贝壳”有显著差异（p=.046），“防晒霜—金钟罩”和“防晒霜—绿荫”有显著差异（$p=.000$），“防晒霜—金钟罩”和“防晒霜—遮阳伞”有显著差异（$p=.000$），“防晒霜—金钟罩”和“防晒霜—贝壳”无显著差异（$p=.924$），“防晒霜—绿荫”和“防晒霜—遮阳伞”有显著差异（$p=.000$），“防晒霜—绿荫”和“防晒霜—贝壳”有显著差异（$p=.000$），“防晒霜—遮阳伞”和“防晒霜—贝壳”有显著差异（$p=.000$）。

鉴于本章研究重点关注概念相似度的作用，需要保证所选隐喻的源域概念都达到熟悉的程度，且源域概念在隐喻中的使用频率不存在显著差异。结合上述三项前测结果来看，仅有防晒霜隐喻广告中的绿荫隐喻、遮阳伞隐喻和贝壳隐喻符合条件。然而，笔者通过对六名女生被试（平均年龄 23 岁）的小范围调查进一步发现，“防晒霜是贝壳”这一隐喻的合理性并不为被试所认可，换言之，被试认为将防晒霜比喻成贝壳并不合理。鉴于此，笔者最终选择绿荫隐喻和遮阳伞隐喻作为实验材料，二者在上述三项前测中的结果如下：首先，“绿荫”和“遮阳伞”都属于熟悉的概念（$M_{绿荫}$和$M_{遮阳伞}$均在 5 左右）[①]；其次，“绿荫”和“遮阳伞”作为隐喻源域概念的使用频率不存在统计上的显著差异（$p=.83$）；最后，“绿荫”和“防晒霜”的概念相似度与“遮阳伞”和“防晒霜”的概念相似度存在统计上的显著差异（$p=.000$）。基于此，笔者最终确定以防晒霜为广告产品（即目的域概念），以“绿荫”和“遮阳伞”作为隐喻源域概念，分别设计含有“防晒霜是绿荫”和“防晒霜是遮阳伞”这两个隐喻的防晒霜广告。

（2）实验材料的设计

首先，针对遴选出的广告产品，为了确保品牌名称熟悉度不对随后的广告效果测量产生干扰作用，笔者为该产品编写了一个虚假名称，将其品牌名称设定为芳华。采用 7 点量表让 75 名被试（其中男生 26 人，女生 49 人，平均年龄 19 岁）对品牌名称的熟悉度进行评估。统计结果显示，该品牌名称的熟悉度偏低（$M_{防晒霜}=1.63$），这说明该虚假名称具有较低的熟悉度，符合实验要求。

其次，结合编写的虚假品牌名称，笔者分别以“防晒霜是绿荫”和“防晒霜是遮阳伞”为基础编写两条防晒霜广告的隐喻标题（见表 5.2 前两列信息）。

再次，为了保证这两条隐喻广告标题的修辞偏离度存在差异，且这一差异主要来源于源域概念和目的域概念的概念相似度而不是隐喻的熟悉度，笔者采用 7 点量表让 26 名被试（其中男生 4 人，女生 22 人，平均年龄 20 岁）

① 虽然二者的熟悉度存在统计上的显著差异（$p=.000$），但鉴于它们的平均值均在 5 左右，从实际意义上来讲，它们并没有较大差异，因为并不是一个概念在熟悉的范畴（即熟悉度>4），另一个概念在不熟悉的范畴（即熟悉度<4）。

对这两条广告标题进行了两项前测：（1）隐喻熟悉度测量[①]；（2）修辞性程度测量。这两项前测的具体内容见附录E第四至第五部分，前测结果见表5.2后两列。

表5.2　防晒霜广告中的隐喻标题及其前测结果

所用隐喻	隐喻标题	隐喻熟悉度	修辞性程度
防晒霜是绿荫	采用全新紫外线防御技术，为肌肤遮起抵挡烈日的绿荫，让你大胆晒美丽	5（1.33）	5.08（1.35）
防晒霜是遮阳伞	采用全新紫外线防御技术，为肌肤撑起抵挡烈日的遮阳伞，让你大胆晒美丽	5.35（1.35）	4.11（1.75）

注：括号内为标准差。

进一步的配对样本t检验结果显示：（1）绿荫隐喻和遮阳伞隐喻的熟悉度不存在统计上的显著差异（$t(25)=-1.97$，$p=.05$）；（2）两个隐喻的修辞性程度存在统计上的显著差异（$t(25)=2.39$，$p=.02$）。这说明隐喻熟悉度并没有对修辞性程度产生影响。与此同时，为了保证“绿荫”和“遮阳伞”这两个概念所激发的情感特征存在一致性，笔者还对它们的情感倾向进行了7点量表测量（问卷具体内容见附录E第六部分），结果显示二者的均值都在4.5以上，这说明它们主要激发的是被试积极的情感倾向。

然后，根据上面选定好的产品、品牌名称和广告标题进行广告图画设计。具体而言，为了保证广告效果不受无关因素的干扰，笔者将广告图画设定为广告产品，即防晒霜这一产品。需要说明的是，两个隐喻广告使用同一个广告产品或广告图画。在每个广告中，图画放置在广告标语左侧，而且每幅图画的大小保持一致。此外，品牌名称按照防晒霜广告的惯例统一放置在广告右上角。

最后，综合上述各广告元素的设计和前测，最终形成两个符合本实验具体要求的隐喻广告材料，它们分别为绿荫隐喻广告和遮阳伞隐喻广告，二者的区别仅在于广告语第二句内容的不同，其他元素（包括图画、品牌、文字）的大小、位置、颜色等物理特征均保持一致。

① 由于商务广告中的隐喻原创性高、比较新颖，为了使被试获得充分的语境信息来判断隐喻熟悉度和修辞偏离程度，前测材料同时出现隐喻标题和“A是B”这种简单的隐喻表达形式让被试进行评估。

5.2.2.2　协变量与因变量

（1）协变量

本研究重点关注的协变量是认知需求水平和产品熟悉度，具体测量方式如下：

首先，认知需求水平的测量遵循以往研究（Chang & Yen，2013；DeRosia，2008）的做法，基于 Cacioppo，Petty，& Kao（1984）提出的认知需求量表（见附录 F）对被试认知需求水平进行测量。

其次，对产品熟悉度的测量主要通过询问被试对产品的使用频率来完成，具体问题为："您使用防晒霜的频率为：（a）基本上每天都用；（b）经常用，但不是每天都用；（c）偶尔用一下；（d）从来没用过"。

（2）因变量

本研究重点关注以下三个因变量：认知精细加工程度、广告态度和购买意向。因变量的测量方法与第 4 章研究基本一致。具体如下：

（a）认知精细加工程度通过被试对"我看完这则广告后产生了很多想法"和"这则广告能激发人们产生很多想法"这两个陈述句的认可度来测量，鉴于这两个句子的内部一致性信度较高（Cronbach $\alpha=0.84$），最终的认知精细加工程度采用平均值；

（b）广告态度的测量通过以下四组在语义上存在差异的义项来完成：好—坏、喜欢—不喜欢、愉悦—不愉悦、吸引人—不吸引人。鉴于这四个变量的内部一致性信度较高（Cronbach $\alpha=0.89$），最终采用它们的平均值来衡量广告态度；

（c）购买意向的测量主要通过 7 点量表来询问被试购买广告产品的可能性（1＝"十分不可能"，7＝"十分可能"）。

5.2.2.3　被试与实验过程

基于 Ottati，Rhoads，& Graesser（1999）的动机共鸣假设（Motivational Resonance Hypothesis），Chang 等（2017）指出，隐喻信息是提升还是削减交际兴趣，这取决于隐喻信息内容与广告受众自身偏好的共鸣程度，而相比男性受众，女性受众在加工隐喻信息上具有更强的动机。另外，鉴于本研究关注的广告产品为防晒霜，而它的主要消费者为女性，因此本研究的被试群体为女性。具体而言，129 名女性被试参与了本项研究（平均年龄 21 岁，年龄范围为 18—24 岁），她们被随机分配到以下两个条件的任意一个当中：（a）构成隐喻的源域概念和目的域概念具有较低的概念相似度（$N=62$）；（b）构成隐喻的源域概念和目的域概念具有较高的概念相似度（$N=67$）。每个条件下仅包含一个广告。

正式实验时，被试首先完成认知需求水平测量和产品使用频率测量。然后阅读实验背景和任务要求：芳华是一款新推出的防晒霜，为了配合营销宣传，企业制作了以下广告，但由于不知道广告效果如何，他们现在邀请您对这一广告进行评估，请您按照自己习惯的速度看完这则广告，之后按照提示完成评估。要求被试在理解任务的基础上开始阅读广告。

5.2.3 研究结果

5.2.3.1 操纵检验

为了增加实验的有效性，笔者进行了以下两项操纵检验：(a）构成隐喻的两个概念的相似程度，操纵检验的测量方法与前测一致，使用“相似”和“相关”这两个语义项，二者的内部一致性达到要求（Cronbach $\alpha=0.74$），故最终结果使用二者的平均值。操纵检验的结果显示，被试认为绿荫和防晒霜的概念相似度（$M_{绿荫-防晒霜}=4.42$）低于遮阳伞和防晒霜的概念相似度（$M_{遮阳伞-防晒霜}=4.6$）。(b）隐喻广告标题的修辞性程度，操纵检验的测量方法与前测一致，这里不再赘述。操纵检验的结果和前测一致，被试认为绿荫隐喻（即概念相似度低的隐喻）的修辞性程度（$M_{绿荫隐喻}=3.98$）大于遮阳伞隐喻（即概念相似度高的隐喻）（$M_{遮阳伞隐喻}=3.52$）。上述操纵检验结果说明实验操纵具有较好的效果。

5.2.3.2 假设检验

由于认知精细加工程度、广告态度和购买意向是连续变量，故笔者以概念相似度为自变量，认知需求水平和产品使用频率为协变量，分别对上述三个因变量进行单因素协方差分析。

需要说明的是，在进行协方差分析之前，笔者首先对自变量和两个协变量是否在每个因变量上存在交互作用进行了检验，结果发现：(1）概念相似度和认知需求水平在认知精细加工程度（$F(1, 111)=.42$，$p=.51$，$\eta^2=.00$）、广告态度（$F(1, 111)=.72$，$p=.39$，$\eta^2=.00$）和购买意向（$F(1, 111)=.00$，$p=.95$，$\eta^2=.00$）上均不存在统计上显著的两重交互作用；(2）概念相似度和产品使用频率在认知精细加工程度（$F(1, 111)=.00$，$p=.92$，$\eta^2=.00$）、广告态度（$F(1, 111)=.64$，$p=.42$，$\eta^2=.00$）和购买意向（$F(1, 111)=.15$，$p=.69$，$\eta^2=.00$）上均不存在统计上显著的两重交互作用；(3）认知需求水平和产品使用频率在认知精细加工程度（$F(1, 111)=1.11$，$p=.29$，$\eta^2=.01$）、广告态度（$F(1, 111)=1.35$，$p=.24$，$\eta^2=.01$）和购买意向（$F(1, 111)=.24$，$p=.62$，$\eta^2=.00$）上均不存在统计上显著的两重交互作用；(4）概念相似度、认知需求水平和产品使用频率在认知精细加工程度（$F(1, 111)=.12$，$p=.72$，$\eta^2=.00$）、广告态度（$F(1, 111)=.68$，$p=.40$，$\eta^2=.00$）和购买意向（$F(1, 111)=.08$，$p=.76$，$\eta^2=.00$）上均不存在统计上显著的三重交互作用。由此判断，可以按照预期进行单因素协方差分析。

在消除协变量认知需求水平和产品使用频率的影响后，协方差分析结果具体如下：

首先，就认知精细加工程度而言，隐喻概念相似度的主效应在统计上达到显著水平（F（1，115）=6.52，p=.01，η^2=.05），即由两个概念相似度较低的概念组成的隐喻比由两个概念相似度较高的概念组成的隐喻更容易引发被试产生较多的认知精细加工（见图 5.3），该结果支持 H1。

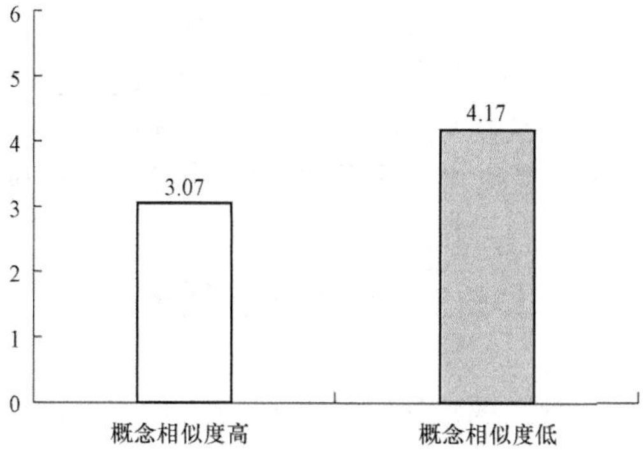

图 5.3　概念相似度不同水平在认知精细加工程度上的均值

其次，就广告态度而言，隐喻概念相似度的主效应在统计上达到显著水平（F（1，115）=4.30，p=.04，η^2=.03），即由两个概念相似度较低的概念组成的隐喻比由两个概念相似度较高的概念组成的隐喻更容易让被试产生积极的广告态度（见图 5.4），该结果支持 H2。

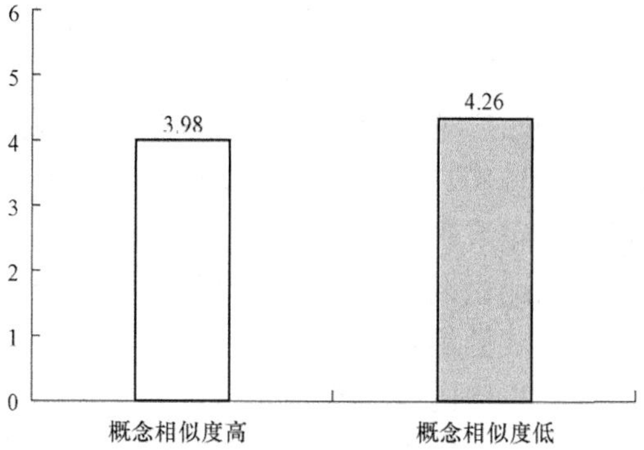

图 5.4　概念相似度不同水平在广告态度上的均值

最后，就购买意向而言，隐喻概念相似度的主效应在统计上十分显著（F（1，115）=1.13，p=.00，η^2=.08），即由两个概念相似度较低的概念组成的隐喻比由两个概念相似度较高的概念组成的隐喻更容易引发被试产生购买意向（见图 5.5），该结果支持 H3。

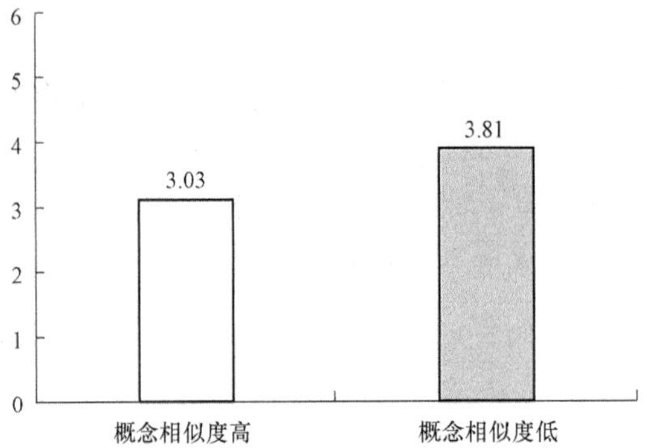

图 5.5 概念相似度不同水平在购买意向上的均值

5.3 总结和讨论

本章聚焦隐喻广告效果的成因，重点分析隐喻内容而非隐喻形式在隐喻广告效果生成中的作用。首先，针对前人提出的预期偏离观（McQuarrie & Mick，1993，1996，1999），笔者指出该观点虽然广为学者们应用和证实，但它仅仅说明了隐喻广告相比非隐喻广告以及隐喻广告相比其他修辞广告的优势，而这只能解释形式如何影响隐喻广告效果的生成，至于内容在隐喻广告效果的形成中发挥了什么角色，该观点并没有给出解释，而且以往研究也并没有对此进行探讨。对此，笔者在预期偏离观的基础上提出：隐喻广告的预期偏离度应该有形式和内容这两个来源，二者都会对隐喻广告效果的形成产生重要作用。具体而言，除了是否使用隐喻以及使用隐喻还是其他修辞（即形式），隐喻广告之间的差异（即内容）也会对隐喻广告效果的形成产生不可忽视的作用，而这种差异主要来源于构成隐喻的源域和目的域这两个概念的概念相似度。为了对这一观点进行验证，笔者以防晒霜广告为广告刺激、以女性消费者为被试群体进行了一项实验，结果发现：相比由两个概念相似度较高的概念组成的隐喻，由两个概念相似度较低的概念组成的隐喻更容易引发广告受众产生更多的认知精细加工、更积极的广告态度和更高的购买意向。这一发现说明隐喻广告效果的生成的确会受到隐喻内容的影响，因为并不是所有的隐喻广告都会产生一样的广告效果。

基于上述发现，本章研究的理论贡献在于：指出修辞学视角下解释隐喻广告效果成因的预期偏离观存在的不足并对其进行补充，提出隐喻广告效果的生成不仅仅是形式的作用，还有内容的作用。在以往研究中，学者们主要以预期偏离观为理论基础研究隐喻广告相比非隐喻广告以及隐喻广告相比其他修辞广告的优势，但这只能说明是否使用隐喻以及使用隐喻还是其他修辞会有什么不同结果，并不能解释隐喻广告之间的效果差异源自何处。因此，本章研究提出隐喻广告效果的生成源于形式和内容这两个层面，这一观点是对该领域相关理论研究的有益推进和补充。除此之外，本章研究还具有一定的现实意义。在广告实践中，广告主使用隐喻作为营销策略的频率越来越高，然而，并不是使用了隐喻之后广告主便可“高枕无忧”，坐等隐喻广告产生预期效果，因为所选隐喻不同，产生的效果也不尽相同。换言之，当广告主确定在广告中使用（相比不使用）隐喻之后，仍需进一步考虑使用什么样的隐喻（Boozer，Wyld，& Grant，1990）。总之，广告主需要从“形式—内容”这两个层面考虑隐喻广告的效果。

综上所述，本章对隐喻广告效果成因的讨论不仅推进了该领域的理论研究，还对广告主的广告实践具有一定的指导意义。尽管如此，笔者认为本章研究仍有一定的不足：第一，实验设计仅仅剥离出了隐喻内容对隐喻广告效果生成的影响，未能将隐喻形式和隐喻内容的作用放在一起进行对比观察，因此说服力具有局限性；第二，广告作为一种典型的视觉刺激，它对消费者视觉注意的影响很有可能进一步“波及”下游的传播效果（即认知、情感和行为），因此，脱离消费者对隐喻广告的视觉注意来讨论隐喻广告效果显得不够严谨。由此，笔者在下一章的研究中重点关注这些问题。

第 6 章

隐喻广告的视觉加工特征及其与广告效果的关系研究

本章研究采用心理学领域较先进的眼动追踪技术，对受众观看广告时的眼动过程进行记录和分析，综合考察受众在广告是否使用隐喻（即形式）和使用什么样的隐喻（即内容）这两种情况下的视觉加工特征，即隐喻广告的视觉注意效果，同时关注任务类型对广告视觉加工的调节作用。在此基础上，本章研究还将进一步探究隐喻广告的视觉加工特征与广告效果之间的关系。

6.1 理论背景与研究假设

本小节首先对视觉注意与广告加工的关系进行介绍，在此基础上对隐喻广告的视觉加工特征及其与广告效果的关系提出假设。

6.1.1 视觉注意与广告加工

早期的广告效果研究认为视觉注意在广告加工中的角色仅仅局限于筛选信息（即作为选择机制的视觉注意），但随着相关研究的不断深入，越来越多的学者发现视觉注意在广告的认知和情感加工中发挥着重要作用（即作为执行机制的视觉注意）。下面对此进行详细说明。

（1）作为选择机制的视觉注意

在广告效果研究领域，学者们普遍认为视觉注意是心理加工的“守门员”，即视觉注意与认知和情感加工存在明显的时间先后顺序。甚至有学者（Aaker，Myers，& Batra，1996）提出：“视觉注意可以被看作是信息过滤器，它就是一种选择机制（Selective Mechanism），能够控制人们获得信息的数量和本质。”而视觉注意作为选择机制的这种角色与人类眼睛的生理构造，特别是人类的注意力机制（Attentional Mechanism）密切相关。

具体而言，当一个人的眼睛固定注视某一点时，其所能看到的空间范围（即视野）仅有 8%被投射到视网膜的中央凹处[①]留待进一步加工，即人类的注意力机制具有选择性。如果再进一步来看的话，所有被投射到中央凹的信息并不会完全被大脑进行深入加工，因为通过视觉神经传输的信息量远远超过大脑能够加工的量，在这种情况下，人类的注意力机制经过长时间的演化，只会选择被投射信息中的很小一部分相关信息而不是所有信息进行深入加工。简言之，只有当注意力选择某个视觉刺激的时候，对该视觉刺激的加工才会提高，相反，那些没有被选择到的视觉刺激的加工则会受到抑制（Wedel & Pieters，2008b）。正是基于这样的认识，学者们才提出了视觉注意是信息过滤器的观点，并且认为视觉注意在广告加工中仅仅作为一种选择机制而存在。

既然人类的注意力机制具有选择性，那么到底什么样的信息才能被注意力选择以供大脑进行深入加工？或者说，到底什么样的信息更容易吸引人们的注意？根据以往的研究，视觉注意的影响因素可以分为两大类（Gidlöf 等，2017；Pieters & Wedel，2004；Wedel & Pieters，2008b）：一是自下而上或突显性过滤器（Bottom-up or Saliency Filters），它是指人们可以从所有可供使用的信息中自动选择出最重要的信息，而这种自动性选择主要基于视觉刺激本身所拥有的低层次物理特征（如大小、形状、动静、方向、颜色、亮度）以及高层次特征（如人脸、文本、名字），所以这类由视觉刺激本身的物理特征引发的视觉注意也被称为刺激驱动的视觉注意（Stimulus-driven Attention）；二是自上而下的控制（Top-down Control），它主要与人们自身的特征、状态、偏好、目标或预期等因素密切相关，具体而言，人们会受上述因素的影响而有意识地对某些视觉刺激或者视觉刺激的某些特征产生注意，即目标引导的视觉注意（Goal-directed Attention）。需要指出的是，自上而下的控制与自下而上过滤器对视觉注意的影响并不是完全独立的，真实环境下消费者的视觉注意优先关注某个物体或位置更多是两类因素共同作用的结果（Wedel & Pieters，2008b）。

（2）作为执行机制的视觉注意

虽然视觉注意作为选择机制的观点在很长一段时间内广为广告效果研究领域的学者所认可，但越来越多的实验证据表明，视觉注意在广告加工，甚至是在更广泛意义上的信息加工中的角色并不止步于“守门员”，它还是一种重要的

① 中央凹（Fovea）是人类眼睛中视觉敏锐度最高的区域，一般而言，距离中央凹越近视敏度越高，反之则越低，因此，要想清楚地加工视觉刺激中的某个特定物体，必须通过眼动使物体成像于中央凹处（Rayner，1998；Wedel & Pieters，2008b）。

执行机制（Executive Mechanism）（Fuster，2003）。例如，LaBerge（1995）的研究发现，视觉注意能够有效地提高心智加工和行为加工的速度和准确率，而且它在选择、准备和维持等阶段都有重要作用。Grill-Spector & Kanwisher（2005）的研究发现，以认知理解为主的物体分类（Object Categorization）和以视觉搜索为主的物体探测（Object Detection）在准确率上具有较强的一致性，即物体探测失败则物体分类也失败，反之，物体分类失败则物体探测也失败，这意味着视觉注意与认知加工并不是完全分离的，它们之间具有很强的关联性。

另外，眼动研究中最基本的“眼脑对应假设（Eye-mind Hypothesis）”也对视觉注意作为执行机制的角色进行了注解，因为该假设的核心观点是，眼睛正在注视的信息就是大脑正在加工的信息（Just & Carpenter，1980：330－331）。更进一步地，从认知加工这一角度对眼动注视（Fixation）进行的解释是：信息编码发生在眼动注视的过程中（Lagerwerf 等，2012：1840；Rayner & Castelhano，2008）。基于这一观点，Wedel & Pieters（2000）和 Pieters，Wedel，& Batra（2010）对视觉注意和广告品牌记忆的关系进行了充分研究，结果发现受众的视觉注意对他们提取广告中的信息并将之储存在大脑中具有重要意义。因此可以说，视觉注意在信息加工过程中的角色并不止步于信息过滤，它还在信息的深度加工过程中发挥着不可忽视的作用（Wedel & Pieters，2008b：53）。

总之，视觉注意并不是独立的功能系统，相反，它存在于大脑中枢神经系统运作的各个层面（Fuster，2003）。换言之，视觉注意不仅仅是选择出物体和位置用于加工，它还反映了广告加工在时间和空间上的协调性，在广告效果研究中具有重要作用（Pieters & Wedel，2008b：53）。综合上述两个方面的论述，从视觉注意作为广告加工中选择机制的角色来看，视觉注意的产生受广告信息特征和受众特征的影响，但是一旦产生了视觉注意，它又会进一步参与到广告信息加工中去，这就是视觉注意作为执行机制在发挥作用。总之，视觉注意与广告加工存在重要联系。下面我们重点结合这些内容来分析视觉注意与隐喻广告加工的关系。

6.1.2　视觉注意与隐喻广告加工

结合上一节的讨论，本小节笔者首先论述隐喻广告的视觉加工特征（即视觉注意效果），同时关注任务类型这一自上而下的因素在隐喻广告视觉加工中所发挥的调节作用。在此基础上，进一步讨论隐喻广告的视觉加工与广告效果评估的关系。

6.1.2.1　隐喻广告的视觉加工特征

从视觉注意与广告加工之间的关系来看，隐喻广告的视觉加工特征可以归为以下两个层面：注意捕获和视觉注视。下面将对这两方面的内容进行详细介绍。

（1）注意捕获

笔者在上一节的讨论中提到，人类的注意力机制具有选择性，至于视觉选择注意哪些信息，这主要受视觉刺激本身的特征和与人们自身相关的因素的影响。就隐喻广告而言，它与非隐喻广告的差异更多地体现在视觉刺激本身的特征上，即前者在广告中使用了隐喻而后者没有。而根据预期偏离观的基本观点，隐喻广告会因为使用了隐喻而具有预期偏离性，从而使自身比非隐喻广告更容易得到突显。MacInnis，Moorman，& Jaworski（1991）认为，使用具有突显性特征的线索能够有效地提高广告受众注意广告的动机。换言之，突显性是吸引或者捕获视觉注意（Attention Capture）的一个重要因素（Berlyne，1973），它能够有效地引发信息接收者的注意。因此我们预期，就隐喻广告和非隐喻广告而言，由于突显性的差异，前者应该比后者更容易捕获受众的注意。如果事实确实如此，那么与之类似的是，当概念相似度不同的隐喻进行比较时，概念相似度较低应该比相似度较高的隐喻更容易捕获受众注意，因为前者比后者的预期偏离度更高、更具突显性。需要说明的是，鉴于本研究中隐喻广告与非隐喻广告在突显性上的差别仅存在于广告标题处，由此我们预期，隐喻广告相比非隐喻广告在视觉捕获上的优势主要体现在广告标题处。概念相似度不同的隐喻广告之间的比较同样如此。这一部分的具体假设为：

H1a：隐喻广告标题相比非隐喻广告标题更容易捕获受众的视觉注意。

H1b：概念相似度低的隐喻广告标题相比概念相似度高的隐喻广告标题更容易捕获受众的注意。

（2）视觉注视

就视觉注意作为执行机制的角色而言，它也会促成隐喻广告生成一定的视觉注意效果，这主要体现在视觉或眼动注视上。具体而言，视觉注意特别是眼动注视在广告信息的深度加工中发挥着十分重要的作用，因为信息编码往往发生在眼动注视的过程中（Lang 等，2002；Rayner & Castelhano，2008）。根据 Lang（2000）提出的“有限容量信息加工模型（Limited-capacity Information-processing Model）”，最先发生的眼动注视存在定向反应（Orienting Response），在这个过程中人们会决定将多少认知资源分配在所选择的关键元素上。基于此，Lagerwerf 等（2012：1840）指出，视觉注意特别是眼动注视与认知精细加工程度密切相关，且二者之间存在正向关系（李宝珠、魏少木，2018），即人们会在需要进行更多认知精细加工的信息上产生更多视觉注视。结合本书第 4—5 章的分析讨论，如果基于预期偏离度与认知加工程度呈正向相关这一观点，那么预期偏离度较高的广告信息会引发更多的认知加工，反映在眼动上就是更多的视觉注视。需要说明的是，鉴于本研究中隐喻广告与非隐喻广告的差别仅存在于广告标题处，由此我们预期，隐喻广告相比非隐喻广告在视觉注视上的优势主要体现在广告标题处。概念相似度不同的隐喻广告之间的比较同样如此。因此我们预期，隐喻广告标题相比非隐喻广告标题会引发受众产生更多的视觉注视，概念相似度低的隐喻广告标题会比概念相似度高的隐喻广告标题产生更多的视觉注视。由此，这一部分的具体假设为：

H2a：隐喻广告标题相比非隐喻广告标题会产生更多的视觉注视。

H2b：概念相似度低的隐喻广告标题相比概念相似度高的隐喻广告标题会产生更多的视觉注视。

另外，根据 Pieters & Wedel（2004）的研究结果，在观看广告时，人们对某一个广告元素的视觉注意也会受到同一个广告中其他广告元素的影响。例如对广告图画的视觉注意会促进对广告文字的视觉注意，因为如果受众在看广告图画时不知广告所述是何，他们往往会通过看广告文字来了解这则广告的卖点，甚至通过看广告品牌来了解这款产品的基本信息。就隐喻广告而言，受众在观看这类广告时也应该存在这种现象，因为根据 MacInnis 等（1991）的观点，在广告中使用隐喻能够有效地增加受众对品牌的好奇度，从而提高他们对品牌进行加工的动机。由此我们预期，相比非隐喻广告，隐喻广告更容易引发受众对广告品牌信息产生更多的视觉注意；而对于都使用隐喻的广告，虽然它们本质都是隐喻，但由于概念相似度存在差异，这导致它们的预期偏离度存在差异，所以也应该存在视觉注视上的差异。由此，这一部分的具体假设为：

H3a：隐喻广告比非隐喻广告更容易使受众对广告品牌信息产生更多的视觉注视。

H3b：概念相似度低的隐喻广告比概念相似度高的隐喻广告更容易使受众对广告品牌信息产生更多的视觉注视。

6.1.2.2　任务类型对隐喻广告视觉加工的调节作用

在广告眼动研究领域，任务类型被视为影响广告视觉加工的一个重要因素。例如，在 Rayner 等（2001）的研究中，被试被分到研究者设定好的两种情境中，一种是搬新家之后需要买车而目前需要尽可能多地了解当地的汽车信息，另一种是搬新家之后需要买护肤品而目前需要尽可能多地了解当地的护肤品信息，所有被试观看同样的 24 组广告，结果发现汽车组的被试观看汽车广告的时间更长，而护肤品组的被试则花费更多的时间观看护肤品广告，但是不管任务如何，两组被试均将更多的时间花费在了观看广告中的文字上，尤其是那些与他们任务相关的文字信息上；在 Rayner，Miller，& Rotello（2008）的研究中，被试仍然被要求观看同样的 24 组广告，但他们观看广告的任务发生了变化，一组是去评估广告效果，另一组是去评估自身对广告的喜好度，结果发现不管是让被试去评估广告效果还是自身对广告的喜好度，他们都会把更多的时间花费在广告图画而不是文字上。整合这两个研究来看，当广告受众的任务是获取信息时，他们会把更多的注视时间放在文字信息上；相反，如果任务仅仅是对广告进行评估，他们则更关注图画信息。简言之，任务类型影响广告的视觉注视效果。

事实上，如果从广告心理的角度来看，任务类型的差异本质上是受众卷入程度（Personal Involvement）或情景卷入程度（Situational Involvement）的差异，具体表现为不同任务类型中广告受众的主观唤醒程度存在差异（周象贤、金志成，2009）。就 Rayner 等（2001）和 Rayner 等（2008）这两个研究所涉及的任务类型而言，被试在购买任务中的卷入度势必要高于评估任务中的卷入度，而这种卷入度上的差异使得被试在观看相同广告时的眼动模式存在显著差异。另外，在隐喻广告效果研究领域，以往研究（Toncar & Munch，2000；李阳，2018；吴水龙等，2017）同样发现，因任务类型而导致的受众卷入度差异显著调节了广告中隐喻的运用对广告效果的影响。此外，在消费者学习研究领域，情景卷入度的高低也是影响学习结果的一个重要因素，具体而言，在高卷入状态下的学习中，消费者总是有目的地、主动地去处理和学习信息，而在低卷入状态下，消费者往往没有动机去做这些事情。

由此，本章研究同样关注任务类型对隐喻广告视觉加工的影响，并将任务类型设定为以下两个水平：信息获取和自由浏览，其中信息获取是受众卷入度高的任务，自由浏览是受众卷入度低的任务。结合以往研究的成果，我们预期在受众卷入度上存在差异的任务类型会对广告中隐喻的运用如何影响广告视觉注视效果产生调节作用，具体假设为：

H4a：隐喻形式对广告视觉加工的影响会受到卷入度存在差异的任务类型的调节作用。具体而言，在自由浏览任务下隐喻广告相比非隐喻广告会产生更多的视觉注视，相反，在信息获取任务下二者则不存在较大差异。

H4b：隐喻内容对广告视觉加工的影响会受到卷入度存在差异的任务类型的调节作用。具体而言，在自由浏览任务下概念相似度低的隐喻广告相比概念相似度高的隐喻广告会产生更多的视觉注视，相反，在信息获取任务下二者则不存在较大差异。

综上所述，我们基于假设 H1—H4 提出了如图 6.1 所示的研究框架模型图。

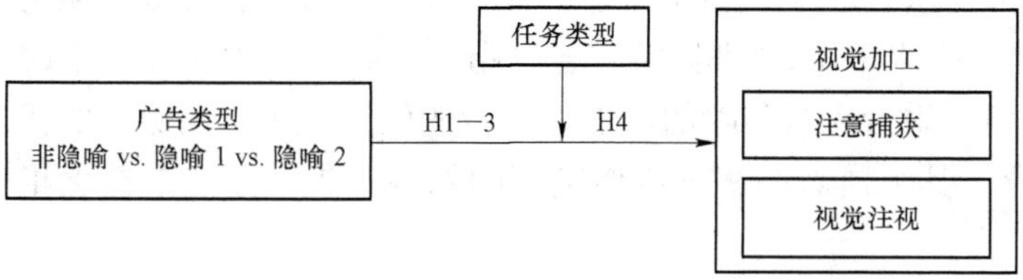

图 6.1　隐喻形式和内容对广告视觉加工的影响及任务类型的调节作用

6.1.3　隐喻广告的视觉加工与广告效果评估的关系

在信息加工研究领域，学者们对视觉注意与信息加工效果（如理解、评价等）之间的关系已经展开了诸多研究（Cek，Sanchez，& Timpano，2016；Keller & Junghans，2017；Lobier，Dubois，& Valdois，2013；Michele，Luca，& Nicolao，2015；Rose 等，2013；Wood，Vine，& Wilson，2013）。相比之下，在广告效果研究领域，探讨广告视觉加工特征与广告效果之间关系的研究虽然数量不多，但从这些已有研究的结果来看，广告的视觉加工特征，特别是视觉注视特征确实与广告效果存在一定的联系。例如，李宝珠、魏少木（2018）发现以注视次数和注视时长为主的视觉注视状况在广告诉求形式对产品认知程度和广告态度的影响中发挥显著的中介作用；宋思根、宣宾（2018）以及张红宇等（2017）发现注意持续时间与注意捕获和受众记忆有一定的关系。基于此，我们预期消费者对隐喻广告的视觉加工特征，特别是视觉注视特征也应该与隐喻广告效果存在一定的关系。具体而言，广告中是否使用隐喻以及使用何种概念相似度的隐喻所引发的消费者在视觉注视上的差异应该与其在广告效果评估中的差异具有相关性，而且这种相关是正向的。由此，这一部分的具体假设为：

H5a：被试对是否使用隐喻的广告（非隐喻广告 vs. 隐喻广告）的视觉注视和效果评估存在正向关系。

H5b：被试对不同概念相似度的隐喻广告（概念相似度低的隐喻广告 vs. 概念相似度高的隐喻广告）的视觉注视和效果评估存在正向关系。

6.2　实验一

6.2.1　研究方法

实验一采用 3（广告类型：非隐喻广告 vs. 隐喻广告 1 vs. 隐喻广告 2）×2

（任务类型：信息获取 vs. 自由浏览）被试间实验设计。需要说明的是，在“广告类型”的三个水平中，“非隐喻广告”指不含有隐喻的广告，“隐喻广告 1”和“隐喻广告 2”均为含有隐喻的广告，二者的区别在于所用隐喻的概念相似度存在显著差异，其中前者是概念相似度高的隐喻广告，后者是概念相似度低的隐喻广告。

6.2.1.1 被试

来自对外经济贸易大学的 30 名本科生参与了本项研究，其中女生 26 名，男生 4 名，平均年龄 22 岁、年龄范围为 18—24 岁。所有被试的裸眼视力或矫正视力都为正常，且母语都为汉语。

6.2.1.2 仪器与设备

实验一的眼动数据通过 Eyelink 1000plus 眼动记录仪来采集，采样频率为 1000Hz。被试机屏幕的刷新频率为 60Hz，分辨率为 1024 像素 × 768 像素。被试眼睛与屏幕之间的距离为 58cm。在实验过程中，被试用双眼观看广告，但眼动仪仅采集单眼（左眼）数据。

6.2.1.3 实验材料

（1）广告产品的选择

在以往的隐喻广告效果研究中，研究者选择的广告产品基本上都是实物类产品，例如，Pawlowski 等（1998）的实验材料主要以香皂和蜡笔作为广告产品；McQuarrie & Phillips（2005）的研究以清洁剂作为广告产品；Ang & Lim（2006）的研究则选择古龙香水和高档手表作为享乐型广告产品，矿泉水和牙膏作为实用型产品；Mulken 等（2010）和吴水龙 等（2017）的研究均选择汽车作为广告产品；Mohanty & Ratneshwar（2015）的研究关注的则是彩色铅笔和矿泉水。事实上，本书第 4—5 章研究所选择的广告产品也均是实物类产品。另外，以往研究也有同时涉及实物类产品和服务类产品的，但这些研究仍以实物类产品为主，如 Phillips（1997）使用的六种广告产品中仅有一种为服务类产品，而 Morgan & Reichert（1999）使用的十三种广告产品中仅有两种为服务类产品。总之，专门以服务类产品作为广告产品的研究并不多见。

尽管如此，在隐喻广告效果研究中选择服务类广告产品作为研究对象并不是没有意义的，原因有二：第一，实物类产品和服务类产品具有本质上的差异，因而在广告中对二者进行宣传的方式也不尽相同（Grove，Carlson，& Dorsch，2007：39）。具体而言，由于服务类产品主要是指企业的行为，而不是像实物类产品那样可以直接呈现的事物，所以企业在广告中很难对这类产品进行描述，而广告受众也很难理解他们要接收的信息是什么，在这种情况下，两类产品的广告传播策略并不一致（同上）。第二，就隐喻本身而言，“其跨域比较的功能是帮助人们用熟悉的、具体的概念去理解（不熟悉的）抽象的、无形的概念，这就意味着在研究中应该选择一种抽象的、无形的活动作为广告产品”（Phillips & McQuarrie，2009：51）。综合这两方面内容来看，既然服务类产品主要具有抽象、无形这些特征，而隐喻主要用于帮助人们理解抽象的概念，那么以服务类产品作为广告产品进行研究就具有合理性。因此，本章研究将广告产品选定在服务类产品上，更具体来讲，选择银行服务作为广告产品进行研究，因为从本书第 3 章获得的隐喻广告（见附录 B）来看，银行广告使用隐喻的比例最高，达到 55%，这说明银行在广告中宣传其服务时经常使用隐喻，而研究银行广告中的隐喻具有一定的现实基础。

（2）目标刺激的制作

结合本章实验设计的要求，每个广告对应三个不同的版本，分别是字面标题版本、概念相似度高的隐喻标题版本和概念相似度低的隐喻标题版本。具体而言，字面标题版本和两个隐喻标题版本仅在广告卖点的表达方式上不同（即形式上的差异），两个隐喻版本仅在表达广告卖点所使用的隐喻上不同（即内容上的差异），其他地方（主要指广告图画和品牌名称）完全一致。下面笔者分别介绍广告中广告标题、品牌名称和广告图画的设计细节。

1）广告标题的制作

首先，从广告实例中挑选出具有相同广告卖点的银行类隐喻广告，据此编写出使用不同隐喻但传递相同意义的隐喻广告标题（见表 6.1），然后根据隐喻标题编写表达同样意思的字面广告标题“专为中小企业量身定制融资方案，做帮助您事业发展的好服务”。需要说明的是，为了防止句子长度对视觉注意产生干扰作用，三个版本的广告标题在字数上基本一致，且两组广告的字数也保持一致。

表 6.1　银行类隐喻广告原型的基本信息

广告卖点	银行名称	产品名称	所用的隐喻	隐喻广告标题
助力客户发展	工商银行	企业贷款	产品是螺旋桨	专为中小企业量身定制融资方案，做推动您事业起飞的螺旋桨
	工商银行	财智融通	产品是加油站	专为中小企业量身定制融资方案，做助力您事业前行的加油站

其次，对编写好的隐喻标题及其对应的字面标题进行前测，主要包括四项内容：第一，测量隐喻熟悉度（N=23，其中男生 5 人，女生 18 人，平均年龄 20.3 岁），确保所用的隐喻广告在隐喻熟悉度上不存在显著差异；第二，测量概

念相似度（$N=22$，其中男生 3 人，女生 19 人，平均年龄 20.9 岁），确保所用隐喻广告的隐喻在内容的预期偏离度上有差异，该项前测的具体做法与第 5 章相同，鉴于所用的两个测量语义项（即“相似”和“相关”）的内部一致性大于 0.70（Cronbach $\alpha=0.83$），故这里使用它们的平均值作为概念相似度的最终值；第三，测量标题的修辞性程度（$N=23$，其中男生 5 人，女生 18 人，平均年龄 20.3 岁），目的在于确保隐喻标题之间以及隐喻标题和字面标题之间存在修辞度上的差异，以此结合前两项前测的内容说明隐喻标题之间的差异来自隐喻内容，而隐喻标题和字面标题之间的差异来自隐喻形式，该项前测的具体做法沿袭以往研究（McQuarrie & Mick，1999：44）；第四，测量标题之间的信息一致性（$N=20$，其中男生 3 人，女生 17 人，平均年龄 20.2 岁），目的在于确保隐喻标题和对应的字面标题传递了相同的广告产品信息，该项前测包括两个问题，一是询问隐喻标题句和字面标题句是否表达方式不同，二是询问隐喻标题句和字面标题句是否表达相同的意思。前测所使用的详细问卷分别见附录 G 第一部分至第四部分。每个标题在上述四项前测中的均值见表 6.2。

表 6.2　　实验一广告隐喻标题和字面标题的前测结果

标题类型	隐喻熟悉度	概念相似度	修辞性程度	信息一致性	
				隐喻 vs.字面	隐喻 1vs.隐喻 2
螺旋桨隐喻标题	4.65（1.74）	3.40（.78）	4.56（1.64）	4.25（1.38）	4.25（1.63）
加油站隐喻标题	4.60（1.69）	3.83（.99）	3.91（1.31）	4.63（1.27）	—
字面标题	—	—	3.30（1.46）	—	—

注：括号内为标准差。

进一步的统计分析结果具体如下：第一，就隐喻的熟悉度而言，螺旋桨隐喻和加油站隐喻不存在统计上的显著差异（$t(22)=.18$，$p=.85$）；第二，就隐喻源域与目的域的概念相似度而言，“螺旋桨 vs.理财产品”的概念相似度均值低于“加油站 vs.理财产品”，二者之间的差异在统计上边缘显著（$p=.06$）；第三，就广告标题的修辞性程度而言，字面标题与螺旋桨隐喻标题存在统计上的显著差异（$p=.00$），字面标题与加油站隐喻标题的差异边缘显著（$p=.05$），螺旋桨隐喻标题的修辞度显著高于加油站隐喻标题（$p=.03$）；第四，就广告标题的信息一致性而言，三个广告标题两两之间的信息一致性均高于 4，这说明三者在传递信息上具有一致性。

为了保证实验结果的可靠性，实验材料的筛选需要同时满足以下特征：第一，每组广告所用的两个隐喻在熟悉度上不存在显著的差异；第二，隐喻标题及其对应的字面标题在传递广告产品信息上具有较高的一致性；第三，所有隐喻标题在修辞性程度上不存在显著差异，所有字面标题在修辞性程度上不存在显著差异。结合这三个标准和前测结果来看，所选材料符合要求。

2）品牌名称和广告图画的制作

就品牌名称而言，为了确保品牌名称熟悉度不对随后的广告效果测量产生干扰作用，笔者根据直觉从已有的银行产品中挑选出了不熟悉的产品名称，将其设定为融企通。采用 7 点量表让 22 名被试（其中男生 6 人，女生 16 人，平均年龄 20.2 岁）对产品名称的熟悉度进行评估。结果显示，被试对该产品名称的熟悉度偏低（$M_{\text{产品名称熟悉度}}=2.45$）。另外，由于现实生活中提供融资产品的企业多为金融机构，笔者将该融资产品设定为银行融资产品，并且编写了一个虚假的银行名称，即城市银行。基于另外 75 名被试（其中男生 27 人，女生 48 人，平均年龄 20 岁）的统计结果显示，该银行名称的熟悉度偏低（$M_{\text{银行名称熟悉度}}=2.15$），即被试不太熟悉城市银行这一企业名称。

就广告图画而言，为了保证广告效果不受图画中无关因素的干扰，笔者选择了一只手将钱币放入中小企业的银行融资服务广告作为目标刺激的广告图画。

综合上述对广告标题、品牌名称和广告图画的制作，最终作为目标刺激的广告共包含四个元素：位于广告左上方的产品名称（字体大小为 48 像素），位于广告中间的广告图画（尺寸大小为 1 024 像素 × 460 像素），位于广告图画左侧的广告标题，以及位于广告右下方的企业名称（中文字体大小为 36 像素，英文字体大小为 30 像素）。需要说明的是，为了与真实广告的情况保持一致，广告中的文字字体均选用黑体。

（3）填充材料的制作

正式实验中的填充材料有四个，它们主要来源于本书第 3 章搜集的平面广告，且均为半页广告，原图尺寸或修改后的尺寸均为 1 024 像素 × 768 像素，所涉及的广告产品分别为：新闻网站、防晒霜、书籍、自媒体。练习实验中实验刺激的选择方式与正式实验填充材料的一致，所涉及的产品分别为银行产品、牙医服务和杂志。

6.2.1.4　因变量

本实验的因变量主要分为两大类：眼动数据和广告效果数据。下面分别对此进行说明。

（1）眼动数据

就眼动数据的测量而言，它主要由眼动仪在被试观看广告时自动记录完成。参照以往的视觉修辞广告眼动研究（Lagerwerf 等，2012）、不同任务类型下的广告眼动研究（Pieters & Wedel，2007；Rayner 等，2001）以及广告注意捕获和注意迁移关系研究（Pieters & Wedel，2004），笔者在本实验中重点关注以下眼动指标：(a)首次注视时间（Time to First Fixation），它是指被试从看到视觉刺激开始到首次关注到兴趣区之间的时间，该指标在本研究中用于反映广告的注意捕获效果；(b）注视次数（Fixation Count），它是指被试观看视觉刺激时所产生的注视点的个数，常被认为是个体获得信息量多少的指标，在本研究中用于测量视觉注视效果；(c）注视时长（Dwell Time），它是指被试观看视觉刺激时所产生的注视点的总时长，常被视作信息加工深度的指标，在本研究中用于测量视觉注视效果。

（2）广告效果数据

就广告效果数据的测量而言，本章研究重点测量以下三个变量：认知精细加工程度、广告态度和购买意向。测量方法与本书第 4、5 章相同，具体如下：(a）认知精细加工程度通过被试对“我看完这则广告后产生了很多想法”和“这则广告能激发人们产生很多想法”这两个陈述句的认可度来测量，鉴于这两个句子的内部一致性信度较高（Cronbach $\alpha=0.85$），最终的认知精细加工程度采用平均值；(b）广告态度的测量通过以下四组在语义上存在差异的义项来完成：好—坏、喜欢—不喜欢、愉悦—不愉悦、吸引人—不吸引人，鉴于这四个变量的内部一致性信度较高（Cronbach $\alpha=0.92$），最终采用它们的平均值来衡量广告态度；(c）购买意向的测量主要通过一组语义项来询问被试购买广告中产品的可能性：十分可能—十分不可能。

6.2.1.5　实验流程

由于实验仪器的限制，每位被试的眼动实验单独操作，时间持续约 10 分钟。实验地点为对外经济贸易大学媒体认知心理实验室。以下是每位被试进入实验室之后的流程。

被试进入实验室后，先让其熟悉实验室环境，克服因环境陌生而产生的紧张感。随后，让被试阅读“知情同意书”（见附录 H）并签字。签字后，引导被试在眼动仪前就座。根据实验设计的要求，所有被试被随机分配至以下六种条件中的任意一种：(a）非隐喻广告—信息获取；(b）非隐喻广告—自由浏览；(c）隐喻广告 1—信息获取；(d）隐喻广告 1—自由浏览；(e）隐喻广告 2—信息获取；(f）隐喻广告 2—自由浏览。被试就座后按照主试指示阅读实验指导语，在此阅读过程中被试有任何问题都可以向主试寻求解答。在被试对实验任务没有疑义的情况下，为被试进行 9 点校准（9-dot Calibration）、确认（Validation）和漂移校正（Drift Correction）。值得注意的是，在 9 点校准环节，如果被试的校准结果不符合要求，需要重新进行校准，直至校准结果符合要求。确认环节同样如此。另外，参考 Dupont，Antrop，& Eetvelde（2015）的做法，每个实验试次

（Trial）呈现之前会在屏幕正中间出现一个黑底白心的点，要求被试注视该点，这样做的目的在于：（a）检验漂移校正的测量误差是否有所增加；（b）确保被试在每个试次中观察路径的初始状态比较一致。实验刺激在该点之后呈现，要求信息获取条件下的被试带着信息获取的任务来观看实验刺激，而自由浏览条件下的被试则自由观看实验刺激，所有被试都是看完一个刺激后便按空格键进入下一个刺激，直至该组所有材料都看完。就实验刺激的呈现时间而言，虽然以往研究发现被试浏览杂志广告的平均时间为 1.73s（Pieters & Wedel，2004），浏览陈列式广告的平均时间为 2s（Pieters 等，2002；Weinreich 等，2008），然而，鉴于实验室环境中被试的阅读内容仅为广告，这与真实环境存在显著差异，所以他们可能需要比真实环境更多的时间，而且从以往的图片阅读眼动研究（Dupont 等，2015；李阳，2018）来看，研究者们都将图片刺激的呈现时间设定在 10s。因此，本研究也将实验刺激的呈现时间设定为 10s，如果被试在呈现实验刺激的 10s 内没有做出反应，则程序自动进行下一个实验试次的呈现。完成眼动实验后，被试离开被试机，在另一台电脑上完成广告效果测量的三个问题，该测试主要以电子问卷的形式呈现给被试。只有在完成所有任务后，被试方可拿到报酬并离去。

需要说明的是，为了让被试熟悉实验过程，实验整体分为练习部分和正式实验部分，其中，练习部分使用的材料与正式实验部分的材料完全不一样，练习部分结束后要求被试休息一分钟，然后开始正式实验。正式实验开始前同样需要完成 9 点校准、确认和漂移校正这三个环节。而且，为了避免实验过程中疲惫效应引起数据偏差，被试可以要求在实验过程中的任一时间点提出休息，因为根据以往研究的发现，观看电脑屏幕上呈现的图画很容易引起眼睛疲劳（Blehm 等，2005），而这主要表现为眼动次数的减少（Van Orden，Jung，& Makeig，2000）和准确率的下降（McGregor & Stern，1996）。

6.2.1.6　数据处理

参考 Dupont 等（2015）的做法，每个实验试次的首个注视点均予以剔除，因为每个试次前的黑底白心的点很有可能将被试的首个注视点引导至实验刺激的中间区域，从而使实验结果产生偏差，因而将其剔除。另外，以往的眼动研究指出，每个有效的注视点的持续时间为 100ms 以上（Inhoff & Radach，1998），因为过短的时间不足以加工完信息。据此，本研究对每个实验试次中小于 100ms 的注视点均予以手动剔除。

6.2.2　研究结果

6.2.2.1　操纵检验

为了增加实验的有效性，笔者进行了以下两项操纵检验：（1）构成隐喻的两个概念的相似程度，操纵检验的测量方法与前测一致，使用“相似”和“相关”这两个语义项，二者的内部一致性达到要求（Cronbach $\alpha=0.88$），故最终结果使用二者的平均值。操纵检验结果显示，被试认为加油站和银行的概念相似度（$M_{加油站—银行}=4.50$）高于螺旋桨和银行的概念相似度（$M_{螺旋桨—银行}=3.30$），且二者之间的差异在统计上边缘显著（$p=.06$）。（2）广告标题的修辞性程度，操纵检验的测量方法与前测一致，这里不再赘述。操纵检验结果和前测一致，被试认为在修辞偏离度上含有螺旋桨隐喻（即概念相似度低的隐喻）的标题（$M_{螺旋桨隐喻}=4.50$）大于含有加油站隐喻（即概念相似度高的隐喻）的标题（$M_{加油站隐喻}=3.70$），且二者的差异在统计上边缘显著（$p=.08$）。另外，螺旋桨隐喻标题比字面标题（$M_{字面}=2.70$）的修辞偏离度高，且二者存在统计上的显著差异（$p=.00$）；同样地，加油站隐喻标题比字面标题的修辞偏离度高，且二者存在统计上的显著差异（$p=.03$）。上述操纵检验结果说明实验操纵具有较好的效果。

6.2.2.2 假设检验

本小节首先分析隐喻广告的视觉加工特征以及任务类型在其中的调节作用，然后分析隐喻广告的视觉加工与广告效果评估之间的关系。

（1）隐喻广告的视觉加工特征及任务类型的调节作用

对隐喻广告视觉加工特征的考察重点关注被试在以下两个区域的视觉注意情况：1）广告文本中的标题部分（以下简称“标题区域”）；2）广告中所有涉及品牌信息的区域（以下简称“品牌区域”），包括广告左上角的产品名称、左下角的企业名称以及广告文本中的产品和企业名称。其中，品牌区域主要分析注视次数和注视时长这两个视觉注视指标，标题区域除分析两个视觉注视指标外还分析视觉捕获指标——首次注视时间。表 6.3 为不同任务类型下被试观看不同类型广告时在标题区域和品牌区域上的各项眼动指标值。

表 6.3 不同任务类型和广告类型下被试在标题区域和品牌区域上的视觉注意情况

区域	眼动指标	信息获取			自由浏览		
		非隐喻	概念相似度高隐喻	概念相似度低隐喻	非隐喻	概念相似度高隐喻	概念相似度低隐喻
		M（*SD*）	*M*（*SD*）	*M*（*SD*）	*M*（*SD*）	*M*（*SD*）	*M*（*SD*）
标题	TTFF	1442.20（1249.65）	2202.60（1158.97）	2227.80（971.63）	977.50（742.19）	1500.60（1405.72）	941.80（604.24）
	FC	12.80（4.38）	9.60（1.52）	9.60（4.39）	5（3.16）	11（3.67）	7.20（2.28）
	DT	2652.80（906.55）	1944.6（36.27）	1848.6（748.25）	923.40（603.02）	2694.60（818.98）	1414.80（40.22）

续表

区域	眼动指标	信息获取			自由浏览		
		非隐喻	概念相似度高隐喻	概念相似度低隐喻	非隐喻	概念相似度高隐喻	概念相似度低隐喻
		M（*SD*）	*M*（*SD*）	*M*（*SD*）	*M*（*SD*）	*M*（*SD*）	*M*（*SD*）
品牌	FC	13.40（3.05）	13.80（5.40）	12.40（3.91）	9.20（2.86）	11.80（2.05）	10（4.69）
	DT	2763.20（736.88）	3417（1444.31）	2665.40（95.45）	2151.20（928.89）	2786（618.86）	2033（773.52）

1）标题区域

对被试在标题区域的首次注视时间、注视次数和注视时长进行 2（是否为隐喻广告）×2（任务类型）和 3（广告类型）×2（任务类型）两因素方差分析，结果具体如下。

（a）首次注视时间

就首次注视时间而言，2（是否为隐喻广告）×2（任务类型）两因素方差分析的结果显示：第一，是否为隐喻广告的主效应不显著（$M_{隐喻标题}$=1 718.20，$M_{非隐喻标题}$=1 209.85；F（1，25）=1.46，p=.23，η^2=.05），即广告标题是否含有隐喻在吸引消费者注意标题区域的时间先后上不存在统计上的显著差异；第二，任务类型的主效应边缘显著（F（1，25）=3.00，p=.09，η^2=.01），即被试在信息获取任务下注意到标题区域的时间比自由浏览任务下要晚一些（$M_{信息获取}$=1 828.70，$M_{自由浏览}$=1 099.35），换言之，被试在自由浏览的时候比信息获取的时候会更快地注意到标题区域；第三，是否为隐喻广告和任务类型的交互效应不显著（F（1，25）=.39，p=.53，η^2=.01）。

3（广告类型）×2（任务类型）两因素方差分析的结果显示：第一，广告类型的主效应不显著（$M_{非隐喻广告}$=1 209.85，$M_{隐喻广告—概念相似度高}$=1 851.60，$M_{隐喻广告—概念相似度低}$=1 584.80；F（2，23）=.84，p=.44，η^2=.06），而进一步的多重比较结果显示，这三种广告标题两两之间的差异也不显著（非隐喻广告 vs. 隐喻广告—概念相似度高：p=.22；非隐喻广告 vs. 隐喻广告—概念相似度低：p=.48；隐喻广告—概念相似度高 vs. 隐喻广告—概念相似度低：p=.58）；第二，任务类型的主效应显著（F（1，23）=4.19，p=.05，η^2=.15），即被试在信息获取任务下注意到标题区域的时间比自由浏览任务下要晚一些（$M_{信息获取}$=1 957.53，$M_{自由浏览}$=1 139.97）；第三，广告类型和任务类型的交互效应不显著（F（2，23）=.37，p=.69，η^2=.03）。

图 6.2（a）—（b）所示为不同任务类型下被试观看不同类型广告时对标题区域的首次注视时间情况，该图可以对上述结果加以辅助说明。

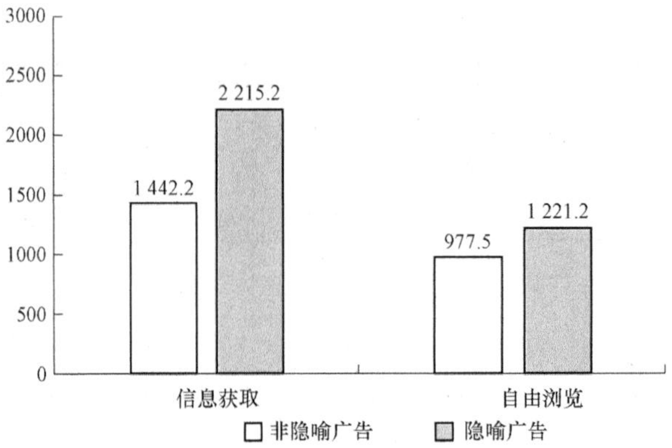

图 6.2（a） 不同任务类型下非隐喻广告与隐喻广告在标题区域的首次注视时间情况

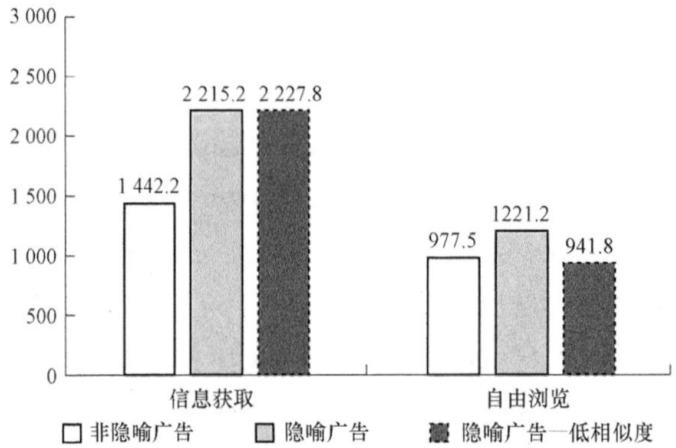

图 6.2（b） 不同任务类型下非隐喻广告与概念相似度不同的隐喻广告在标题区域的首次注视时间情况

（b）注视次数

就注视次数而言，2（是否为隐喻广告）×2（任务类型）两因素方差分析的结果显示：第一，是否为隐喻广告的主效应不显著（F（1，26）=.11，p=.74，η^2=.00），即虽然被试在隐喻广告标题上的注视次数（$M_{\text{隐喻广告}}$=9.35）略高于非隐喻广告（$M_{\text{非隐喻广告}}$=8.90），但二者之间的差异并没有在统计上达到显著；第二，任务类型的主效应显著（F（1，26）=9.50，p=.00，η^2=.26），即被试在信息获取任务下对广告标题区域的注视次数显著多于自由浏览任务（$M_{\text{信息获取}}$=11.20，$M_{\text{自由浏览}}$=7.05）；第三，是否为隐喻广告和任务类型的交互效应十分显著（F（1，26）=7.35，p=.01，η^2=.22）。进一步的简单效应检验结果显示，在观看隐喻广告标题时，信息获取任务下的被试的注视次数（$M_{\text{信息获取}}$=9.60）和自由浏览任务下的被试的注视次数（$M_{\text{自由浏览}}$=9.10）基本一致，二者之间的差异未达到统计上的显著水平（p=.75）；在观看非隐喻广告标题时，信息获取任务下的被试的注视次数（$M_{信息获取}$=12.80）显著高于自由浏览任务下的被试的注视次数（$M_{自由浏览}$=5），二者之间的差异达到统计上的显著水平（p=.00）。从另一个角度来看，在信息获取任务下，被试对隐喻标题和非隐喻标题的注视次数不存在统计上的显著差异（p=.10）；在自由浏览任务下，被试对隐喻广告标题的注视次数显著高于非隐喻广告标题（p=.04）。

3（广告类型）×2（任务类型）两因素方差分析的结果显示：第一，广告类型的主效应不显著（$M_{非隐喻广告}$=8.90，$M_{隐喻广告—概念相似度高}$=1.30，$M_{隐喻广告—概念相似度低}$=8.40；F（2，24）=.83，p=.44，η^2=.06），而进一步的多重比较结果显示，这三种广告标题两两之间的差异也不显著（非隐喻广告 vs. 隐喻广告—概念相似度高：p=.36；非隐喻广告 vs. 隐喻广告—概念相似度低：p=.74；隐喻广告—概念相似度高 vs. 隐喻广告—概念相似度低：p=.22）；第二，任务类型的主效应显著（F（1，24）=5.57，p=.02，η^2=.18），即被试在信息获取任务下对广告标题区域的注视次数显著多于自由浏览任务（$M_{信息获取}$=1.67，$M_{自由浏览}$=7.73）；第三，广告类型和任务类型的交互效应十分显著（F（2，24）=4.61，p=.02，η^2=.27）。进一步的简单效应检验结果显示，在观看非隐喻广告标题时，信息获取任务下的被试的注视次数（$M_{信息获取}$=12.80）显著高于自由浏览任务下的被试的注视时长（$M_{自由浏览}$=5），二者之间的差异达到统计上的显著水平（p=.00）；在观看概念相似度高的隐喻广告标题时，信息获取任务下的被试的注视次数（$M_{信息获取}$=9.60）低于自由浏览任务下的被试的注视次数（$M_{自由浏览}$=11），二者之间的差异不显著（p=.52）；在观看概念相似度低的隐喻广告标题时，被试在信息获取任务下的被试的注视次数（$M_{信息获取}$=9.60）略高于自由浏览任务下的被试的注视次数（$M_{自由浏览}$=7.20），但二者之间的差异在统计上不显著（p=.27）。从另一个角度来看，在信息获取任务下，被试在三种广告标题上的注视次数两两之间不存在统计上的显著差异（非隐喻广告 vs. 隐喻广告—概念相似度高：p=.38；非隐喻广告 vs. 隐喻广告—概念相似度低：p=.38；隐喻广告—概念相似度高 vs. 隐喻广告—概念相似度低：p=1.0）；在自由浏览任务下，被试在具有较高概念相似度的隐喻广告标题上的注视次数显著多于非隐喻广告标题（p=.03），但被试在两种隐喻广告标题上的注视次数不存在统计上的显著差异（p=.24），且被试在具有较低概念相似度的隐喻广告标题和非隐喻广告标题上的注视次数也不存在统计上的显著差异（p=.68）。

图 6.3（a）—（b）所示为不同任务类型下被试观看不同类型广告时对标题区域的注视次数情况，该图可以对上述结果加以辅助说明。

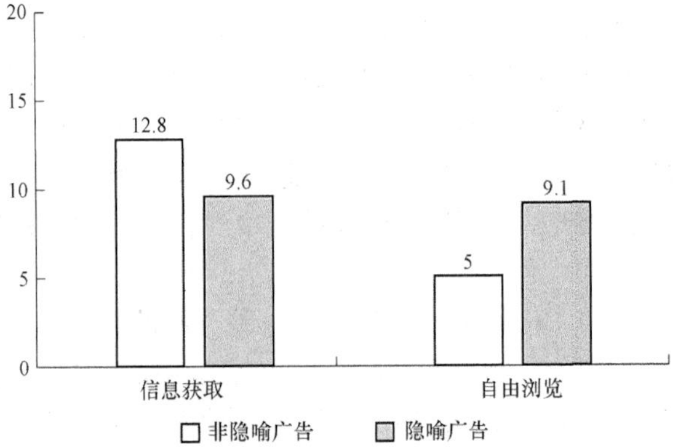

图 6.3（a） 不同任务类型下非隐喻广告与隐喻广告在标题区域的注视次数情况

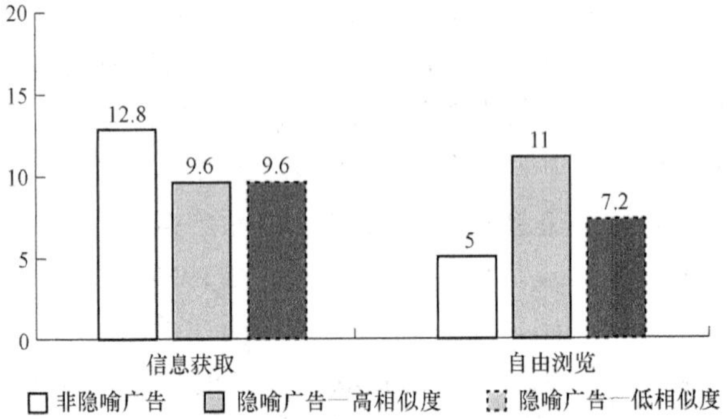

图 6.3（b） 不同任务类型下非隐喻广告与概念相似度不同的隐喻广告在标题区域的注视次数情况

（c）注视时长

就注视时长而言，2（是否为隐喻广告）×2（任务类型）两因素方差分析的结果显示：第一，是否为隐喻广告的主效应不显著（F（1，26）=.40，p=.52，η^2=.01），即虽然被试在隐喻广告标题上的注视时长（$M_{隐喻广告}$=1 975.65）略高于非隐喻广告（$M_{非隐喻广告}$=1 788.10），但二者之间的差异并没有在统计上达到显著；第二，任务类型的主效应显著（F（1，26）=7.16，p=.01，η^2=.21），即被试在信息获取任务下对广告标题区域的注视次数长于自由浏览任务（$M_{信息获取}$=2 274.70，$M_{自由浏览}$=1 489.05）；第三，是否为隐喻广告和任务类型的交互效应十分显著（F（1，26）=1.33，p=.00，η^2=.28）。进一步的简单效应检验结果（见图 6.4（a））显示：在观看隐喻广告标题时，信息获取任务下的被试的注视时长（$M_{信息获取}$=1 896.60）少于自由浏览任务下的被试的注视时长（$M_{自由浏览}$=2 054.70），二者之间的差异未达到统计上的显著水平（p=.64）；在观看非隐喻广告标题时，信息获取任务下的被试的注视时长（$M_{信息获取}=2\,652.80$）显著高于自由浏览任务下的被试的注视时长（$M_{自由浏览}=923.40$），二者之间的差异达到统计上的显著水平（$p=.00$）。从另一个角度来看，在信息获取任务下，被试对隐喻标题和非隐喻标题的注视时长存在边缘显著的差异（$p=.08$）；在自由浏览任务下，被试对隐喻广告标题的注视时长显著高于非隐喻广告标题（$p=.01$）。

3（广告类型）×2（任务类型）两因素方差分析的结果显示：第一，广告类型的主效应边缘显著（$M_{非隐喻广告}=1\,788.10$，$M_{隐喻广告—概念相似度高}=2\,319.60$，$M_{隐喻广告—概念相似度低}=1\,631.70$；$F(2,\ 24)=2.88$，$p=.07$，$\eta^2=.19$），而进一步的多重比较结果显示，被试对具有较高概念相似度的隐喻广告标题的注视时长多于非隐喻广告标题和具有较低概念相似度的隐喻广告标题，其中，它与前者的差异边缘显著（$p=.08$），与后者的差异显著（$p=.03$），此外，被试对具有较低概念相似度的隐喻广告标题的注视时长少于非隐喻广告标题，但它们之间的差异在统计上不显著（$p=.60$）；第二，任务类型的主效应边缘显著（$F(1,\ 24)=3.69$，$p=.06$，$\eta^2=.13$），即被试在信息获取任务下对广告标题区域的注视时长长于自由浏览任务（$M_{信息获取}=2\,148.68$，$M_{自由浏览}=1\,677.60$）；第三，广告类型和任务类型的交互效应十分显著（$F(2,\ 24)=8.52$，$p=.00$，$\eta^2=.41$）。进一步的简单效应检验结果（见图 6.5（b））显示：在观看非隐喻广告标题时，信息获取任务下的被试的注视时长（$M_{信息获取}=2\,652.80$）显著高于自由浏览任务下的被试的注视时长（$M_{自由浏览}=923.40$），二者之间的差异达到统计上的显著水平（$p=.00$）；在观看概念相似度高的隐喻广告标题时，信息获取任务下的被试的注视时长（$M_{信息获取}=1\,944.60$）低于自由浏览任务下的被试的注视时长（$M_{自由浏览}=2\,694.60$），二者之间的差异边缘显著（$p=.09$）；在观看概念相似度低的隐喻广告标题时，信息获取任务下的被试的注视时长（$M_{信息获取}=1\,848.60$）略高于自由浏览任务下的被试的注视时长（$M_{自由浏览}=1\,414.80$），但二者之间的差异在统计上不显著（$p=.31$）。从另一个角度来看，在获取信息任务下，被试在三种广告标题上的注视时长两两之间不存在统计上的显著差异（非隐喻广告 vs. 隐喻广告—概念相似度高：$p=.29$；非隐喻广告 vs. 隐喻广告—概念相似度低：$p=.19$；隐喻广告—概念相似度高 vs. 隐喻广告—概念相似度低：$p=.99$）；在自由浏览任务下，被试在具有较高概念相似度的隐喻广告标题上的注视时长显著多于非隐喻广告标题（$p=.00$）和具有较低概念相似度的隐喻广告标题（$p=.01$），但被试在具有较低概念相似度的隐喻广告标题上的注视时长与其在非隐喻广告标题上的注视时长不存在统计上的显著差异（$p=.59$）。

图 6.4（a）—（b）所示为不同任务类型下被试观看不同类型广告时对标题区域的注视时长情况，该图可以对上述结果加以辅助说明。

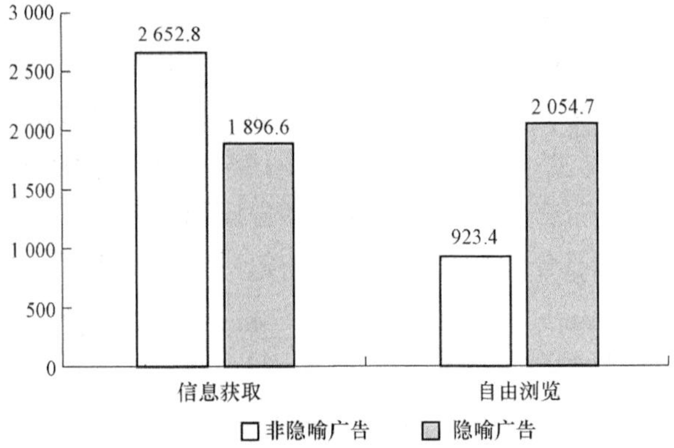

图 6.4（a） 不同任务类型下非隐喻广告与隐喻广告在标题区域的注视时长情况

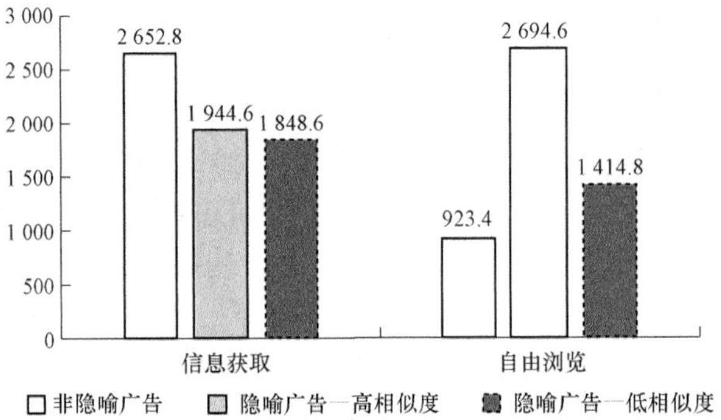

图 6.4（b） 不同任务类型下非隐喻广告与概念相似度不同的隐喻广告在标题区域的注视时长情况

（2）品牌区域

对被试在品牌区域的注视次数和注视时长进行 2（是否为隐喻广告）×2（任务类型）两因素方差分析和 3（广告类型）×2（任务类型）两因素方差分析。下面分别针对两个因变量说明方差分析结果。

（a）注视次数

就注视次数而言，2（是否为隐喻广告）×2（任务类型）两因素方差分析的结果显示：第一，是否为隐喻广告的主效应不显著（F（1，26）=.23，p=.63，η^2=.01），即虽然被试在隐喻广告条件下对品牌信息的注视次数（$M_{隐喻广告}=12$）略高于非隐喻广告条件（$M_{非隐喻广告}=11.30$），但二者之间的差异并没有在统计上达到显著；第二，任务类型的主效应显著（F（1，26）=4.85，p=.03，η^2=.16），即被试在信息获取任务下对品牌信息的注视次数显著多于自由浏览任务（$M_{信息获取}=13.25$，$M_{自由浏览}=1.05$）；第三，是否为隐喻广告和任务类型的交互效应不显著（F

（1，26）$=.47$，$p=.49$，$\eta^2=.01$）。

3（广告类型）×2（任务类型）两因素方差分析的结果显示：第一，广告类型的主效应不显著（$M_{非隐喻广告}=11.30$，$M_{隐喻广告—概念相似度高}=12.80$，$M_{隐喻广告—概念相似度低}=11.30$；F（2，24）$=.54$，$p=.58$，$\eta^2=.04$），而进一步的多重比较结果显示，这三种条件两两之间的差异也不显著（非隐喻广告 vs. 隐喻广告—概念相似度高：$p=.39$；非隐喻广告 vs. 隐喻广告—概念相似度低：$p=.95$；隐喻广告—概念相似度高 vs. 隐喻广告—概念相似度低：$p=.36$）；第二，任务类型的主效应显著（F（1，24）$=4.19$，$p=.05$，$\eta^2=.14$），即被试在信息获取任务下对品牌信息的注视次数显著多于自由浏览任务（$M_{信息获取}=13.20$，$M_{自由浏览}=1.33$）；第三，广告类型和任务类型的交互效应不显著（F（2，24）$=.23$，$p=.79$，$\eta^2=.01$）。

图 6.5（a）—（b）所示为不同任务类型下被试观看不同类型广告时对品牌区域的注视次数情况，该图可以对上述结果加以辅助说明。

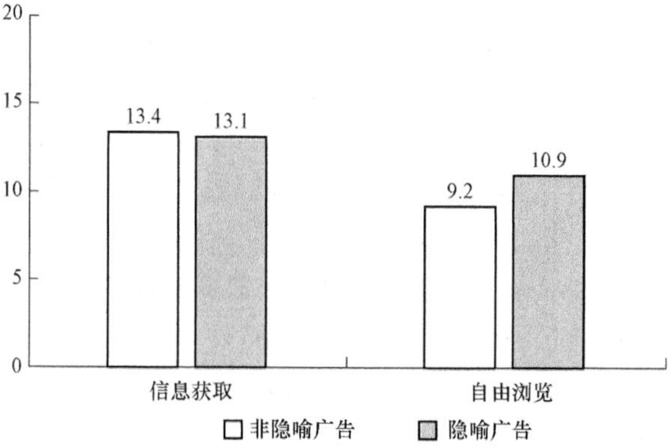

图 6.5（a）　不同任务类型下非隐喻广告与隐喻广告在品牌区域的注视次数情况

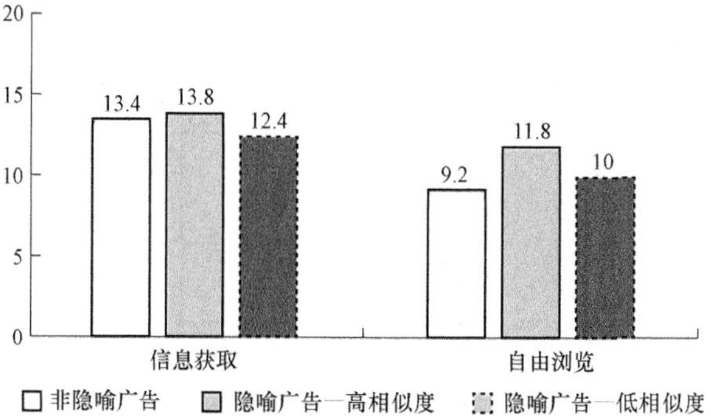

图 6.5（b）　不同任务类型下非隐喻广告与概念相似度不同的隐喻广告在品牌区域的注视次数情况

（b）注视时长

就注视时长而言，2（是否为隐喻广告）×2（任务类型）两因素方差分析的结果显示：第一，是否为隐喻广告的主效应不显著（F（1，26）=.51，p=.48，η^2=.01），即虽然被试在隐喻广告条件下对品牌信息的注视时长（$M_{隐喻广告}$=2 725.35）略高于非隐喻广告条件（$M_{非隐喻广告}$=2 457.20），但二者之间的差异并没有在统计上达到显著；第二，任务类型的主效应不显著（F（1，26）=2.15，p=.10，η^2=.09），即虽然被试在信息获取任务下对品牌信息的注视时长长于自由浏览任务（$M_{信息获取}$=2 902.20，$M_{自由浏览}$=228.35），但它们之间的差异并没有在统计上达到显著水平；第三，是否为隐喻广告和任务类型的交互效应不显著（F（1，26）=.00，p=.97，η^2=.00）。

3（广告类型）×2（任务类型）两因素方差分析的结果显示：第一，广告类型的主效应不显著（$M_{非隐喻广告}$=2 457.20，$M_{隐喻广告—概念相似度高}$=3 101.50，$M_{隐喻广告—概念相似度低}$=2 349.20；F（2，24）=1.84，p=.18，η^2=.13），而进一步的多重比较结果显示，被试在具有较高概念相似度的隐喻广告条件下对品牌信息的注视时长多于非隐喻广告条件和具有较低概念相似度的隐喻广告条件，其中，它与前者的差异不显著（p=.14），与后者的差异边缘显著（p=.08），此外，被试在具有较低概念相似度的隐喻广告条件下对品牌信息的注视时长略少于非隐喻广告条件，但它们之间的差异在统计上不显著（p=.80）；第二，任务类型的主效应边缘显著（F（1，24）=3.27，p=.08，η^2=.01），即被试在信息获取任务下对品牌信息区域的注视时长长于自由浏览任务（$M_{信息获取}$=2 948.53，$M_{自由浏览}$=2 323.40）；第三，广告类型和任务类型的交互效应十分不显著（F（2，24）=.00，p=1.00，η^2=.00）。

图 6.6（a）—（b）所示为不同任务类型下被试观看不同类型广告时对品牌区域的注视时长情况，该图可以对上述结果加以辅助说明。

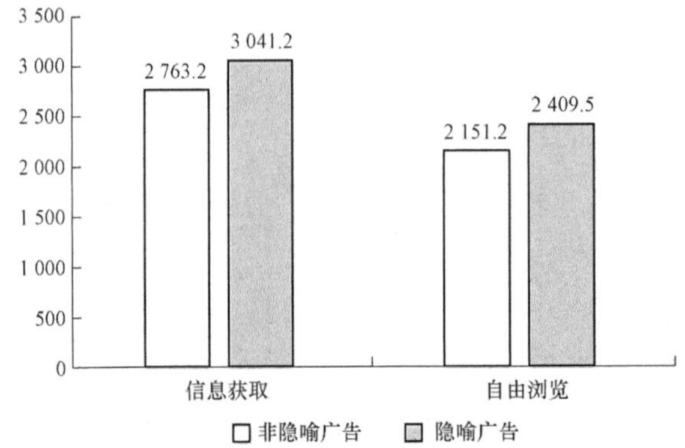

图 6.6（a） 不同任务类型下非隐喻广告与隐喻广告在品牌区域的注视时长情况

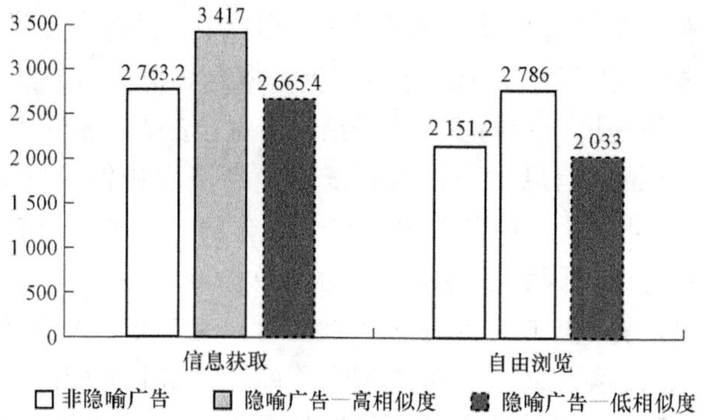

图 6.6（b）　不同任务类型下非隐喻广告与概念相似度不同的隐喻广告在品牌区域的注视时长情况

综合上述统计结果，相关研究假设的验证情况具体如下：

（a）H1a—b 未得到验证。因为在标题区域首次注视时间这一指标上，是否为广告隐喻（非隐喻广告 vs. 隐喻广告）和广告类型（非隐喻广告 vs. 隐喻广告—概念相似度高 vs. 隐喻广告—概念相似度低）的主效应在统计上均不显著。

（b）H2a 得到验证。在标题区域注视次数和注视时长这两个指标上，虽然是否为隐喻广告（非隐喻广告 vs. 隐喻广告）的主效应并未达到统计上的显著水平，但是从描述性统计的结果来看，被试对隐喻广告标题的注视次数和注视时长均多于非隐喻广告标题。

（c）H2b 未得到验证。因为在标题区域注视时长这个指标上，广告类型（非隐喻广告 vs. 隐喻广告—概念相似度高 vs. 隐喻广告—概念相似度低）的主效应在统计上达到边缘显著，而进一步的多重比较结果显示，被试在较低概念相似度的隐喻广告标题上的注视时长显著低于较高概念相似度的隐喻广告标题。另外，虽然在标题区域注视次数这一指标上未发现显著差异，但描述性统计的结果显示，被试在较低概念相似度的隐喻广告标题上的注视次数低于较高概念相似度的隐喻广告标题。这些结果与实验假设恰恰相反。

（d）H3a 得到验证。在品牌区域注视次数和注视时长这两个指标上，虽然是否为隐喻广告（非隐喻广告 vs. 隐喻广告）的主效应并未达到统计上的显著水平，但是从描述性统计的结果来看，被试在隐喻广告标题条件下对品牌信息的注视次数和注视时长均多于非隐喻广告标题条件。

（e）H3b 未得到验证。因为在品牌区域注视次数这一指标上，广告类型（非隐喻广告 vs. 隐喻广告—概念相似度高 vs. 隐喻广告—概念相似度低）的主效应在统计上未达到显著水平。不仅如此，从描述性统计结果来看，被试在较低概念相似度的隐喻广告标题条件下对品牌信息的注视次数低于较高概念相似度的隐喻广告标题条件。此外，在标题区域注视时长这一指标上，虽然广告类型（非隐喻广告 vs. 隐喻广告—概念相似度高 vs. 隐喻广告—概念相似度低）的主效应在统计上未达到显著水平，但是进一步的多重比较结果显示，被试在较低概念相似度的隐喻广告标题条件下对品牌信息的注视时长低于较高概念相似度的隐喻广告标题条件，而这种差异边缘显著。由此看来，这一部分的结果并不支持研究假设。

（f）H4 得到验证。因为在标题区域注视次数和注视时长这两个指标上，是否为隐喻广告和任务类型的交互效应达到显著，且广告类型和任务类型的交互效应也达到了显著。换言之，任务类型在隐喻形式和隐喻内容对广告视觉加工的影响中发挥了调节作用。然而需要说明的是，尽管任务类型在隐喻内容对广告视觉加工中的调节作用得到了验证，但与假设不太一致的是，实验结果显示在自由浏览任务下概念相似度低的隐喻相比概念相似度高的隐喻并没有获得更多的注视时长，这与隐喻内容的主效应较为一致。

（2）隐喻广告的视觉加工特征与广告评估效果之间的关系

由于广告评估针对的是广告整体，所以这里重点关注的是被试对广告整体而非部分区域的视觉注视状况。表 6.4 为不同广告类型和任务类型下被试对广告整体的视觉注视状况和广告评估结果。

表 6.4　不同广告类型和任务类型下被试对广告整体的视觉注视状况和广告评估结果

指标	信息获取			自由浏览		
	非隐喻	概念相似度高隐喻	概念相似度低隐喻	非隐喻	概念相似度高隐喻	概念相似度低隐喻
	M（*SD*）	*M*（*SD*）	*M*（*SD*）	*M*（*SD*）	*M*（*SD*）	*M*（*SD*）
FC	31.20（8.04）	30.80（6.57）	29.40（8.91）	20.60（7.02）	30.60（7.40）	23（8.72）
DT	7753.80（2236.87）	8208.40（1764.33）	8105.40（2661.29）	5093（2137.29）	7965（1665.66）	5639.60（1592.66）
CE	3.80（.91）	3.90（.96）	4.10（1.19）	2.70（1.20）	3.90（1.29）	4.10（1.24）
AD	4.10（.65）	4.55（.89）	4.10（1.05）	3.30（.74）	4.05（1.22）	4.60（.60）
PI	5（1.58）	4.60（1.52）	4.20（1.09）	4.40（1.67）	3.40（1.82）	4.40（1.14）

注：FC＝注视次数，DT＝注视时长，CE＝认知精细加工程度，AD＝广告态度，PI＝购买意向。

为了对隐喻广告的视觉加工特征与广告评估效果之间的关系进行充分的分析，首先分别对两类因变量进行方差分析，然后再对二者进行相关分析。

1）视觉加工特征指标的方差分析结果

（a）注视次数

就注视次数而言，2（是否为隐喻广告）×2（任务类型）两因素方差分析的结果显示：第一，是否为隐喻广告的主效应不显著（F（1，26）=.69，p=.41，η^2=.02），即虽然被试在隐喻广告条件下对广告整体的注视次数（$M_{隐喻广告}$=28.45）略高于非隐喻广告条件（$M_{非隐喻广告}$=25.90），但二者之间的差异未达到统计上的显著水平；第二，任务类型的主效应显著（F（1，26）=5.17，p=.03，η^2=.17），即被试在信息获取任务下对广告整体的注视次数显著高于自由浏览任务（$M_{信息获取}$=30.65，$M_{自由浏览}$=23.70）；第三，是否为隐喻广告和任务类型的交互效应不显著（F（1，26）=1.42，p=.24，η^2=.05）。

3（广告类型）×2（任务类型）两因素方差分析的结果显示：第一，广告类型的主效应不显著（$M_{非隐喻广告}$=25.90，$M_{隐喻广告—概念相似度高}$=30.70，$M_{隐喻广告—概念相似度低}$=26.20；F（2，24）=1.18，p=.32，η^2=.09），而进一步的多重比较结果显示，这三种条件两两之间的差异也不显著（非隐喻广告 vs. 隐喻广告—概念相似度高：p=.18；非隐喻广告 vs. 隐喻广告—概念相似度低：p=.93；隐喻广告—概念相似度高 vs. 隐喻广告—概念相似度低：p=.21）；第二，任务类型的主效应显著（F（1，24）=4.02，p=.05，η^2=.14），即被试在信息获取任务下对广告整体的注视次数显著多于自由浏览任务（$M_{信息获取}$=30.47，$M_{自由浏览}$=24.73）；第三，广告类型和任务类型的交互效应不显著（F（2，24）=1.11，p=.34，η^2=.08）。

图 6.7（a）—（b）所示为不同任务类型下被试观看不同类型广告时对广告整体的注视次数情况，该图可以对上述结果加以辅助说明。

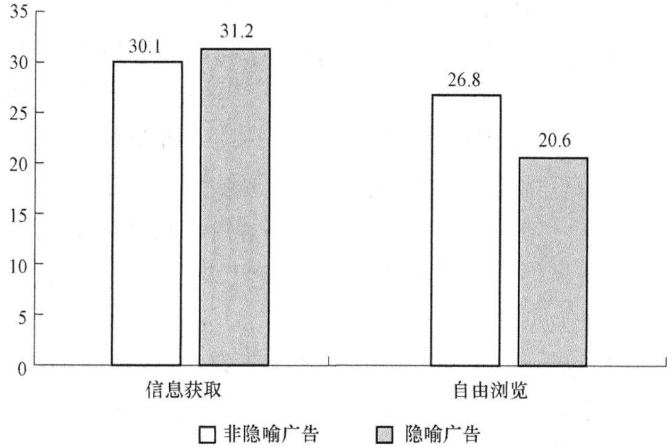

图 6.7（a）　不同任务类型下非隐喻广告与隐喻广告在广告整体上的注视次数情况

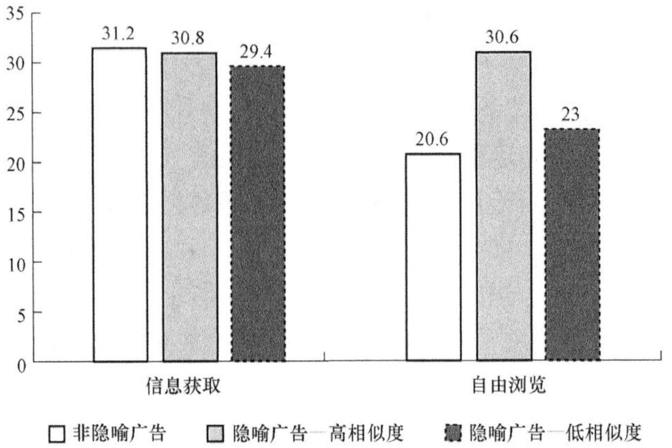

图 6.7（b） 不同任务类型下非隐喻广告与概念相似度不同的隐喻广告在广告整体上的注视次数情况

（b）注视时长

就注视时长而言，2（是否为隐喻广告）×2（任务类型）两因素方差分析的结果显示：第一，是否为隐喻广告的主效应不显著（F（1，26）=1.73，p=.19，η^2=.06），即虽然被试在隐喻广告条件下对广告整体的注视时长（$M_{隐喻广告}$=7 490.85）高于非隐喻广告条件（$M_{非隐喻广告}$=6 423.40），但二者之间的差异未达到统计上的显著水平；第二，任务类型的主效应显著（F（1，26）=6.20，p=.01，η^2=.19），即被试在信息获取任务下对广告整体的注视时长显著高于自由浏览任务（$M_{信息获取}$=7 966.60，$M_{自由浏览}$=5 947.65）；第三，是否为隐喻广告和任务类型的交互效应不显著（F（1，26）=.62，p=.43，η^2=.02）。

3（广告类型）×2（任务类型）两因素方差分析的结果显示：第一，广告类型的主效应不显著（$M_{非隐喻广告}$=6 423.40，$M_{隐喻广告—概念相似度高}$=8 086.70，$M_{隐喻广告—概念相似度低}$=6 895；F（2，24）=1.75，p=.19，η^2=.12），而进一步的多重比较结果显示，被试在具有较高概念相似度的隐喻广告条件下对广告整体的注视时长多于非隐喻广告条件和具有较低概念相似度的隐喻广告条件，其中，它与前者的差异边缘显著（p=.08），与后者的差异不显著（p=.20），此外，被试在具有较低概念相似度的隐喻广告条件下对广告整体的注视时长略多于非隐喻广告条件，但它们之间的差异在统计上不显著（p=.61）；第二，任务类型的主效应显著（F（1，24）=5.84，p=.02，η^2=.19），即被试在信息获取任务下对广告整体的注视时长显著多于自由浏览任务（$M_{信息获取}$=8 037.53，$M_{自由浏览}$=6 232.53）；第三，广告类型和任务类型的交互效应不显著（F（2，24）=1.09，p=.35，η^2=.08）。

图 6.8（a）—（b）所示为不同任务类型下被试观看不同类型广告时对广告整体的注视时长情况，该图可以对上述结果加以辅助说明。

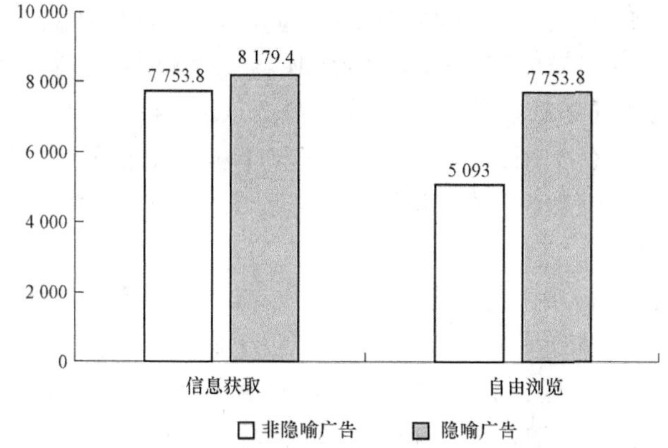

图 6.8（a）　不同任务类型下非隐喻广告与隐喻广告在广告整体上的注视时长情况

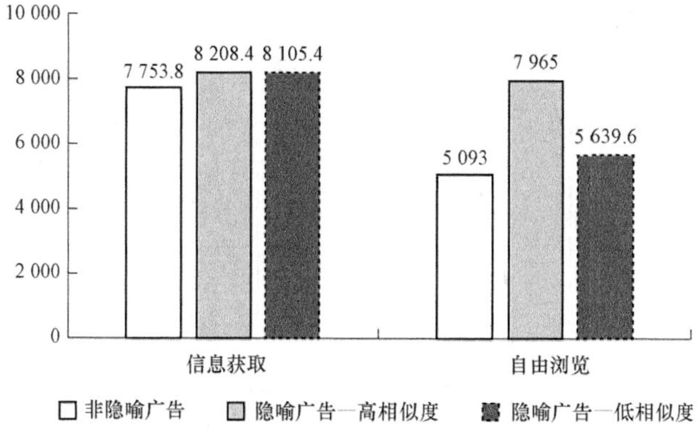

图 6.8（b）　不同任务类型下非隐喻广告与概念相似度不同的隐喻广告在广告整体上的注视时长情况

2）广告效果评估指标的方差分析结果

对被试在广告整体上的认知精细加工程度、广告态度和购买意向分别进行 2（是否为隐喻广告）×2（任务类型）两因素方差分析和 3（广告类型）×2（任务类型）两因素方差分析。下面针对三个广告效果指标分别说明方差分析结果。

（a）认知精细加工程度

就认知精细加工程度而言，2（是否为隐喻广告）×2（任务类型）两因素方差分析的结果显示：第一，是否为隐喻广告的主效应边缘显著（$M_{隐喻广告}=4.00$，$M_{非隐喻广告}=3.25$，$p=.09<.1$）；第二，任务类型的主效应不显著（$M_{信息获取}=3.90$，$M_{自由浏览}=3.35$，$p=.21$）；第三，是否为隐喻广告和任务类型的交互效应不显著（$p=.21$）。

3（广告类型）×2（任务类型）两因素方差分析的结果显示：第一，广告类型的主效应不显著（$M_{非隐喻广告}=3.25$，$M_{隐喻广告—概念相似度高}=3.90$，$M_{隐喻广告—概念相似度低}=4.10$，$p=.24$）；第二，任务类型的主效应不显著（$M_{信息获取}=3.93$，$M_{自由浏览}=3.57$，$p=.39$）；第三，广告类型和任务类型的交互效应不显著（$p=.47$）。

图 6.9（a）—（b）所示为不同任务类型下被试观看不同类型广告时对广告整体的认知精细加工情况，该图可以对上述结果加以辅助说明。

（b）广告态度

就广告态度而言，2（是否为隐喻广告）×2（任务类型）两因素方差分析的结果显示：第一，是否为隐喻广告的主效应边缘显著（$M_{隐喻广告}=4.33$，$M_{非隐喻广告}=3.70$，$p=.07$）；第二，任务类型的主效应不显著（$M_{信息获取}=4.21$，$M_{自由浏览}=3.81$，$p=.25$）；第三，是否为隐喻广告和任务类型的交互效应不显著（$p=.25$）。

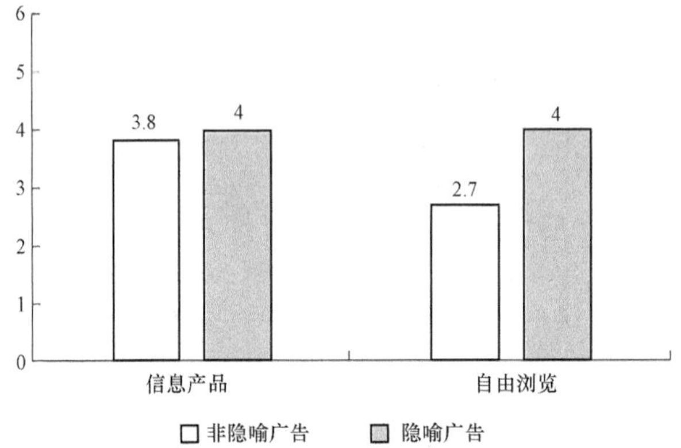

图 6.9（a） 不同任务类型下非隐喻广告与隐喻广告的整体认知精细加工情况

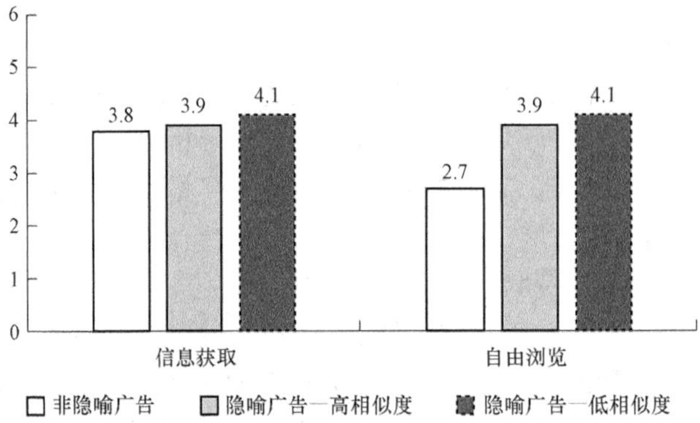

图 6.9（b） 不同任务类型下非隐喻广告与概念相似度不同的隐喻广告的整体认知精细加工情况

3（广告类型）×2（任务类型）两因素方差分析的结果显示：第一，广告类型的主效应不显著（$M_{非隐喻广告}=3.70$，$M_{隐喻广告—概念相似度高}=4.30$，$M_{隐喻广告—概念相似度低}=4.35$，$p=.21$）；第二，任务类型的主效应不显著（$M_{信息获取}=4.25$，$M_{自由浏览}=3.98$，$p=.42$）；第三，广告类型和任务类型的交互效应不显著（$p=.25$）。

图 6.10（a）—（b）所示为不同任务类型下被试观看不同类型广告时对广告整体的广告态度，该图可以对上述结果加以辅助说明。

（c）购买意向

就购买意向而言，2（是否为隐喻广告）×2（任务类型）两因素方差分析的结果显示：第一，是否为隐喻广告的主效应不显著（$M_{隐喻广告}=4.15$，$M_{非隐喻广告}=4.70$，$p=.34$）；第二，任务类型的主效应不显著（$M_{信息获取}=4.70$，$M_{自由浏览}=4.15$，$p=.34$）；第三，是否为隐喻广告和任务类型的交互效应不显著（$p=.93$）。

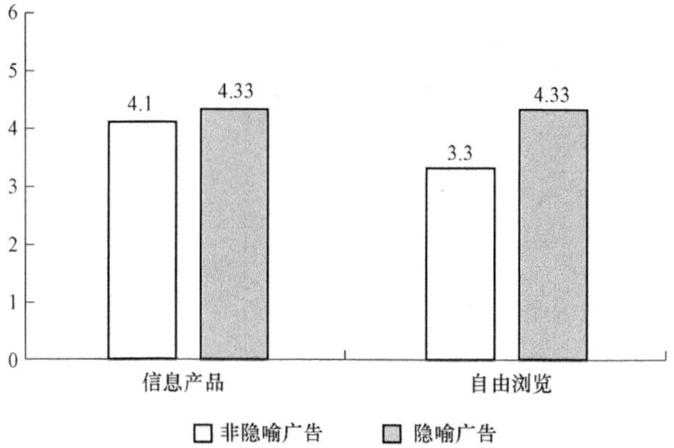

图 6.10（a）　不同任务类型下非隐喻广告与隐喻广告的广告态度

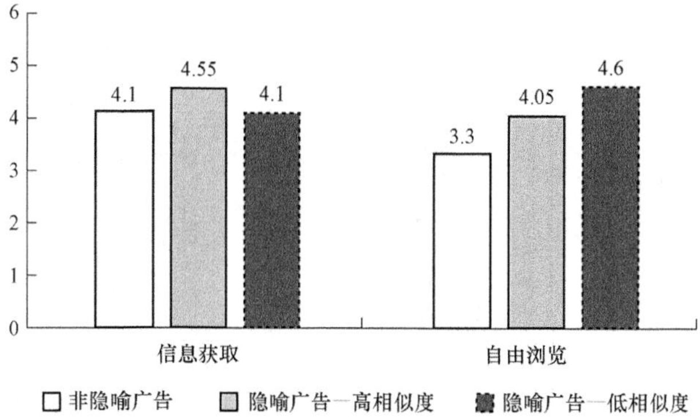

图 6.10（b）　不同任务类型下非隐喻广告与概念相似度不同的隐喻广告的广告态度

3（广告类型）×2（任务类型）两因素方差分析的结果显示：第一，广告类型的主效应不显著（$M_{非隐喻广告}=4.70$，$M_{隐喻广告—概念相似度高}=4$，$M_{隐喻广告—概念相似度低}=4.30$，$p=.58$）；第二，任务类型的主效应不显著（$M_{信息获取}=4.60$，$M_{自由浏览}=4.07$，$p=.34$）；第三，广告类型和任务类型的交互效应不显著（$p=.58$）。

图 6.11（a）—（b）所示为不同任务类型下被试观看不同类型广告时对广告整体的购买意向情况，该图可以对上述结果加以辅助说明。

3）视觉加工特征指标与广告效果评估指标的相关分析

为了更直观地分析隐喻广告视觉加工特征和广告效果评估结果之间的关系，笔者对这两类指标进行了相关分析，结果见表 6.5。从表 6.5 可以看出，隐喻广告的视觉加工特征指标与效果评估指标之间并不存在统计上显著的相关性，这在一定程度上说明受众对隐喻广告的视觉加工和效果评估并不存在较高的相关性。

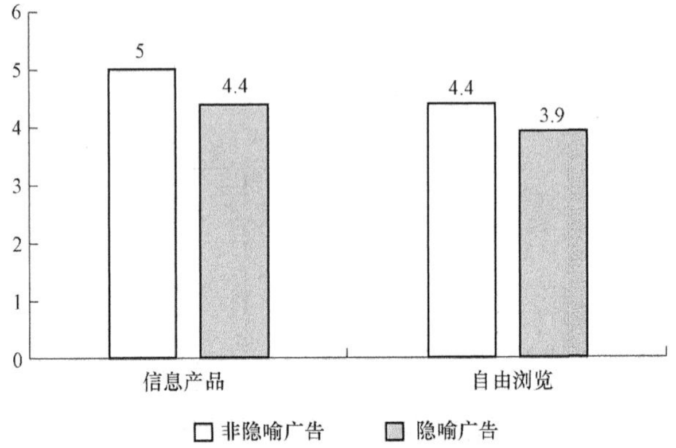

图 6.11（a） 不同任务类型下非隐喻广告与隐喻广告的购买意向

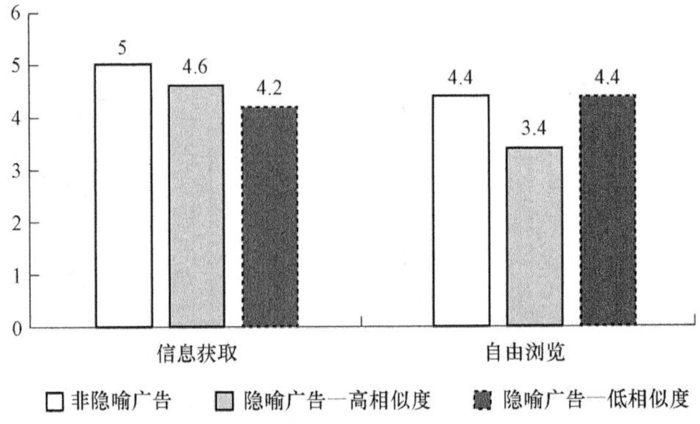

图 6.11（b） 不同任务类型下非隐喻广告与概念相似度不同的隐喻广告的购买意向

表 6.5　　　　隐喻广告视觉加工特征与效果评估结果的相关分析

	Ace	Aad	Api	Afc	Adt
Ace	1				
Aad	.86**	1			
Api	.37*	.45*	1		
Afc	.17	.04	.05	1	
Adt	.15	.04	.11	.94**	1

注：（1）Ace 为广告整体的认知精细加工程度，Aad 为广告整体的广告态度，Api 为广告整体的购买意向，Afc 为广告整体的注视次数，Adt 为广告整体的注视时长。

（2）* 表示 $p<.05$，** 表示 $p<.01$。

事实上，虽然相关分析的结果显示隐喻广告的视觉加工和效果评估之间并不显著相关，但综合方差分析和描述性统计的结果来看，H5 的验证情况如下：

（a）H5a 部分得到验证。虽然在注视次数、注视时长这两个眼动指标上是否为隐喻广告（非隐喻广告 vs. 隐喻广告）的主效应不显著，但从描述性统计的结果来看，隐喻广告确实比非隐喻广告能引发被试产生更多的注视次数和注视时长。结合广告评估效果的相关指标来看，隐喻广告比非隐喻广告引发了更多的认知精细加工和更积极的广告态度，而且这种差异达到了边缘显著，但是在购买意向上，广告中不使用隐喻反而比使用隐喻的效果更好。这些结果说明，相比非隐喻广告，隐喻广告在吸引受众视觉注意和提高广告认知、情感效果等方面具有一定的优势，但它在提高广告受众的购买意向上不具有太大效果。

（b）H5b 未得到验证。因为在注视次数和注视时长这两个指标上，广告类型（非隐喻广告 vs. 隐喻广告—概念相似度高 vs. 隐喻广告—概念相似度低）的主效应在统计上均未达到显著水平。不仅如此，从描述性统计结果来看，被试在较低概念相似度的隐喻广告条件下对广告整体的注视次数和注视时长均低于较高概念相似度的隐喻广告条件。结合广告评估效果的相关指标来看，虽然被试在两类隐喻广告条件下的广告评估结果未达到统计上的显著，但是从描述性统计的结果来看，被试在较低概念相似度的隐喻广告条件下对广告整体的认知精细加工程度、广告态度和购买意向均高于较高概念相似度的隐喻广告条件。这说明，虽然具有较低概念相似度的隐喻广告在广告受众的主观评估结果中具有优势，但是在吸引广告受众视觉注意上，它却不具有优势。这一结果恰恰与假设相反。

6.2.3 讨论

实验一的结果验证了隐喻形式对广告视觉注视的影响（即 H2a 和 H3a 得到验证），发现隐喻广告确实比非隐喻广告更容易使受众对广告标题、品牌信息以及广告整体产生更多视觉注视，而且隐喻广告确实比非隐喻广告产生了更好的广告效果，这说明隐喻形式对广告视觉注视和效果评估的影响存在正向关系（即 H5a 得到验证）。此外，该结果还验证了任务类型对隐喻广告视觉加工的调节作用（即 H4 得到验证）。但是，实验一的结果并不支持隐喻形式和隐喻内容会影响视觉捕获的假设（即 H1 得到未验证），也不支持隐喻广告的视觉注视与效果评估之间存在正向相关性的假设（即 H5b 得到未验证），不仅如此，甚至还出现了与假设相反的情况，即概念相似度低的隐喻广告反而比概念相似度高的隐喻广告引发了更少的视觉注视（即 H2b 和 H3b 未得到验证）。鉴于实验一仅选择了一种服务类产品作为广告对象，由此获得的实验结果在说明相关假设未得到验证上难免缺乏说服力，因此在实验二中，我们不仅增加了更多广告产品作为实验刺激，还以产品类型作为变量进一步考察它是否会影响相关结果。

6.3 实验二

6.3.1 研究方法

实验二采用 3（广告类型：非隐喻广告 vs. 隐喻广告 1 vs. 隐喻广告 2）×2（产品类型：实物型 vs. 服务型）被试内实验设计。其中“广告类型”的三个水平同实验一。实验二的主要目的是检验假设 H1、H2b、H3b 和 H5b。

6.3.1.1 被试和仪器设备

来自对外经济贸易大学的 24 名学生参与了本项研究，其中女生 21 名，男生 3 名，平均年龄 22 岁、年龄范围为 18—31 岁。所有被试的裸眼视力或矫正视力都为正常，且母语都为汉语。实验二的仪器与设备同实验一。

6.3.1.2 实验材料

（1）广告产品的选择

除了保留实验一所使用的广告产品外，笔者还综合本书第 3 章自建广告语料库、以往研究的文献以及网络资源这三大渠道，从中挑选出了另外 7 组具有相同广告卖点的隐喻广告，它们分别涉及牙膏、洗衣液、感冒药、洗发水、汽车、保险、理财产品、防晒霜这八类产品。

（2）目标刺激的制作

对实验一保留的广告[①]以及筛选出来的 7 组广告进行隐喻广告标题的编写（见表 6.6），要求同实验一。

表 6.6　基于实验二筛选的广告原型编写的隐喻广告标题和字面标题

产品类别	广告标题类型	隐喻	广告标题内容
牙膏	字面标题	无	让你的牙齿每天都是清新的味道
	隐喻标题 1	鲜花隐喻	让你的牙齿每天吐露鲜花的芬芳
	隐喻标题 2	牛奶隐喻	让你的牙齿每天享受牛奶的沐浴
汽车	字面标题	无	体验疾驰的速度
	隐喻标题 1	利剑隐喻	体验利剑的速度
	隐喻标题 2	猎豹隐喻	体验猎豹的速度
洗衣液	字面标题	无	去除污渍，给你超强的威力
	隐喻标题 1	手枪隐喻	去除污渍，给你手枪的威力
	隐喻标题 2	鲨鱼隐喻	去除污渍，给你鲨鱼的威力
感冒药	字面标题	无	为您有效缓解感冒症状
	隐喻标题 1	灭火器隐喻	预防感冒蔓延的灭火器
	隐喻标题 2	盾牌隐喻	抵挡感冒入侵的盾牌
洗发水	字面标题	无	你的专属洗发水
	隐喻标题 1	清洁工隐喻	你的专属清洁工
	隐喻标题 2	黑板擦隐喻	你的专属黑板擦
保险	字面标题	无	贴心的价格和效果
	隐喻标题 1	创可贴隐喻	创可贴的价格和效果
	隐喻标题 2	救生衣隐喻	救生衣的价格和效果
融资产品	字面标题	无	帮助您事业发展的好服务
	隐喻标题 1	螺旋桨隐喻	推动您事业起飞的螺旋桨
	隐喻标题 2	加油站隐喻	助力您事业前进的加油站

① 为了与其他 7 组广告材料在字数上保持一致，实验二对保留的实验一材料在广告标题上进行了重新编写。需要说明的是，二者仅在字数上有所变化。

续表

产品类别	广告标题类型	隐喻	广告标题内容
理财产品	字面标题	无	您的理财方案
	隐喻标题 1	蜂巢隐喻	您的理财蜂巢
	隐喻标题 2	金字塔隐喻	您的理财金字塔

然后，对编写好的隐喻标题及其对应的字面标题进行前测，内容同实验一，包括以下四项：（a）隐喻熟悉度（$N=20$，其中男生 2 人，女生 18 人，平均年龄 19 岁）；（b）概念相似度（$N=26$，其中男生 1 人，女生 25 人，平均年龄 19 岁）；（c）标题修辞性程度（$N=24$，其中男生 2 人，女生 22 人，平均年龄 19 岁）；（d）标题之间的信息一致性（$N=24$，其中男生 1 人，女生 23 人，平均年龄 19 岁）。前测使用的问卷同实验一，这里不再做附录赘述。前测结果见表 6.7。

表 6.7　　实验二实验材料前测结果

产品类别	标题类型	隐喻熟悉度	概念相似度	修辞性程度	信息一致性	
					隐喻 vs.字面	隐喻 1 vs. 隐喻 2
牙膏	字面标题	—	—	3.13	—	—
	隐喻标题 1	3.10	2.79	3.63	4.04	3.50
	隐喻标题 2	3.30	2.69	3.46	2.79	—
汽车	字面标题	—	—	3.08	—	—
	隐喻标题 1	3.25	3.35	3.88	4.25	4.25
	隐喻标题 2	5.40	4.94	4.71	5.13	—
洗衣液	字面标题	—	—	3.50	—	—
	隐喻标题 1	2.65	2.74	3.29	4.29	4.50
	隐喻标题 2	2.45	2.29	3.42	4.29	—
感冒药	字面标题	—	—	2.50	—	—
	隐喻标题 1	4.20	3.37	4.58	4.63	4.67
	隐喻标题 2	4.80	3.79	4.04	4.42	—

续表

产品类别	标题类型	隐喻熟悉度	概念相似度	修辞性程度	信息一致性	
					隐喻 vs.字面	隐喻 1 vs. 隐喻 2
洗发水	字面标题	—	—	3.08	—	—
	隐喻标题 1	3.80	3.54	3.88	3.46	4.50
	隐喻标题 2	2.50	2.71	3.54	3.63	—
保险	字面标题	—	—	3.21	—	—
	隐喻标题 1	2.30	3.00	3.00	3.79	4.21
	隐喻标题 2	3.45	3.90	4.04	3.79	—
融资产品	无	—	—	2.79	—	—
	螺旋桨隐喻	3.50	3.56	4.04	4.04	4.58
	加油站隐喻	3.40	3.37	4.38	3.83	—
理财产品	无	—	—	2.63	—	—
	蜂巢隐喻	3.30	3.33	3.83	3.67	4.21
	金字塔隐喻	4.05	3.52	4.17	4.00	—

从表 6.7 中可以看出：(a）只有汽车组的猎豹隐喻具有较高熟悉度；(b）每组所选的两个隐喻都存在概念相似度上的差异；(c）每组广告中隐喻标题和字面标题之间的修辞度存在差异，隐喻标题之间的修辞度也存在差异；(d）除牙膏产品组外，其他各组的隐喻标题和字面标题之间以及隐喻标题和隐喻标题之间在信息一致性上都具有较高水平。为了保证实验结果的可靠性，实验材料的筛选需要同时满足以下条件：第一，隐喻熟悉度较低；第二，每组的两个隐喻存在概念相似度上的差异；第三，每组广告隐喻标题及其对应的字面标题在传递广告产品信息上具有较高的一致性；第四，每组的隐喻标题和字面标题在修辞性程度上存在差异，隐喻标题之间存在差异。结合这四个标准和前测结果来看，笔者需要剔除牙膏和汽车这两组备选广告，将其余六组广告同时作为实验材料用于正式的实验中。值得注意的是，符合要求的六组广告恰好可以分为实物产品组（即洗衣液、感冒药和洗发水）和服务产品组（即保险、融资产品和理财产品）。

（3）品牌名称和广告图画的制作

就品牌名称而言，为了确保品牌名称熟悉度不对随后的广告效果测量产生干扰作用，笔者根据直觉从已有的产品中挑选出了不熟悉的产品名称（见表 6.8“产品名称”列）。采用 7 点量表让 23 名被试（其中男生 1 人，女生 22 人，平均年龄 19 岁）对产品名称的熟悉度进行评估。统计结果（见表 6.8“名称熟悉度”列）显示，被试对所选产品名称的熟悉度偏低（$M_{产品名称熟悉度}$均小于 4），这说明品牌名称的选择符合实验要求。

表 6.8　　产品名称及其熟悉度

产品类别	产品名称	名称熟悉度	产品类别	产品名称	名称熟悉度
洗衣液	渍无踪	2.30	保险	家庭保	2.30
感冒药	君泰	2.91	融资产品	融企通	2.09
洗发水	发觉	2.00	理财产品	阳光理财	3.65

就广告图画而言，为了保证广告效果不受图画中无关因素的干扰，笔者以广告产品的图画作为广告的图画元素，如感冒药广告的广告图画为具体的感冒药产品。这一点与实验一保持一致。

综合上述对广告标题、品牌名称和广告图画的制作，最终作为目标刺激的广告共包含三个元素：位于广告右下角的产品名称，位于广告左侧（或右侧）的广告图画，位于广告图画右侧（或左侧）的广告标题。需要说明的是，为了控制位置因素对视觉注意的影响，我们对广告图画和广告标题的位置进行了平衡设计（Counterbalance）；此外，为了更清晰地发觉隐喻的作用，我们将隐喻标题中表示源域概念的文字及其在字面标题中对应的文字加以凸显。

（4）填充材料的制作

正式实验中的填充材料有九个，所涉及的广告产品分别为：减肥药、红酒、睫毛膏、润肤乳、防晒霜、牙膏、汽车等。需要说明的是，为了混淆实验目的，填充材料的广告标题均为英文。练习实验的实验刺激同实验一。

6.3.1.3　因变量

实验二的因变量同实验一，主要包含眼动数据和广告效果数据两大类。这里不再赘述。

6.3.1.4　实验流程

实验二的实验流程同实验一，同样包含练习环节和正式实验环节，正式实验完成后被试填写完广告效果评估量表即可离开。

6.3.1.5　数据处理

实验二的数据处理同实验一，这里不再赘述。

6.3.2　研究结果

6.3.2.1　操纵检验

实验二主要对广告标题的偏离度进行了操纵检验。操纵检验的测量方法与前测一致，这里不再赘述。操纵检验结果和前测一致，被试认为概念相似度低的隐喻标题（M=4.688）在修辞偏离度上高于概念相似度高的隐喻标题（M=4.188），且二者的差异在统计上边缘显著（p=.09）。另外，概念相似度低的隐喻标题比字面标题（M=3.125）的修辞偏离度高，且二者存在统计上的显著差异（p<.000）；同样地，概念相似度高的隐喻标题比字面标题的修辞偏离度高，且二者存在统计上的显著差异（p<.001）。上述操纵检验结果说明实验操纵具有较好的效果。

6.3.2.2　假设检验

首先，检验隐喻广告的视觉捕获效果。以广告中的标题部分作为兴趣区，分析被试在不同条件下对标题区域的首次注视时间。2（是否为隐喻广告）×2（任务类型）两因素方差分析的结果显示：第一，是否为隐喻广告的主效应不显著（$M_{隐喻标题}$=573.53，$M_{非隐喻标题}$=505.52；F（1，23）=.88，p=.35，η^2=.03）；第二，产品类型的主效应不显著（$M_{实物型}$=595.56，$M_{服务型}$=483.49；F（1，23）=3.07，p=.09，η^2=.11）；第三，是否为隐喻广告和产品类型的交互效应不显著（F（1，25）=.26，p=.61，η^2=.01）。3（广告类型）×2（任务类型）两因素方差分析的结果显示：第一，广告类型的主效应不显著（$M_{隐喻标题—概念相似度高}$=576.06，$M_{隐喻标题—概念相似度低}$=571，$M_{非隐喻标题}$=505.52；F（2，22）=.88，p=.35，η^2=.03）；第二，产品类型的主效应不显著（$M_{实物型}$=595.56，$M_{服务型}$=483.49；F（2，22）=3.07，p=.09，η^2=.11）；第三，是否为隐喻广告和产品类型的交互效应不显著（F（1，23）=2.48，p=.12，η^2=.09）。是否为隐喻广告和广告类型的主效应均不显著说明，广告标题中是否使用隐喻对受众视觉捕获的影响不存在显著差异，广告标题使用概念相似度不同的隐喻对受众视觉捕获的影响也不存在显著差异。图 6.12（a）—（b）所示为不同产品类型下被试观看不同类型广告时对标题的首次注视时间情况，该图可以对上述结果加以辅助说明。

其次，检验隐喻内容对广告视觉注视的影响。与实验一不同，这里不再对标题区域和品牌区域单独进行分析，而是以广告整体作为兴趣区，分析被试在不同条件下对广告整体的注视时长和注视次数。

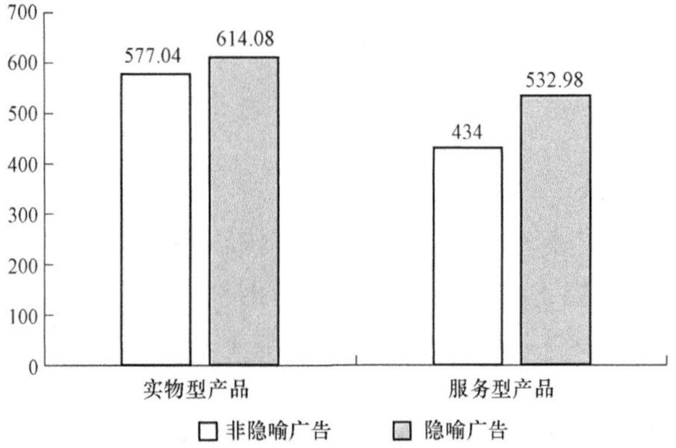

图 6.12（a） 不同产品类型下非隐喻广告与隐喻广告在标题区域的首次注视时间情况

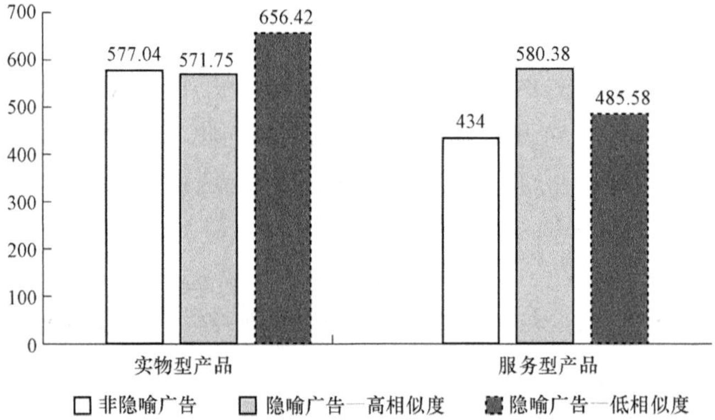

图 6.12（b） 不同产品类型下非隐喻广告与概念相似度不同的隐喻广告在标题区域的首次注视时间情况

在注视时长这一指标上，2（隐喻内容：概念相似度低 vs. 概念相似度高）×2（任务类型）两因素方差分析的结果显示：第一，隐喻内容的主效应显著（$M_{隐喻标题—概念相似度高}=7987.10$，$M_{隐喻标题—概念相似度低}=7291.89$；$F(1, 23)=9.74$，$p=.00$，$\eta^2=.29$）；第二，产品类型的主效应显著（$M_{实物型}=7872.42$，$M_{服务型}=7406.58$；$F(1, 23)=5.09$，$p=.03$，$\eta^2=.18$）；第三，隐喻内容和产品类型的交互效应显著（$F(1, 23)=15.74$，$p=.00$，$\eta^2=.40$），进一步的简单效应检验结果显示，对实物类产品而言，隐喻的概念相似度高低不会对广告整体的注视时长产生显著影响（$M_{隐喻标题—概念相似度高}=7\,508.75$，$M_{隐喻标题—概念相似度低}=8\,236.08$，$p=.10$），但对服务类产品而言，概念相似度的高低则会带来显著不同的差异（$M_{隐喻标题—概念相似度高}=8\,465.45$，$M_{隐喻标题—概念相似度低}=6\,347.70$，$p=.00$）。图 6.13（a）所示为不同产品类型下被试观看不同概念相似度的隐喻广告时对广告整体的注视时长情况，该图可以对上述结果加以辅助说明。

在注视次数这一指标上，2（隐喻内容：概念相似度低 vs. 概念相似度高）×2（任务类型）两因素方差分析的结果显示：第一，隐喻内容的主效应显著（$M_{隐喻标题—概念相似度高}=22.02$，$M_{隐喻标题—概念相似度低}=21.71$；$F(1，23)=12.48$，$p=.00$，$\eta^2=.35$），概念相似度高的隐喻广告相比概念相似度低的隐喻广告引发了更多的注视次数；第二，产品类型的主效应不显著（$M_{实物型}=23.10$，$M_{服务型}=20.62$；$F(1，23)=.14$，$p=.70$，$\eta^2=.00$）；第三，隐喻内容和产品类型的交互效应显著（$F(1，23)=37.87$，$p=.00$，$\eta^2=.62$），进一步的简单效应检验结果显示，对实物类产品而言，概念相似度低的隐喻比概念相似度高的隐喻产生了更多的注视次数（$M_{隐喻标题—概念相似度高}=20.21$，$M_{隐喻标题—概念相似度低}=26$，$p=.01$），但对服务类产品而言，概念相似度高的隐喻比概念相似度低的隐喻产生了更多的注视次数（$M_{隐喻标题—概念相似度高}=23.83$，$M_{隐喻标题—概念相似度低}=17.42$，$p=.00$）。该结果说明，隐喻内容确实会影响广告整体的视觉注视状况，概念相似度高的隐喻会比概念相似度低的隐喻引发更多的视觉注视，这一现象在服务类产品上更加显著。该结果与实验一一致，不支持 H2b 和 H3b。图 6.13（b）所示为不同产品类型下被试观看不同概念相似度的隐喻广告时对广告整体的注视次数情况，该图可以对上述结果加以辅助说明。

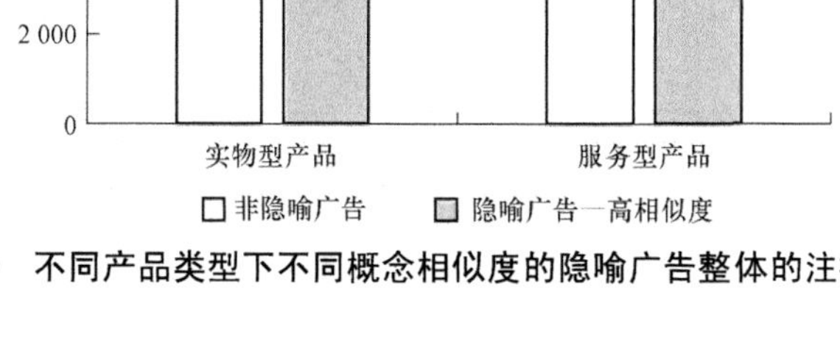

图 6.13（a）　不同产品类型下不同概念相似度的隐喻广告整体的注视时长情况

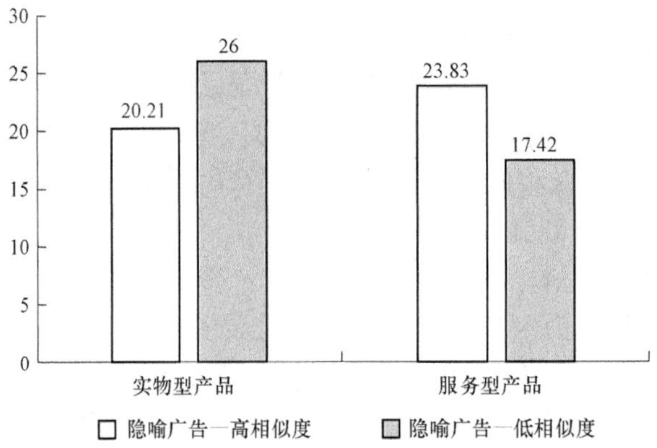

图 6.13（b） 不同产品类型下不同概念相似度的隐喻广告整体的注视次数情况

然后，检验隐喻内容对广告评估效果的影响。配对样本 t 检验结果显示，隐喻内容在认知精细加工（$M_{隐喻标题—概念相似度高}=3.48$，$M_{隐喻标题—概念相似度低}=4.02$；$t(23)=-1.71$，$p=.10$）、广告态度（$M_{隐喻标题—概念相似度高}=3.82$，$M_{隐喻标题—概念相似度低}=4.16$；$t(23)=-1.37$，$p=.18$）和购买意向（$M_{隐喻标题—概念相似度高}=3.81$，$M_{隐喻标题—概念相似度低}=4.02$；$t(23)=-.68$，$p=.49$）上的主效应均不显著。但是从描述性统计的结果来看，概念相似度低的隐喻确实比概念相似度高的隐喻引发了更多的认知精细加工、更积极的广告态度和更高的购买意向。图 6.14（a）—（c）所示为不同隐喻所引发的认知精细加工、广告态度和购买意向情况，该图可以对上述结果加以说明。

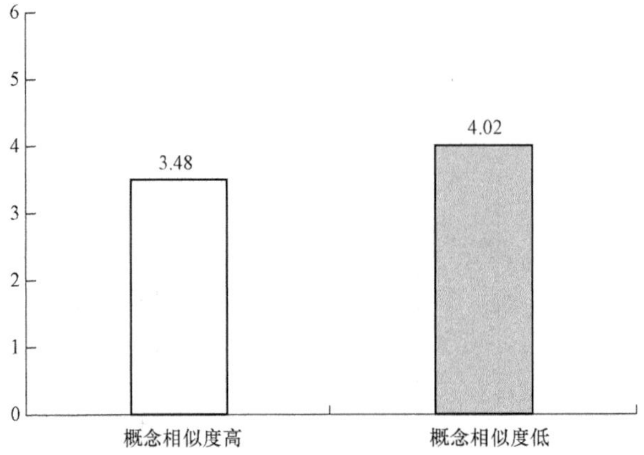

图 6.14（a） 不同隐喻所引发的认知精细加工情况

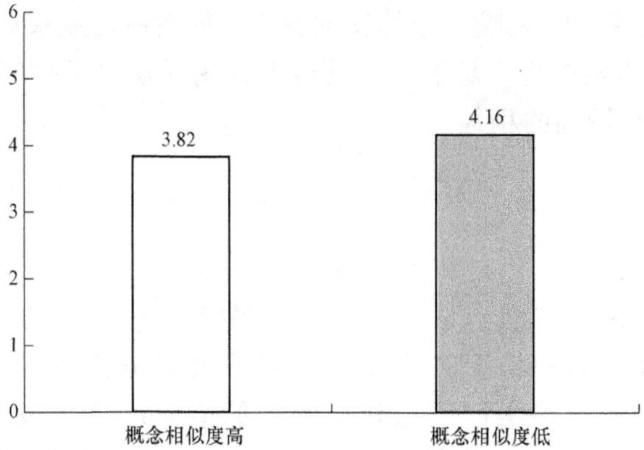

图 6.14（b）　不同隐喻所引发的广告态度情况

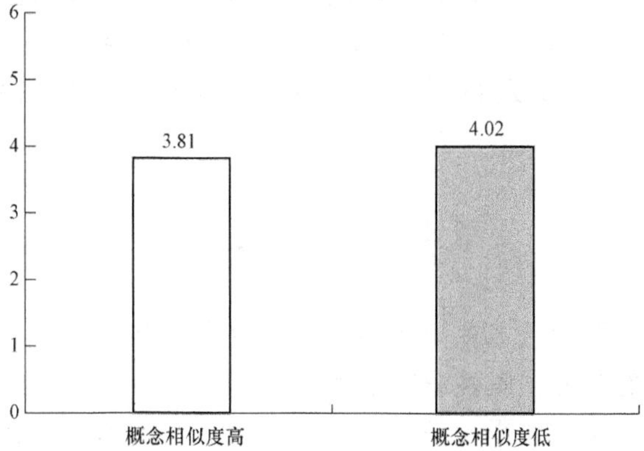

图 6.14（c）　不同隐喻所引发的购买意愿情况

最后检验隐喻广告所引发的视觉加工和广告效果评估之间的关系。相关分析结果见表 6.9。

表 6.9　　隐喻广告视觉加工特征与效果评估结果的相关分析

	Ace	Aad	Api	Afc	Adt
Ace	1				
Aad	.76**	1			
Api	.73*	.92*	1		
Afc	.02	−.01	−.00	1	
Adt	.00	−.03	−.01	.93**	1

注：（1）Ace 为广告整体的认知精细加工程度，Aad 为广告整体的广告态度，Api 为广告整体的购买意向，Afc 为广告整体的注视次数，Adt 为广告整体的注视时长。

（2）* 表示 $p<.05$，** 表示 $p<.01$。

从表 6.9 可以看出，隐喻广告的视觉加工特征指标与效果评估指标之间并不存在统计上显著的相关性，这在一定程度上说明受众对隐喻广告的视觉加工和效果评估并不存在较高的相关性。

6.3.3 讨论

实验二通过增加实验材料数量并控制产品类型，得出了与实验一一致的结果，即在传递广告卖点时是否使用隐喻以及使用什么样的隐喻并不会对广告标题的视觉捕获情况产生不同影响；就隐喻内容的作用而言，概念相似度高的隐喻广告确实比概念相似度低的隐喻广告引发了更多的视觉注视，这在服务型产品上尤为显著，不过，概念相似度低的隐喻广告却比概念相似度高的隐喻广告引发了更好的广告评估效果，这说明被试对不同概念相似度的隐喻广告的视觉注视情况和广告评估效果并不一致。与此同时，相关分析的结果进一步说明，隐喻广告的视觉加工和广告效果评估并不存在显著的相关性。

6.4 总结和讨论

本章研究基于眼动技术重点考察了以下两个问题：第一，隐喻形式和隐喻内容分别对广告受众的视觉注意状况有何影响，任务类型这一自上而下的因素是否会在其中产生调节作用；第二，受众对隐喻广告的视觉加工是否与其对广告效果的评估存在一定的联系。

针对第一个问题，笔者结合实验数据有以下发现：

（1）就隐喻形式（非隐喻广告 vs. 隐喻广告）而言，在注意捕获上，隐喻广告中的隐喻信息并不比非隐喻广告中同一区域的信息在引发受众产生首次注视的时间上具有优势，换言之，含蓄的隐喻表达和直白的非隐喻表达在将广告受众的视觉注意吸引到广告卖点的时间先后上不存在显著差异。其背后的原因很可能在于，以文字模态呈现的隐喻表达虽然比非隐喻表达在形式上具有更高的预期偏离度，但由这种形式特征形成的突显性远远低于颜色、大小等形式特征（即物理特征）形成的突显性，在这种情况下，广告卖点使用隐喻表达还是非隐喻表达在捕获受众首次注视的时间先后上并无差异。尽管如此，这并不意味着隐喻广告相比非隐喻广告没有任何优势。事实上，从视觉注视这一层面来看，隐喻广告比非隐喻广告更容易引发广告受众对广告中的隐喻信息、品牌信息产生更多的注视次数和注视时长，这与以往针对图画隐喻的研究结果（张红宇等，2017）基本一致。该结果说明针对同一广告卖点，用隐喻形式表达比用直白形式表达更容易让广告受众对这一广告卖点产生更多的视觉注视，不仅如此，隐喻的使用还会激发受众对广告中相关的品牌信息产生更多注视，而这有助于加深他们对品牌的印象。然而值得注意的是，隐喻广告相比非隐喻广告的这一优势并不是绝对的，因为受众观看广告时的任务在其中发挥了显著的调节作用。具体而言，当受众的任务是自由浏览广告时，隐喻广告才具有这一优势，但如果受众的任务是获取广告信息的话，隐喻广告相比非隐喻广告只能引发受众对广告中的品牌信息产生更多视觉注视，而且此时用直白形式表达广告卖点反而比隐喻形式更容易让受众产生更多的视觉注视。出现这一现象的原因在于，信息获取任务相比自由浏览任务会让广告受众产生更高的卷入度，此时受众需要对广告中与产品、品牌相关的信息进行更全面的精细加工，而隐喻表述相比非隐喻表述只是形式上的一种偏离，它并不能提供更多与产品或品牌相关的信息，所以广告受众并不会在隐喻形式上停留过多时间，而是将更多注意力放在了与产品或品牌直接相关的信息上。

（2）就隐喻内容（概念相似度高的隐喻 vs. 概念相似度低的隐喻）而言，在注意捕获上，具有较低概念相似度的隐喻并不比具有较高概念相似度的隐喻在引发受众首次注视隐喻信息的时间上具有优势。换言之，当广告卖点使用隐喻形式表达时，隐喻概念相似度的高低并不影响受众注意到广告卖点的快慢。出现这一现象的原因很可能在于，因概念相似度引发的隐喻内容上的预期偏离度主要源于语义层面，而语义特征的识别主要出现在视觉加工的后期阶段而非注意捕获这样的视觉加工前期阶段（Husić-Mehmedović 等，2017），具体而言，内容偏离度不同的隐喻应该在视觉注视上存在差异，而本章实验的结果也恰恰证实了这一点，即两种隐喻在引发受众对隐喻信息和品牌信息的注视次数和注视时长上确实存在显著差异。至于为什么具有较高概念相似度的隐喻比具有较低概念相似度的隐喻更容易引发广告受众对隐喻信息和品牌信息产生更多的视觉加工，笔者认为原因可能在于：相比概念相似度较高的隐喻，概念相似度较低的隐喻具有较高的预期偏离度，这就需要广告受众付出更多的加工努力，但是如果受众缺乏加工的动机或者缺乏足够的加工时间，那么他们在意识到广告中隐喻的存在后便会放弃对其的加工。事实上，Dimofte & Yalch（2007）的研究结果确实证实了这一解释的合理性，因为该研究发现，当给予广告受众一定的加工动机和足够的加工时间后，他们确实能够对广告中的隐喻信息进行充分加工直至理解其意义。另外，从本研究对任务类型的考察来看，当受众的任务是自由浏览广告时，他们在两种隐喻条件下对隐喻信息的视觉注视时长存在显著差异，但是当任务是获取广告信息时，二者的差异却不再显著，这就说明任务类型会调节广告受众对不同隐喻广告的加工情况，而任务类型的差异实际上也反映了加工动机的差异，因为相比自由浏览任务，信息获取任务会给被试提供更大的加工动机。

针对第二个问题，笔者结合实验数据有以下发现：

（1）就隐喻形式而言，隐喻广告相比非隐喻广告引发受众对广告整体产生了更多的视觉注视次数和注视时长，与此同时，隐喻广告还引发受众产生了更多的认知精细加工和更积极的广告态度。该结果说明，相比广告中不使用隐喻的情况，使用隐喻能够吸引广告受众的视觉注意，促使其进行更多的信息加工，从而对广告整体产生更为积极的态度和更高的购买意向。

（2）就隐喻内容而言，虽然概念相似度高的隐喻相比概念相似度低的隐喻引发受众对广告整体产生了更多的注视次数和注视时长，但此时广告在受众身上所产生的认知、情感和行为等效果并不是最优的。换言之，视觉加工最多的隐喻广告并不一定会产生最好的广告效果，反过来，产生最优效果的隐喻广告不一定获得了最多的视觉加工。而以往关于隐喻理解和欣赏的研究也发现了类似的现象：得到受众充分加工理解的隐喻广告并不一定产生最好的评估效果（Mulken，Enschot，& Hoeken，2005），而未得到受众充分加工理解的隐喻广告有时候反而会产生最优的广告效果（Dimofte & Yalch，2007）。针对这一现象，Gerrig & Healy（1983）在很大程度上为我们提供了解释思路：隐喻的理解（Comprehension）和评估（Evaluation）是两个相分离的过程，它们并不总是同时进行。基于此，笔者对上述现象做出如下解释：当广告中使用偏离度较高的隐喻时，受众很可能已经意识到了这种现象的存在，但是由于缺乏加工动机、加工时间或者加工能力（Dimofte & Yalch，2007），他们无法对此进行自动加工，但是这并不妨碍他们对这种现象产生好感，在这种情况下，没有得到充分理解的隐喻依然能够带来积极的广告效果。

基于上述发现，本章研究的理论贡献在于：借助眼动技术首次揭示了隐喻形式（非隐喻广告 vs. 隐喻广告）和隐喻内容（概念相似度高的隐喻 vs.概念相似度低的隐喻）对广告视觉加工的不同影响以及任务类型在其中发挥的调节作用，并进一步探讨了隐喻广告视觉加工特征与广告效果之间的关系，这在一定程度上拓宽了研究者们对隐喻广告效果的认知。这对广告实践者而言具有重要的启示意义：（1）在广告中使用隐喻表达（相比非隐喻表达）传递广告卖点并不是快速捕获受众视觉注意力的有效方式；（2）在传递广告卖点时，隐喻表达确实比非隐喻表达更容易让受众在广告卖点乃至品牌信息上停留更长时间，但并不是隐喻的偏离度越高效果越好，因为有些情况下广告受众无法对偏离度过高的隐喻进行充分的视觉加工，另外，受众自身观看广告时的任务类型在其中也发挥了显著的调节作用，广告实践者需要将这一因素对受众视觉注意的影响考虑进去；（3）受众对隐喻广告的视觉加工和评估结果并不存在显著的相关性，前者对后者只有参考意义而没有决定意义。

与此同时，本章研究还存在以下一些局限：（1）被试群体局限在在校大学生中，实验结果在不同年龄段、不同阶层被试中的适用性较弱；（2）实验刺激数量较少，实验结果说服力不足。未来可针对这些问题开展更丰富的研究。

第7章

结论与展望

本章对本书各项研究的主要结论加以总结，对研究成果的理论价值和实践意义进行分析，同时结合各项研究的实际开展状况分析其局限性，进而提出未来需要进一步研究的方向。

7.1 主要结论与贡献

7.1.1 主要结论

本书从分析隐喻在广告实践中的应用状况出发，分别探讨了隐喻形式对广告效果的影响、隐喻内容对广告效果的影响以及隐喻广告的视觉加工特征及其与广告效果的关系。主要结论如下：

1. 从隐喻形式对广告效果的影响来看，使用隐喻和不使用隐喻在广告的认知效果、情感效果和行为效果上有显著差异。首先，就认知效果而言，隐喻广告相比非隐喻广告会让受众产生更多的认知精细加工，而这具体表现为受众更容易产生结构关系而非属性特征的知识迁移，以及更容易产生不符合预期的认知推断。解释性信息能够有效地调节隐喻广告的认知效果。其次，就情感效果而言，隐喻广告并没有比非隐喻广告产生更积极的广告态度，但是隐喻源域本身所具有的情感特征会调节隐喻广告的广告态度。最后，就行为效果而言，隐喻广告确实比非隐喻广告更容易让人产生购买意向，而且隐喻源域本身所具有的情感特征和解释性信息的存在与否会对此效果产生调节作用。另外，就广告效果各层面之间的关系而言，如果不考虑相关影响因素的调节作用，认知效果和情感效果在广告主是否使用隐喻对受众购买意向的影响中发挥中介作用；但是如果将相关因素的调节作用纳入分析范畴，并不是所有情况下隐喻广告的心理效果都会按照“认知—情感—意动”这一路径来生成。

2. 从隐喻内容对广告效果的影响来看，构成隐喻的源域概念与目的域概念之间的概念相似度决定了不同隐喻在内容上的差异，而这种内容上的差异与形式上的差异一样，也是隐喻广告生成相应效果的一个重要来源。具体而言，相比由两个概念相似度较高的概念组成的隐喻，由两个概念相似度较低的概念组成的隐喻更容易引发广告受众产生更多的认知精细加工、更积极的广告态度和更高的购买意向。

3. 从隐喻广告的视觉加工特征来看，隐喻形式和隐喻内容的作用不尽相同。首先，就隐喻形式的作用而言，是否使用隐喻在捕获广告受众的视觉注意力上不存在差异，但是使用隐喻比不使用隐喻能让广告受众在广告卖点以及品牌信息上产生更多的视觉注视。其次，就隐喻内容的作用而言，使用什么样的隐喻在捕获广告受众的视觉注意力上也不存在差异，但是使用由两个概念相似度较高的概念组成的隐喻比由两个概念相似度较低的概念组成的隐喻更容易让广告受众在广告卖点以及品牌信息上产生更多的视觉注视。另外，就隐喻广告的视觉加工特征与广告效果的关系而言，二者之间不存在相关性。

7.1.2 主要贡献

通过分析隐喻形式和内容对广告效果的影响，本书各项研究的贡献在于：

1. 在理论方面，笔者（1）综合消费者学习中的知识迁移理论和隐喻理解的相关观点，揭示了隐喻广告在认知效果上的具体表现，为打开消费者认知反应这一黑箱提供了可操作的分析框架；（2）将“隐喻映射中概念特征和情感特征并行发展”这一观点引入隐喻广告效果测量，证实了隐喻源域所具有的情感特征在广告情感效果中的作用；（3）将隐喻广告在各层面的效果联系起来，揭示了隐喻广告效果的生成路径；（4）指出修辞学视角下解释隐喻广告效果成因的预期偏离观存在的不足并对其进行补充，提出隐喻广告效果的生成不仅仅是形式的作用，还有内容的作用；（5）借助眼动技术揭示了隐喻形式和隐喻内容对隐喻广告视觉加工的影响，并进一步提出了隐喻广告的视觉加工特征和广告效果之间不存在显著相关性这一观点。

2. 在实践方面，笔者指出（1）使用隐喻形式传递广告卖点确实与使用直白的非隐喻形式产生了不一样的广告效果，而且广告中是否使用隐喻确实能通过认知反应和情感反应影响到购买意向，这一发现不仅能让广告实践者了解隐喻广告具体会引发受众产生认知、情感和行为上的哪些反应，还向他们清晰地揭示了这些反应之间的关系，有助于他们结合广告目的选择出适合广告卖点传播的最佳形式；（2）隐喻广告相比非隐喻广告虽然具有一定的优势，但并不是只要使用隐喻就能产生理想的广告效果，广告实践者在确定使用隐喻形式后，还要进一步考虑使用什么样的隐喻，因为隐喻源域概念自身的情感特征以及隐喻源域概念与目的域概念之间的概念相似度等因素会使不同的隐喻产生不同的结果，如果隐喻选择不当，很有可能会出现同预期完全相反的广告效果，最终“弄巧成拙”；（3）广告实践中使用隐喻形式传递广告卖点并不是捕获受众视觉注意力的有效方式，但是如果广告主希望受众能够在广告卖点以及品牌信息上停留更长时间，隐喻表达确实比非隐喻表达更为有效，不过广告实践者也要注意，受众对隐喻广告的视觉加工与其对广告的评估并不存在显著相关性，因为最吸引受众视觉注意力的隐喻广告并不一定能让受众产生最积极的评估结果。

7.2 研究不足与展望

本书各项研究尚存在以下不足，希望在未来的研究中能得到进一步的完善。

首先，本书各项研究的被试群体主要局限在了在校大学生当中，但由于年龄、收入、职业、阶层等社会因素的影响，基于这一被试群体的研究结果并不具备足够强的代表性，因此，在未来的研究中，笔者需要进一步加大被试量，探讨不同年龄阶段、不同收入群体、不同职业背景乃至不同社会阶层的被试对隐喻广告的反应，这样才能够增强实验结果的说服力，同时为广告实践者提供针对特定群体的更为详细的指导。

其次，本书各项研究的广告媒介主要局限在了平面杂志上，但是随着各种数字化媒体、社交媒体出现在消费者的生活中，整个社会已然进入了数字化时代（卢泰宏，2017），这在很大程度上导致整个纸媒行业江河日下。在这种社会大环境下，基于杂志这一传统媒介的隐喻广告效果研究结果是否能用来指导网站、APP 等新兴媒介的广告实践者，这个问题不容回避。甚至急需我们回答的一个更为基本的问题是：广告主在新兴媒介上进行广告宣传时是否也会大量使用隐喻？如果是的话，新兴媒介上的隐喻广告有何特点，它们是否会出现平面隐喻广告那样的效果？如果不是的话，这背后的原因又是什么？这些问题在以往的国内外文献中都未涉及，因此未来对这些问题进行研究将有助于理解数字化时代如何利用隐喻提高广告效果。

再次，本书各项研究作为实验刺激的材料在数量上并不充足，这就导致研究结果的适用范围受到局限。未来研究需要进一步加大实验刺激的数量，进一步提高实验结果的说服力。另外，虽然本书各项研究作为实验刺激的材料均取自真实的隐喻广告素材，但所选用的广告不免过于简单，而现实生活中的广告样式、版式丰富多样，因此使用多样性的隐喻广告以增加实验的真实性，这也是未来研究需要进一步补充完善的地方。

最后，本研究的实验环境特别是眼动实验的实验环境主要局限在了实验室内，这就导致被试对广告的观看行为是被迫发生的，很容易产生与现实体验有偏差的结果。因此在未来的研究中，我们可以借助便携式眼动仪采集被试在真实生活场景下的广告观看行为，提高实验的真实性。

附　录

附录A　第3章广告信息编码表

第一部分　隐喻识别步骤（MIP）

Steen等（2010）专门针对语言隐喻开发的隐喻识别步骤主要包括六步，内容如下：

1. 逐字逐句发掘与隐喻相关的词语。

2. 如果某个词语属于间接用法，而且这种用法很有可能要用该词语基本意义的跨域映射形式来解释，则将其标注为基于隐喻使用的词语。这一步骤具体按照以下四小步来完成：

（1）确定该词语的语境意义；

（2）核查该词语是否存在一个更为基本的意义，如果存在的话，继续按照下面两个步骤建立两个概念域之间的相似性；

（3）确定这个基本意义是否与语境意义存在差别；

（4）检查该词的语境意义是否能够通过某种相似性建立起与其基本意义的关系。

3. 如果某个词语属于直接用法，而且该用法很有可能是通过映射到篇章话题的跨域映射来解释的，则将其标注为直接隐喻。这一步骤具体按照以下四小步来完成：

（1）找到话题转向，即该词语明显表示出与其他语言的不一致性；

（2）检测存在不一致性的词语是否通过某种比较的形式被融入到了整个话题当中；

（3）检测该比较是非字面的还是跨域的；

（4）检测该比较能否被视为关于该话题的间接话语。

4. 如果词语的使用目的是词汇—语法替代，比如说第三人称代词，或者是语法结构的省略，而且这些替代或省略包含有从基本意义或话题跨域映射而来的直接意义或间接意义，则将其标注为隐性隐喻。

5. 如果某个词语可能暗示跨域映射的出现，则将其标注为隐喻旗帜。

6. 如果某个词语是合成词，按照步骤 2—5 对构成该合成词的每个词语进行分析。

第二部分　广告信息编码表

广告基本信息编码

1. 杂志类型：1＝时政新闻类杂志，2＝财经类杂志，3＝两类杂志均有出现。

2. 杂志名称：1＝三联生活周刊，2＝中国新闻周刊，3＝南方人物周刊，4＝南风窗，5＝中国企业家，6＝中国经济周刊，7＝经理人，8＝财经。

3. 广告元素：1＝广告标题，2＝广告图画，3＝广告正文，4＝广告标识，5＝广告标语。例如，某则广告如果仅有图画和标识，即标注为 24。

4. 广告编号：每则广告的编号包含 5 个数字，第一个数字表示杂志类型，第二个数字表示杂志名称，此后三个数字表示某本杂志的第几则广告。例如，三联生活周刊的第 102 则广告的编号为 11102。

5. 广告类型：1＝商务广告，2＝公益广告。

6. 产品类型：1＝实物类产品，2＝服务类产品。

7. 主要卖点：用以突显广告中的产品或服务主要特征的关键词，如便捷、便宜、幸福、安全、优质等。

隐喻信息编码

8. 隐喻有无：1＝广告中存在隐喻，2＝广告中不存在隐喻。

9. 隐喻位置：1＝广告标题，2＝广告图画，3＝广告正文，4＝广告标识，5＝广告标语。文字隐喻：1＝主格隐喻，2＝关系隐喻。图画隐喻：1＝情景隐喻，2＝混合隐喻，3＝图画明喻。

10. 隐喻类型：新颖程度：1＝固化隐喻，2＝新颖隐喻。

11. 目的域类型：1＝产品特征，2＝产品利益，3＝企业，4＝消费者，5＝以上均不是。

12. 源域类型：1＝普遍具身型，2＝区域具身型，3＝文化型，4＝亚文化型。

13. 隐喻主导性：1＝主导型，2＝说服型，3＝二者都不是。

附录 B 隐喻广告的行业分布和产品类型统计表

表 B1 隐喻广告的行业分布和产品类型统计

国民经济行业分类	产品分类大类	产品分类中类	各产品中类广告总数	各产品中类隐喻广告数量
汽车制造业	交通运输设备	汽车	62	39
新闻出版业	新闻出版服务	出版服务	71	24
货币金融服务业	银行服务	商业银行服务	31	17
互联网和相关服务	电信和其他信息传输服务	互联网信息服务	67	16
酒、饮料和精制茶制造业	饮料、酒及酒精	白酒	9	2
		葡萄酒	7	2
		软饮料制造	16	5
		精制茶加工	7	2
商务服务业	商务服务	咨询服务	6	1
		其他商务服务	94	5
		旅行社服务	6	3
		人力资源服务	7	1
电气机械和器材制造业	电气机械及器材	家用电力器具专属配件	7	5
		家用厨房电器具	3	2
		非电力加工器具制造	1	1
零售业	零售服务	专门零售服务	8	4
		综合零售服务	1	1
房地产业	房地产服务	房地产开发经营服务	20	4

续表

国民经济行业分类	产品分类大类	产品分类中类	各产品中类广告总数	各产品中类隐喻广告数量
化学原料和化学制品制造业	化学原料及化学制品	化学肥料	2	2
		美容、护肤、护发产品	1	1
		化学原料	1	1
保险业	保险服务	财产保险服务	5	3
		人身保险服务	3	1
食品制造业	食品及加工盐	营养、保健食品	6	3
国家机构	公共管理服务	国家行政管理服务	23	3
资本金融服务	其他金融服务	金融信托与管理服务	9	3
航空运输业	航空服务	航空客货运输服务	4	2
计算机、通信和其他电子设备制造业	通信设备、计算机及其他电子设备	电子计算机外部设备及装置	4	1
		移动通信设备	3	1
其他制造业	工艺品及其他制造产品	珠宝首饰及有关物品	4	1
		日杂用品	6	1
铁路、船舶、航空航天和其他运输设备制造业	交通运输设备	航空器及其零件	2	2
卫生	卫生服务	专科疾病防治服务	13	1
		其他卫生服务	7	1
仪器仪表制造业	仪器仪表及文化、办公用机械	眼镜类产品及其零部件	3	2
畜牧业	死样动物及其产品	活牲畜	1	1
体育	体育服务	其他体育	1	1

续表

国民经济行业分类	产品分类大类	产品分类中类	各产品中类广告总数	各产品中类隐喻广告数量
文化艺术业	文化艺术服务	文化艺术经纪代理	5	1
研究和试验发展	研究与试验发展服务	自然科学研究与试验发展服务	2	1
住宿业	住宿服务	旅游饭店住宿服务	11	1
农林牧渔专业及辅助性活动	农林牧渔服务	林业服务	1	1
居民服务业	居民服务	理发及美容保健服务	2	1
建筑装饰、装修和其他建筑业	建筑装饰服务	室内装饰服务	1	1
家具制造业	家具及配件	家具	6	1
广播、电视、电影和录音制作	广播、电视、电影和音像服务	电视服务	6	1
总计			555	173

附录C　第4章实验材料前测

第一部分　品牌名称熟悉度测量

请您对以下五个杂志名称的熟悉度进行评分，1代表十分不熟悉，7代表十分熟悉。

1.《人物周刊》

十分不熟悉 1　2　3　4　5　6　7 十分熟悉

2.《人物》

十分不熟悉 1　2　3　4　5　6　7 十分熟悉

3.《中国人物》

十分不熟悉 1　2　3　4　5　6　7 十分熟悉

4.《环球人物》

十分不熟悉 1　2　3　4　5　6　7 十分熟悉

5.《时代人物》

十分不熟悉 1　2　3　4　5　6　7 十分熟悉

第二部分　隐喻标题和字面标题信息一致性前测

以下5组句子均包含A和B两个句子，每组句子后面跟有4个表示A和B是否表达了相同意思的陈述句（即（a）—（d）），请您根据自己对A和B两个句子的理解，判断自己是否同意每个陈述句的陈述。1表示十分不同意该陈述句的观点，7表示十分同意该陈述句的观点。

1. A：我们的记者是新闻现场无孔不入的蚊子，绝不将就血液的纯度。

B：我们的记者深入新闻现场的各个角落，坚持呈现最精彩的内容。

（a）A（隐喻标题）和B（字面标题）表达的意思完全相同。

十分不同意1　2　3　4　5　6　7 十分同意

（b）A（隐喻标题）和B（字面标题）表达的意思基本相同。

十分不同意1　2　3　4　5　6　7 十分同意

（c）A（隐喻标题）和B（字面标题）表达的意思并不完全相同。

十分不同意1　2　3　4　5　6　7 十分同意

（d）A（隐喻标题）和B（字面标题）表达的意思完全不相同。

十分不同意1　2　3　4　5　6　7 十分同意

2. A：我们的报道绝不是膨化成的爆米花，更不是没有血肉的骷髅。

B：我们的报道没有膨化后的虚假，更不存在内容的肤浅和片面化。

（a）A（隐喻标题）和B（字面标题）表达的意思完全相同。

十分不同意 1 2 3 4 5 6 7 十分同意

（b）A（隐喻标题）和B（字面标题）表达的意思基本相同。

十分不同意 1 2 3 4 5 6 7 十分同意

（c）A（隐喻标题）和B（字面标题）表达的意思并不完全相同。

十分不同意 1 2 3 4 5 6 7 十分同意

（d）A（隐喻标题）和B（字面标题）表达的意思完全不相同。

十分不同意 1 2 3 4 5 6 7 十分同意

3. A：我们的报道是发霉天依旧新鲜的食物，不掺水、纯干货。

B：我们的报道在内容信息上绝对真实可靠，不作假、真新闻。

（a）A（隐喻标题）和B（字面标题）表达的意思完全相同。

十分不同意 1 2 3 4 5 6 7 十分同意

（b）A（隐喻标题）和B（字面标题）表达的意思基本相同。

十分不同意 1 2 3 4 5 6 7 十分同意

（c）A（隐喻标题）和B（字面标题）表达的意思并不完全相同。

十分不同意 1 2 3 4 5 6 7 十分同意

（d）A（隐喻标题）和B（字面标题）表达的意思完全不相同。

十分不同意 1 2 3 4 5 6 7 十分同意

4. A：我们的记者是新闻界的矿工，非掘地三尺不见真相是态度，更是追求。

B：我们的记者坚持追寻新闻背后的真相，不敷衍、有深度是态度，更是追求。

（a）A（隐喻标题）和B（字面标题）表达的意思完全相同。

十分不同意 1 2 3 4 5 6 7 十分同意

（b）A（隐喻标题）和B（字面标题）表达的意思基本相同。

十分不同意 1 2 3 4 5 6 7 十分同意

（c）A（隐喻标题）和B（字面标题）表达的意思并不完全相同。

十分不同意 1 2 3 4 5 6 7 十分同意

（d）A（隐喻标题）和B（字面标题）表达的意思完全不相同。

十分不同意 1 2 3 4 5 6 7 十分同意

5. A：我们的杂志是海上屹立的灯塔，永远为您指引前行的方向。

B：我们的杂志能够对读者产生不可忽视的引导作用。

（a）A（隐喻标题）和B（字面标题）表达的意思完全相同。

十分不同意 1 2 3 4 5 6 7 十分同意

（b）A（隐喻标题）和 B（字面标题）表达的意思基本相同。

十分不同意 1　2　3　4　5　6　7 十分同意

（c）A（隐喻标题）和 B（字面标题）表达的意思并不完全相同。

十分不同意 1　2　3　4　5　6　7 十分同意

（d）A（隐喻标题）和 B（字面标题）表达的意思完全不相同。

十分不同意 1　2　3　4　5　6　7 十分同意

第三部分　广告标题修辞性程度测量

请您按照自己的直观感受为以下 10 个句子在表达上的修辞性程度进行评定。1 表示该句子表达十分平淡无奇，7 表示该句子表达十分巧妙有趣。

1. 我们的记者是新闻现场无孔不入的蚊子，绝不将就血液的纯度。

十分平淡无奇 1　2　3　4　5　6　7 十分巧妙有趣

2. 我们的杂志能够对读者产生不可忽视的引导作用。

十分平淡无奇 1　2　3　4　5　6　7 十分巧妙有趣

3. 我们的报道没有膨化后的虚假，更不存在内容的肤浅和片面化。

十分平淡无奇 1　2　3　4　5　6　7 十分巧妙有趣

4. 我们的记者是新闻界的矿工，非掘地三尺不见真相是态度，更是追求。

十分平淡无奇 1　2　3　4　5　6　7 十分巧妙有趣

5. 我们的报道在内容信息上绝对真实可靠，不作假、真新闻。

十分平淡无奇 1　2　3　4　5　6　7 十分巧妙有趣

6. 我们的报道是发霉天依旧新鲜的食物，不掺水、纯干货。

十分平淡无奇 1　2　3　4　5　6　7 十分巧妙有趣

7. 我们的记者坚持追寻新闻背后的真相，不敷衍、有深度是态度，更是追求。

十分平淡无奇 1　2　3　4　5　6　7 十分巧妙有趣

8. 我们的杂志是海上屹立的灯塔，永远为您指引前行的方向。

十分平淡无奇 1　2　3　4　5　6　7 十分巧妙有趣

9. 我们的记者深入新闻现场的各个角落，坚持呈现最精彩的内容。

十分平淡无奇 1　2　3　4　5　6　7 十分巧妙有趣

10. 我们的报道绝不是膨化成的爆米花，更不是没有血肉的骷髅。

十分平淡无奇 1　2　3　4　5　6　7 十分巧妙有趣

第四部分　隐喻熟悉度测量

请您根据直观感受评定自己对以下每个句子所用隐喻的熟悉程度。1 表示该句子表达十分不熟悉，7 表示该句子表达十分熟悉。

1. 我们的记者是新闻现场无孔不入的蚊子，绝不将就血液的纯度。

所用隐喻：记者是蚊子。

十分不熟悉 1 2 3 4 5 6 7 十分熟悉

2. 我们的报道绝不是膨化成的爆米花，更不是没有血肉的骷髅。

所用隐喻：新闻报道是爆米花。

十分不熟悉 1 2 3 4 5 6 7 十分熟悉

3. 我们的杂志是海上屹立的灯塔，永远为您指引前行的方向。

所用隐喻：杂志是灯塔。

十分不熟悉 1 2 3 4 5 6 7 十分熟悉

4. 我们的报道是发霉天依旧新鲜的食物，不掺水、纯干货。

所用隐喻：新闻报道是食物。

十分不熟悉 1 2 3 4 5 6 7 十分熟悉

5. 我们的记者是新闻界的矿工，非掘地三尺不见真相是态度，更是追求。

所用隐喻：记者是矿工。

十分不熟悉 1 2 3 4 5 6 7 十分熟悉

第五部分 基于隐喻的推断认可度测量

以下每个句子后面跟有 3 个从该句子中获得的推断，请您根据直观感受评定自己是否认可或同意这些推断。1 表示十分不同意，7 表示十分同意。

1. 我们的记者是新闻现场无孔不入的蚊子，绝不将就血液的纯度。

推断（1）：记者有时像驱赶不散的蚊子一样紧盯新闻人物不放。

十分不同意 1 2 3 4 5 6 7 十分同意

推断（2）：记者看到新闻人物就像蚊子看到猎物一样一哄而上。

十分不同意 1 2 3 4 5 6 7 十分同意

推断（3）：记者的轰炸式提问像蚊子的嗡嗡声一样一刻也不停。

十分不同意 1 2 3 4 5 6 7 十分同意

2. 我们的记者深入新闻现场的各个角落，坚持呈现最精彩的内容。

推断（1）：记者有时像驱赶不散的蚊子一样紧盯新闻人物不放。

十分不同意 1 2 3 4 5 6 7 十分同意

推断（2）：记者看到新闻人物就像蚊子看到猎物一样一哄而上。

十分不同意 1 2 3 4 5 6 7 十分同意

推断（3）：记者的轰炸式提问像蚊子的嗡嗡声一样一刻也不停。

十分不同意 1 2 3 4 5 6 7 十分同意

3. 我们的报道绝不是膨化成的爆米花，更不是没有血肉的骷髅。
推断（1）：这本杂志不存在像骷髅那样缺乏思维和情感的报道。
十分不同意 1 2 3 4 5 6 7 十分同意
推断（2）：这本杂志不像没有营养的爆米花那样缺乏阅读价值。
十分不同意 1 2 3 4 5 6 7 十分同意
推断（3）：这本杂志不像爆米花那样是人们休闲娱乐的标配。
十分不同意 1 2 3 4 5 6 7 十分同意
4. 我们的报道没有膨化后的虚假，更不存在内容的肤浅和片面化。
推断（1）：这本杂志不存在像骷髅那样缺乏思维和情感的报道。
十分不同意 1 2 3 4 5 6 7 十分同意
推断（2）：这本杂志不像没有营养的爆米花那样缺乏阅读价值。
十分不同意 1 2 3 4 5 6 7 十分同意
推断（3）：这本杂志不像爆米花那样是人们休闲娱乐的标配。
十分不同意 1 2 3 4 5 6 7 十分同意

附录 D　第 4 章实验被试阅读习惯调查

请您根据自己平时的阅读习惯回答以下问题。

1. 您是否经常阅读人物类杂志？

A. 是　　B. 否

如果第 1 题您的回答是“是”的话，请从第 2 题接着回答；如果第 1 题您的回答是“否”的话，请跳过第 2—3 题直接回答第 4 题。

2. 如果您经常阅读人物类杂志的话，时间频率是多少？

A. 一周两次及两次以上　B. 一周一次　C. 每月一次　D. 半年一次

3. 如果您阅读人物类杂志的话，以下哪些是您经常阅读的？（可多选）

A.《南方人物周刊》　B.《人物》　C.《环球人物》　D.《时代人物》

E. 其他________________________

4. 根据您的经验，人物类杂志都具有什么特点？（请写下您的任何观点）

____

____

____

附录 E　第 5 章实验材料前测

第一部分　源域概念熟悉度测量

请您根据直觉判断自己对以下事物的熟悉度，1 代表十分不熟悉，7 代表十分熟悉。

1. 丝绸　　十分不熟悉 1 2 3 4 5 6 7 十分熟悉
2. 动物皮毛　　十分不熟悉 1 2 3 4 5 6 7 十分熟悉
3. 天鹅绒　　十分不熟悉 1 2 3 4 5 6 7 十分熟悉
4. 牛奶　　十分不熟悉 1 2 3 4 5 6 7 十分熟悉
5. 巧克力　　十分不熟悉 1 2 3 4 5 6 7 十分熟悉
6. 闪电　　十分不熟悉 1 2 3 4 5 6 7 十分熟悉
7. 猎豹　　十分不熟悉 1 2 3 4 5 6 7 十分熟悉
8. 火箭　　十分不熟悉 1 2 3 4 5 6 7 十分熟悉
9. 高铁　　十分不熟悉 1 2 3 4 5 6 7 十分熟悉
10. 赛车　　十分不熟悉 1 2 3 4 5 6 7 十分熟悉
11. 城堡　　十分不熟悉 1 2 3 4 5 6 7 十分熟悉
12. 金钟罩　　十分不熟悉 1 2 3 4 5 6 7 十分熟悉
13. 绿荫　　十分不熟悉 1 2 3 4 5 6 7 十分熟悉
14. 遮阳伞　　十分不熟悉 1 2 3 4 5 6 7 十分熟悉
15. 贝壳　　十分不熟悉 1 2 3 4 5 6 7 十分熟悉

第二部分　源域概念在隐喻中的使用频率测量

请您根据直觉评定自己对以下每个陈述句的赞同度，1 表示十分不赞同，7 表示十分赞同。

1. 人们经常用丝绸来比喻其他具有顺滑特征的事物。

十分不赞同 1 2 3 4 5 6 7 十分赞同

2. 人们经常用动物皮毛来比喻其他具有顺滑特征的事物。

十分不赞同 1 2 3 4 5 6 7 十分赞同

3. 人们经常用天鹅绒来比喻其他具有顺滑特征的事物。

十分不赞同 1 2 3 4 5 6 7 十分赞同

4. 人们经常用牛奶来比喻其他具有顺滑特征的事物。

十分不赞同 1 2 3 4 5 6 7 十分赞同

5. 人们经常用巧克力来比喻其他具有顺滑特征的事物。
十分不赞同　1　2　3　4　5　6　7　十分赞同
6. 人们经常用闪电来比喻其他速度快的事物。
十分不赞同　1　2　3　4　5　6　7　十分赞同
7. 人们经常用猎豹来比喻其他速度快的事物。
十分不赞同　1　2　3　4　5　6　7　十分赞同
8. 人们经常用火箭来比喻其他速度快的事物。
十分不赞同　1　2　3　4　5　6　7　十分赞同
9. 人们经常用高铁来比喻其他速度快的事物。
十分不赞同　1　2　3　4　5　6　7　十分赞同
10. 人们经常用赛车来比喻其他速度快的事物。
十分不赞同　1　2　3　4　5　6　7　十分赞同
11. 人们经常用城堡来比喻其他具有保护功能的事物。
十分不赞同　1　2　3　4　5　6　7　十分赞同
12. 人们经常用金钟罩来比喻其他具有保护功能的事物。
十分不赞同　1　2　3　4　5　6　7　十分赞同
13. 人们经常用绿荫来比喻其他具有保护功能的事物。
十分不赞同　1　2　3　4　5　6　7　十分赞同
14. 人们经常用遮阳伞来比喻其他具有保护功能的事物。
十分不赞同　1　2　3　4　5　6　7　十分赞同
15. 人们经常用贝壳来比喻其他具有保护功能的事物。
十分不赞同　1　2　3　4　5　6　7　十分赞同

第三部分　概念相似度测量

请您根据直观感受评定每对概念在“相似”和“相关”这两个维度上的关系。
1. 葡萄酒 vs. 丝绸
(a) 十分不相似　1　2　3　4　5　6　7　十分相似
(b) 十分不相关　1　2　3　4　5　6　7　十分相关
2. 葡萄酒 vs. 动物皮毛
(a) 十分不相似　1　2　3　4　5　6　7　十分相似
(b) 十分不相关　1　2　3　4　5　6　7　十分相关
3. 葡萄酒 vs. 天鹅绒
(a) 十分不相似　1　2　3　4　5　6　7　十分相似
(b) 十分不相关　1　2　3　4　5　6　7　十分相关

4. 葡萄酒 vs. 牛奶
（a）十分不相似 1 2 3 4 5 6 7 十分相似
（b）十分不相关 1 2 3 4 5 6 7 十分相关
5. 葡萄酒 vs. 巧克力
（a）十分不相似 1 2 3 4 5 6 7 十分相似
（b）十分不相关 1 2 3 4 5 6 7 十分相关
6. 汽车 vs. 闪电
（a）十分不相似 1 2 3 4 5 6 7 十分相似
（b）十分不相关 1 2 3 4 5 6 7 十分相关
7. 汽车 vs. 猎豹
（a）十分不相似 1 2 3 4 5 6 7 十分相似
（b）十分不相关 1 2 3 4 5 6 7 十分相关
8. 汽车 vs. 火箭
（a）十分不相似 1 2 3 4 5 6 7 十分相似
（b）十分不相关 1 2 3 4 5 6 7 十分相关
9. 汽车 vs. 高铁
（a）十分不相似 1 2 3 4 5 6 7 十分相似
（b）十分不相关 1 2 3 4 5 6 7 十分相关
10. 汽车 vs. 赛车
（a）十分不相似 1 2 3 4 5 6 7 十分相似
（b）十分不相关 1 2 3 4 5 6 7 十分相关
11. 防晒霜 vs. 城堡
（a）十分不相似 1 2 3 4 5 6 7 十分相似
（b）十分不相关 1 2 3 4 5 6 7 十分相关
12. 防晒霜 vs. 金钟罩
（a）十分不相似 1 2 3 4 5 6 7 十分相似
（b）十分不相关 1 2 3 4 5 6 7 十分相关
13. 防晒霜 vs. 绿荫
（a）十分不相似 1 2 3 4 5 6 7 十分相似
（b）十分不相关 1 2 3 4 5 6 7 十分相关
14. 防晒霜 vs. 遮阳伞
（a）十分不相似 1 2 3 4 5 6 7 十分相似
（b）十分不相关 1 2 3 4 5 6 7 十分相关

15. 防晒霜 vs. 贝壳

（c）十分不相似　1　2　3　4　5　6　7　十分相似

（d）十分不相关　1　2　3　4　5　6　7　十分相关

第四部分　隐喻熟悉度测量

请您根据直观感受评定自己对以下每个句子中所用比喻的熟悉程度。1 表示该比喻用法十分不熟悉，7 表示该比喻用法十分熟悉。

1. 芳华防晒霜采用全新紫外线防御技术，形成随身同行的绿荫，呵护你的每一寸肌肤！

所用比喻：防晒霜像绿荫。

十分不熟悉 1　2　3　4　5　6　7 十分熟悉

2. 芳华防晒霜采用全新紫外线防御技术，形成轻盈坚固的贝壳，呵护你的每一寸肌肤！

所用比喻：防晒霜像贝壳。

十分不熟悉 1　2　3　4　5　6　7 十分熟悉

第五部分　修辞偏离度测量

请您根据自己的直观感受为以下两个句子在表达上的修辞程度进行评定。1 表示该比喻用法十分平淡无奇，7 表示该句子表达十分巧妙有趣。

1. 芳华防晒霜采用全新紫外线防御技术，形成随身同行的绿荫，呵护你的每一寸肌肤！

十分平淡无奇 1　2　3　4　5　6　7 十分巧妙有趣

2. 芳华防晒霜采用全新紫外线防御技术，形成轻盈坚固的贝壳，呵护你的每一寸肌肤！

十分平淡无奇 1　2　3　4　5　6　7 十分巧妙有趣

第六部分　隐喻源域概念的情感特征测量

请您根据直观感受评定判定以下汉语词语及其比喻用法的情感倾向。1 表示该比喻用法十分消极，7 表示该比喻用法十分积极。

1. 当你看到“绿荫”这个词的时候，它会激发你什么样的情感？

十分消极 1　2　3　4　5　6　7 十分积极

2. 当你看到“贝壳”这个词的时候，它会激发你什么样的情感？

十分消极 1　2　3　4　5　6　7 十分积极

附录F　第5章认知需求量表

请你根据自己的真实情况回答以下问题。

1. 相对于简单的问题，我更喜欢复杂的问题。

是□　否□

2. 我喜欢需要很多思考才能解决问题的任务。

是□　否□

3. 思考不会让我觉得有趣。

是□　否□

4. 相对于能挑战我思考能力的事情，我更喜欢做那些不需要太多思考的事情。

是□　否□

5. 我总会期待事情的发展不需要自己投入太多的深度思考。

是□　否□

6. 我发现自己对长时间（数小时）的深度思考感到很满足。

是□　否□

7. 我只有在需要的时候才积极思考。

是□　否□

8. 相对于长远的事情，我更喜欢思考那些日常的琐事。

是□　否□

9. 我喜欢不需要太多思考的任务。

是□　否□

10. 依靠思考的力量获得成功这种想法对我来说很有吸引力。

是□　否□

11. 我很享受那些需要创新思维才能解决问题的任务。

是□　否□

12. 学习新的思考方式并不让我兴奋。

是□　否□

13. 我喜欢生活里充满挑战。

是□　否□

14. 抽象思考对我来说很有吸引力。

是□　否□

15. 相对于那些重要但不需要太多思考的任务，我更喜欢既重要又需要脑力思考的任务。

是□　否□

16. 在完成一项需要付出很多脑力的任务后，我会产生从痛苦中解放出来的感觉。

是□　否□

17. 我只关心任务是否完成，而不是它如何完成。

是□　否□

18. 尽管有些事情跟我没有关系，但我仍会对此进行深入思考。

是□　否□

附录 G 第 6 章实验材料前测

第一部分 隐喻熟悉度测量

请您根据直观感受评定自己对以下每个句子中所用比喻的熟悉程度。1 表示该比喻用法十分不熟悉，7 表示该比喻用法十分熟悉。

1. 用精选的各类产品筑建理财蜂巢，让您放心享受稳健的收益。

所用比喻：理财产品是蜂巢。

十分不熟悉 1 2 3 4 5 6 7 十分熟悉

2. 用精选的各类产品构建理财金字塔，让您放心享受稳健的收益。

所用比喻：理财产品是金字塔。

十分不熟悉 1 2 3 4 5 6 7 十分熟悉

3. 专为中小企业量身定制融资方案，做推动您事业起飞的螺旋桨。

所用比喻：融资产品是螺旋桨。

十分不熟悉 1 2 3 4 5 6 7 十分熟悉

4. 专为中小企业量身定制融资方案，做助力您事业前行的加油站。

所用比喻：融资产品是加油站。

十分不熟悉 1 2 3 4 5 6 7 十分熟悉

第二部分 概念相似度测量

请您根据直观感受评定每对概念在“相似”和“相关”这两个维度上的关系。

1. 理财产品 vs. 蜂巢

（a）十分不相似 1 2 3 4 5 6 7 十分相似

（b）十分不相关 1 2 3 4 5 6 7 十分相关

2. 理财产品 vs. 金字塔

（a）十分不相似 1 2 3 4 5 6 7 十分相似

（b）十分不相关 1 2 3 4 5 6 7 十分相关

3. 融资产品 vs. 螺旋桨

（a）十分不相似 1 2 3 4 5 6 7 十分相似

（b）十分不相关 1 2 3 4 5 6 7 十分相关

4. 融资产品 vs. 加油站

（a）十分不相似 1 2 3 4 5 6 7 十分相似

（b）十分不相关　1　2　3　4　5　6　7　十分相关

第三部分　广告标题修辞性程度测量

请您按照自己的直观感受为以下 6 个句子在表达上的修辞性程度进行评定。1 表示该句子表达十分平淡无奇，7 表示该句子表达十分巧妙有趣。

1. 用精选的各类产品筑建理财蜂巢，让您放心享受稳健的收益。

十分平淡无奇 1　2　3　4　5　6　7 十分巧妙有趣

2. 用精选的各类产品构建理财金字塔，让您放心享受稳健的收益。

十分平淡无奇 1　2　3　4　5　6　7 十分巧妙有趣

3. 用精选的各类产品制定理财方案，让您放心享受稳健的收益。

十分平淡无奇 1　2　3　4　5　6　7 十分巧妙有趣

4. 专为中小企业量身定制融资方案，做推动您事业起飞的螺旋桨。

十分平淡无奇 1　2　3　4　5　6　7 十分巧妙有趣

5. 专为中小企业量身定制融资方案，做助力您事业前行的加油站。

十分平淡无奇 1　2　3　4　5　6　7 十分巧妙有趣

6. 专为中小企业量身定制融资方案，做帮助您事业发展的好服务。

十分平淡无奇 1　2　3　4　5　6　7 十分巧妙有趣

第四部分　隐喻标题和字面标题信息一致性前测

以下 6 组句子均包含 A 和 B 两个句子，每组句子后面跟有两个陈述句，请您根据自己对 A 和 B 两个句子的理解，判断自己是否同意这两个陈述句。1 表示十分不同意该陈述句的观点，7 表示十分同意该陈述句的观点。

1. A：用精选的各类产品筑建理财蜂巢，让您放心享受稳健的收益。

B：用精选的各类产品构建理财金字塔，让您放心享受稳健的收益。

（a）A 和 B 都使用了比喻。

十分不同意 1　2　3　4　5　6　7 十分同意

（b）A 和 B 表达了相同的意思。

十分不同意 1　2　3　4　5　6　7 十分同意

2. A：用精选的各类产品筑建理财蜂巢，让您放心享受稳健的收益。

B：用精选的各类产品制定理财方案，让您放心享受稳健的收益。

（a）A 使用了比喻，B 没有使用比喻。

十分不同意 1　2　3　4　5　6　7 十分同意

（b）A 和 B 表达了相同的意思。

十分不同意 1　2　3　4　5　6　7 十分同意

3. A：用精选的各类产品制定理财方案，让您放心享受稳健的收益。
B：用精选的各类产品构建理财金字塔，让您放心享受稳健的收益。
（a）A 没有使用比喻，B 使用了比喻。
十分不同意 1　2　3　4　5　6　7 十分同意
（b）A 和 B 表达了相同的意思。
十分不同意 1　2　3　4　5　6　7 十分同意
4. A：专为中小企业量身定制融资方案，做推动您事业起飞的螺旋桨。
B：专为中小企业量身定制融资方案，做助力您事业前行的加油站。
（a）A 和 B 都使用了比喻。
十分不同意 1　2　3　4　5　6　7 十分同意
（b）A 和 B 表达了相同的意思。
十分不同意 1　2　3　4　5　6　7 十分同意
5. A：专为中小企业量身定制融资方案，做推动您事业起飞的螺旋桨。
B：专为中小企业量身定制融资方案，做帮助您事业发展的好服务。
（a）A 使用了比喻，B 没有使用比喻。
十分不同意 1　2　3　4　5　6　7 十分同意
（b）A 和 B 表达了相同的意思。
十分不同意 1　2　3　4　5　6　7 十分同意
6. A：专为中小企业量身定制融资方案，做帮助您事业发展的好服务。
B：专为中小企业量身定制融资方案，做助力您事业前行的加油站。
（a）A 没有使用比喻，B 使用了比喻。
十分不同意 1　2　3　4　5　6　7 十分同意
（b）A 和 B 表达了相同的意思。
十分不同意 1　2　3　4　5　6　7 十分同意

附录 H　第 6 章实验被试知情同意书

尊敬的受试者：

请您仔细阅读以下内容，如有疑问请向负责该实验的研究者提出。

实验内容：广告阅读眼动实验。

实验对象：裸眼视力或矫正视力正常者。

实验过程：在实验过程中您需要静坐在电脑屏幕前，下巴依托于实验室专用托架，保持头部稳定，双眼阅读屏幕呈现的汉语句子。

风险：眼动测量是一种安全的实验记录方法，在实验中以眼动仪记录眼睛运动轨迹，对人体无害。

隐私：本研究的结果可能会在学术期刊/书籍上发表，或者用于教学。但是您的名字或者其他个人信息将不会在任何发表或教学的材料中出现，除非得到您的允许。

自愿参加或退出：参加这个研究项目是完全自愿的，可中途退出。

受试者声明：

我声明我已经被告知本研究的对象、过程、风险以及潜在的获益和费用。我已经详细阅读了本受试者知情同意书，并且所有问题都得到了满意的回答。我下面的签名表明我愿意参加本研究。

受试者签名　　　　　　日期

主试声明：

我已经解释了被试的权益以及本研究的目的、对象、过程、风险以及潜在的获益和费用，并尽最大可能回答了与研究有关的问题。

受试者签名　　　　　　日期

参考文献

AAKER D A, MYERS J G, BATRA R, 1996. Advertising management[M]. London: Prentice Hall International.

ANAND P, STERNTHAL B, 1990. Ease of message processing as a moderator of repetition effects in advertising[J]. Journal of marketing research, 27(3): 345-353.

ANG S H, 2002. Effects of metaphoric advertising among mainland Chinese consumers[J]. Journal of marketing communications, 8(3): 179-188.

ANG S H, LIM E, 2006. The influence of metaphors and product type on brand personality perceptions and attitudes[J]. Journal of advertising, 35(2): 39-53.

BABBLES G S, 2002. Conceptual metaphor in consumer and managerial decision making[D]. Berkeley: University of California.

BARTHES R, 1985. The rhetoric of the image[M]. // BARTHES R. The responsibility of forms. New York: Hill & Wang: 21-40.

BERLYNE D E, 1973. Aesthetics and psychobiology[J]. Journal of aesthetics & art criticism, 31(4): 553.

BERGKVIST L, EIDERBÄCK D, PALOMBO M, 2012. The brand communication effects of using a headline to prompt the key benefit in ads with pictorial metaphors[J]. Journal of advertising, 41(2): 67-76.

BLACK M, 2012. Metaphor[J]. Proceedings of the Aristotelian society, 55: 273-294.

BLEHM C, VISHNU S, KHATTAK A, MITRA S, YEE R W, 2005. Computer vision syndrome: A review[J]. Survey of ophthalmology, 50(3): 253-262.

BOOZER R W, WYLD D C, GRANT J, 1990. Using metaphor to create more effective sales messages[J]. Journal of services marketing, 4(3): 63-71.

BOUNEGRU L, FORCEVILLE C, 2011. Metaphors in editorial cartoons representing the global financial crisis[J]. Visual communication, 10(2): 209-228.

BOWDLE B F, GENTNER D, 2005. The career of metaphor[J]. Psychological review, 112(1): 193-216.

BURGERS C, KONIJIN E A, STEEN G J, IEPSMA M A R, 2015. Making ads less complex, yet more creative and persuasive: The effects of conventional metaphors and irony in print advertising[J]. International journal of advertising, 34(3): 515-532.

CACIOPPO J T, PETTY R E, KAO C F, 1984. The efficient assessment of need for cognition[J]. Journal of personality assessment, 48(3): 306-307.

CEK D, SANCHEZ A, TIMPANO K R, 2016. Social anxiety-linked attention bias to threat is indirectly related to post-event processing via subjective emotional reactivity to social stress[J]. Behavior therapy, 47(3): 377.

CHANG C T, YEN C T, 2013. Missing ingredients in metaphor advertising: The right formula of metaphor type, product type, and need for cognition[J]. Journal of advertising, 42(1): 80-94.

CHANG C T, WU Y C, LEE Y K, CHU X Y, 2017. Right metaphor, right place: Choosing a visual metaphor based on product type and consumer differences[J]. International journal of advertising, 37(3): 1-28.

CORBETT E P J, 1965. Classical rhetoric for the modern student[M]. New York: Oxford University Press.

CORNELISSEN J P, 2004. What are we playing at? Theatre, organization, and the use of metaphor[J]. Organization studies, 25(5): 705.

CORNELISSEN J P, CLARKE J S, CIENKI A, 2012. Sensegiving in entrepreneurial contexts: The use of metaphors in speech and gesture to gain and sustain support for novel business ventures[J]. International small business journal, 170(3): 213-241.

CORNELISSEN J P, KAFOUROS M, 2008. The emergent organization: Primary and complex metaphors in theorizing about organizations[J]. Organization studies, 29(7): 957-978.

CORNELISSEN J P, HOLT R, ZUNDEl M, 2011. The role of analogy and metaphor in the framing and legitimization of strategic change[J]. Organization studies, 32(12): 1701-1716.

D'ANTONE S, MERUNKA D, 2015. The brand origin meaning transfer model (BOMT): an integrative theoretical model[J]. International marketing review, 32(6): 713-731.

DELBAERE M A, 2008. Knowledge transfer and rhetoric: the influence of rhetorical figures on consumer learning[D]. Manitoba: The University of Manitoba.

DEROSIA E D, 2008. The effectiveness of nonverbal symbolic signs and metaphors in advertisements: an experimental inquiry[J]. Psychology & marketing, 25(3): 298-316.

DIMOFTE C V, YALCH R F, 2007. Consumer response to polysemous brand slogans[J]. Journal of consumer research, 33(4): 515-522.

DUPONT L, ANTROP M, EETVELDE V V, 2015. Does landscape related expertise influence the visual perception of landscape photographs? Implications for participatory landscape planning and management[J]. Landscape & urban planning, 141: 68-77.

FEIEREISEN S, WONG V, BRODERICK A J, 2007. Analogies and mental simulations in learning for RNPs (Really New Products): The role of visual attention[J]. Journal of product innovation management, 25: 593-607.

FORCEVILLE C, 1996. Pictorial Metaphor in Advertising[M]. London: Routledge.

FORCEVILLE C, 2009. Non-verbal and multimodal metaphors in a cognitivist framework: Agendas for research[M]. // Forceville C, Urios-Aparisi E. Multimodal metaphors. Berlin: Mouton de Gruyter: 19-42.

FREIRE N A, 2014. When luxury advertising adds the identitary values of luxury: A semiotic analysis[J]. Journal of business research, 67(12): 2666-2675.

FUSTER J M, 2003. Cortex and mind: unifying cognition[M]. Oxford, UK: Oxford University Press.

GENTNER D, 1982. Are scientific analogies metaphors?[M]. // Miall D. Metaphor: problems and perspectives. Brighton: Harvester Press: 106-132.

GENTNER D, 1983. Structure-mapping: A theoretical framework for analogy[J]. Cognitive science, 7(2): 155-17.

GENTNER D, 1989. The mechanisms of analogical learning[M]. // Vosniadou S, Ortony A. Similarity and analogical reasoning. Cambridge: Cambridge University Press: 199-241.

GENTNER D, CLEMENT C, 1988. Evidence for relational selectivity in the interpretation of analogy and metaphor[J]. Psychology of Learning & Motivation, 22(2): 307-358.

GERRIG R J, HEALY A F. 1983. Dual processes in metaphor understanding: compreh-ension and appreciation[J]. Journal of experimental psychology: learning, memory, cognition, 9(4): 667-675.

GKIOUZEPAS L, HOGG M K, 2011. Articulating a new framework for visual metaphors in advertising[J]. Journal of advertising, 40(1): 103-12.

GIDLÖF K, ANIKIN A, LINGONBLAD M, WALLIN A, 2017. Looking is buying: How visual attention and choice are affected by consumer preferences and properties of the supermarket shelf[J]. Appetite, 116: 29-38.

GREGAN-PAXTON J, JOHN D. R, 1997. Consumer learning by analogy: a model of internal knowledge transfer[J]. Journal of consumer research, 24(3): 266-284.

GREGAN-PAXTON J, HIBBARD J D, BRUNEL F F, AZAR P, 2002. "So that's what that is": Examining the impact of analogy on consumers' knowledge development for really new products[J]. Psychology & marketing, 19(6): 533-55.

GREGAN-PAXTON J, MOREAU P, 2003. How do consumers transfer existing knowledge? A comparison of analogy and categorization effects[J]. Journal of consumer psychology, 13(4): 422-43.

GRILL-SPECTOR K, KANWISHER N, 2005. Visual recognition: As soon as you know it is there, you know what it is[J]. Psychological science, 16(2): 152-16.

GRICE H P, 1989. Studies in the Way of Words[M]. Cambridge, MA: Harvard University Press.

GRIGG L, GRIFFIN A L, 2014. A role for eye-tracking research in accounting and financial reporting[M]. // Horsley M, Eliot M, Knight B A, et al. Current trends in eye tracking research. Cham: Springer: 225-230.

GROVE S J, CARLSON L, DORSCH M J, 2007. Comparing the application of integrated marketing communication (IMC) in magazine ads across product type and time[J]. Journal of advertising, 36(1): 37-54.

HARWOOD T, JONES M, 2014. Mobile eye-tracking in retail research[M]. // Horsley M, Eliot M, Knight B A, et al. Current trends in eye tracking research. Cham: Springer: 183-199.

HAYES A F, PREACHER K J, MYERS T A, 2011. Mediation and the estimation of indirect effects in political communication research[M]. // Bucy E P, Lance Holbert R. Sourcebook for political communication research: methods, measures, and analytical techniques. New York: Routledge: 434-465.

HAYES A F, 2013. An introduction to mediation, moderation, and conditional process analysis: a regression-based approach[M]. New York: Guilford Press.

HECKLER S E, CHILDERS T L, 1992. The role of expectancy and relevancy in memory for verbal and visual information: What is incongruency? [J]. Journal of consumer research, 18(4): 475-492.

HERZENSTEIN M, HOEFFLER S, 2016. Of clouds and zombies: how and when analogical learning improves evaluations of really new products[J]. Journal of consumer psychology, 26(4): 550-557.

HITCHON J C, 1991. To Be or What to Be: Metaphorical Predication in Advertising[D]. Madison: University of Wisconsin-Madison.

HIGGINS E, LEINENGER M, RAYNER K, 2014. Eye movements when viewing advertisements[J]. Frontiers in psychology, 5(5): 1-15.

HUANG X, LI X, ZHANG M, 2013. "Seeing" the social roles of brands: How physical positioning influences brand evaluation[J]. Journal of consumer psychology, 23(4): 509-514.

HUSIĆ-MEHMEDOVIĆ M, OMERAGIĆ I, BATAGELJ Z, et al, 2017. Seeing is not necessarily liking: Advancing research on package design with eye-tracking[J]. Journal of business research: 80: 145-154.

INHOFF A W, RADACH R, 1998. Definition and computation of oculomotor measures in the study of cognitive processes[M]. // Underwood G. Eye guidance in reading, driving and scene perception. New York: Elsevier: 29-53.

JASPAERT K, FREEK V D V, BRÔNE G, et al, 2011. Does framing work? An empirical study of simplifying models for sustainable food production[J]. Cognitive linguistics, 22(3): 459-49.

JEONG S H, 2008. Visual metaphor in advertising: Is the persuasive effect attributable to visual argumentation or metaphorical rhetoric? [J]. Journal of marketing communications, 14(1): 59-73.

JUST M A, CARPENTER P A, 1980. A theory of reading: From eye fixations to comprehension[J]. Psychological review, 87(4): 329-354.

KARDES F R, 1988. Spontaneous inference processes in advertising: The effects of conclusion omission and involvement on persuasion[J]. Journal of consumer research, 15(2): 225-233.

KELLER C, JUNGHANS A, 2017. Does guiding toward task-relevant information help improve graph processing and graph comprehension of individuals with low or high numeracy? An eye-tracker experiment[J]. Journal of the society for medical decision making, 37(8): 942-954.

KIM J, BAEK Y, YANG H C, 2012. The structural effects of metaphor-elicited cognitive and affective elaboration levels on attitude toward the ad[J]. Journal of advertising, 41(2): 77-96.

KÖVECSES Z, SZELID V, NUCZ E, et al, 2015. Anger metaphors across languages: a cognitive linguistic perspective[M]. // Heredia R R, Cieslicka A B. Bilingual figurative language processing. Cambridge: Cambridge University Press: 341-367.

KRONROD A, DANZIGER S, 2013. "Wii will rock you!" the use and effect of figurative language in consumer reviews of hedonic and utilitarian consumption[J]. Journal of consumer research, 40(4): 726-739.

LABERGE D, 1995. Attentional processing: the brain's art of mindfulness[M]. Cambridge, MA: Harvard University Press.

LAGERWERF L, MEIJERS A, 2008. Openness in metaphorical and straightforward advertisements: appreciation effects[J]. Journal of advertising, 37(2), 19-3.

LAGERWERF L, HOOIJDONK C M J V, KORENBERG A, 2012. Processing visual rhetoric in advertisements: Interpretations determined by verbal anchoring and visual structure[J]. Journal of pragmatics, 44(13): 1836-1852.

LAKOFF G, 2009. The political mind[M]. New York, NY: Penguin.

LAKOFF G, JOHNSON, M, 1980. Metaphors we live by[M]. Chicago: The University of Chicago Press.

LAKOFF G, JOHNSON M, 1999. Philosophy in the flesh: the embodied mind and its challenge to western thought[M]. New York: Basic Books.

LANG A, 2000. The information processing of mediated messages: A framework for communication research[J]. Journal of communication, 50: 46-7.

LANG A, BORSE J, WISE K, et al, 2002. Captured by the World Wide Web: Orienting to structural and content features of computer-presented information[J]. Communication research, 29(3): 215-245.

LARSEN V, LUNA D, PERACCHIO L A, 2004. Points of view and pieces of time: A taxonomy of image attributes[J]. Journal of consumer research, 31 (1): 102-111.

LEIGH J H, 1994. The use of figures of speech in print ad headlines[J]. Journal of advertising, 23(2): 17-33.

LI E, BREEZE J, HORSLEY M, et al, 2014. Private and public: Eye movement and eye tracking in marketing[M]. // Horsley M, Eliot M, Knight B A, et al. Current trends in eye tracking research. Cham: Springer: 201-209.

LIU L A, ADAIR W L, BELLO D C, 2015. Fit, misfit, and beyond fit: Relational metaphors and semantic fit in international joint ventures[J]. Journal of international business studies, 46(7): 830-849.

LOBIER M, DUBOIS M, VALDOIS S, 2013. The role of visual processing speed in reading speed development[J]. Plos one, 8(4): 1-1.

MACCORMAC E, 1985. A Cognitive Theory of metaphor[M]. Cambridge, MA: MIT Press.

MACINNIS D J, PRICE L L, 1987. The role of imagery in information processing: Review and extensions[J]. Journal of consumer research, 13(4): 473-491.

MACINNIS D J, JAWORSKI B J, 1989. Information processing from advertisements: Toward an integrative framework[J]. Journal of marketing, 53(4): 1-23.

MACINNIS D J, MOORMAN C, JAWORSKI B J, 1991. Enhancing and measuring consumers' motivation, opportunity, and ability to process brand information from ads[J]. Journal of marketing, 55(4): 32-53.

MCGREGOR D K, STERN J A, 1996. Time on task and blink effects on saccade duration[J]. Ergonomics, 39(4): 649-66.

MCQUARRIE E F, MICK D G, 1992. On resonance: A critical pluralistic inquiry into advertising rhetoric[J]. Journal of consumer research, 19(2): 180-197.

MCQUARRIE E F, MICK D G, 1993. Reflections on classical rhetoric and the incidence of figures of speech in contemporary magazine[J]. Advances in consumer research, 20: 309-313.

MCQUARRIE E F, MICK D G, 1996. Figures of rhetoric in advertising language[J]. Journal of consumer research, 22(4): 424-438.

MCQUARRIE E F, MICK D G, 1999. Visual rhetoric in advertising: Text-interpretive, experimental, and reader-response analyses[J]. Journal of consumer research, 26(1): 37-54.

MCQUARRIE E F, MICK D G, 2009. A laboratory study of the effect of verbal rhetoric versus repetition when consumers are not directed to process advertising[J]. International journal of advertising, 28(2): 287-312.

MCQUARRIE E F, PHILLIPS B J, 2005. Indirect persuasion in advertising: How consumers process metaphors presented in pictures and words[J]. Journal of advertising, 34 (2): 7-20.

MICHELE G, LUCA P, NICOLAO B, 2015. Individual differences in competent consumer choice: The role of cognitive reflection and numeracy skills[J]. Frontiers in psychology, 6: 1-15

MOSES J F, GONZALES M H, 2015. Strong candidate, nurturant candidate: Moral language in presidential television advertisements[J]. Political psychology, 36(4):

379-397.

MOREAU C P, LEHMANN D R, MARKMAN A B, 2001. Entrenched knowledge structures and consumer response to new products[J]. Journal of marketing research, 38(1): 14-29.

MICK D G, 1992. Levels of subjective comprehension in advertising processing and their relations to ad perceptions, attitudes, and memory[J]. Journal of consumer research, 18(4): 411-424.

MOHANTY P, RATNESHWAR S, 2015. Did you get it? Factors influencing subjective comprehension of visual metaphors in advertising[J]. Journal of advertising, 44(3): 232-242.

MORGAN G, 2006. Images of organization[M]. Berverly Hills, CA: Sage.

MORGAN S E, REICHERT T, 1999. The message is in the metaphor: Assessing the comprehension of metaphors in advertisements[J]. Journal of advertising, 28(4): 1-12.

MOTHERSBAUGH D L, HUHMANN B A, FRANKE G R, 2002. Combinatory and separative effects of rhetorical figures on consumers' effort and focus in ad processing[J]. Journal of consumer research, 28(4): 589-602.

MULKEN M V, ENSCHOT R V, HOEKEN H, 2005. Levels of implicitness in magazine advertisements: An experimental study into the relationship between complexity and appreciation in magazine advertisements[J]. Information design journal, 13(2): 155-164.

MULKEN M V, PAIR R L, FORCEVILLE C, 2010. The impact of perceived complexity, deviation and comprehension on the appreciation of visual metaphor in advertising across three European countries[J]. Journal of pragmatics, 42(12): 3418-3430.

MULKEN M V, HOOFT A V, NEDERSTIGT U, 2014. Finding the tipping point: Visual metaphor and conceptual complexity in advertising[J]. Journal of advertising, 43(4): 333-343.

OGILVY D, RAPHAELSON J, 1982. Research on ad techniques that work and don't work[J]. Marketing news: 2-4.

OHL J J, PFISTER D S, NADER M, et al, 2013. Lakoff's theory of moral reasoning in presidential campaign advertisements, 1952-2012[J]. Communication studies, 64(5): 488-507.

ORTONY A, 1979. Beyond literal similarity[J]. Psychological review, 86(3):

161-180.
ORTONY A, VONDRUSKA R, FOSS M, et al, 1985. Salience, similes, and the asymmetry of similarity[J]. Journal of memory and language, 24(5): 569-594.
OTTATI V, RHOADS S, GRAESSER A C, 1999. The effect of metaphor on processing style in a persuasion task: A motivational resonance model[J]. Journal of personality and social psychology, 77(4): 688-697.
PAWLOWSKI D R, BADZINSKI D M, MITCHELL N, 1998. Effects of metaphors on children's comprehension and perception of print advertisements[J]. Journal of advertising, 27(2): 83-98.
PETTY R E, CACIOPPO J T, 1981. Attitudes and persuasion: classic and contemporary approaches[M]. Dubuque, IA: William C. Brown.
PHILLIPS B J, 1997. Thinking into it: Consumer interpretation of complex advertising images[J]. Journal of advertising, 26(2): 77-87.
PHILLIPS B J, 2000. The impact of verbal anchoring on consumer response to image ads[J]. Journal of advertising, 29(1): 15-24.
PHILLIPS B J, MCQUARRIE E F, 2002. The development, change, and transformation of rhetorical style in magazine advertisements 1954-1999[J]. Journal of advertising, 31(4): 1-13.
PHILLIPS B J, MCQUARRIE E F, 2004. Beyond visual metaphor: A new typology of visual rhetoric in advertising[J]. Marketing theory, 4(1-2): 113-136.
PHILLIPS B J, MCQUARRIE E F, 2009. Impact of advertising metaphor on consumer belief: Delineating the contribution of comparison versus deviation factors[J]. Journal of advertising, 38(1): 49-62.
PIETERS R, WARLOP L, WEDEL M, 2002. Breaking through the clutter: Benefits of advertisement originality and familiarity for brand Attention and memory[J]. Management science, 48(6): 765-781.
PIETERS R, WEDEL M, 2004. Attention capture and transfer in advertising: Brand, pictorial and text-size effects[J]. Journal of marketing, 68: 36-5.
PIETERS R, WEDEL M, 2007. Goal control of attention to advertising: The Yarbus implication[J]. Journal of consumer research, 34(2): 224-233.
PIETERS R, WEDEL M, 2008. Informativeness of eye movements for visual marketing[M]. // M. Wedel M, Pieters R. Visual marketing: from attention to action. New York: Lawrence Erlbaum: 43-71.

PIETERS R, WEDEL M, BATRA R, 2010. The stopping power of advertising: measures and effects of visual complexity[J]. Journal of marketing, 74(5): 48-6.

PLASSMANN H, RAMSØY T Z, MILOSAVLJEVIC M, 2012. Branding the brain: A critical review and outlook[J]. Journal of consumer psychology, 22(1): 18-36.

RADACH R, LEMMER S, VORSTIUS C, et al, 2003. Eye movement in the processing of print advertisements[M]. // Hyona J, Radach R, Deubel H. The mind's eye: cognitive and applied aspects of eye movement research. Amsterdam: North Holland: 609-632.

RATNESHWAR S, CHAIKEN S, 1991. Comprehension's role in persuasion: The case of its moderating effect on the persuasive impact of source cues[J]. Journal of consumer research, 18(1): 52-62.

RAYNER K, 1998. Eye movements in reading and information processing: 20 years of research[J]. Psychological bulletin, 124: 372-422.

RAYNER K, ROTELLO C M, STEWART A J, et al, 2001. Integrating text and pictorial information: Eye movements when looking at print advertisements[J]. Journal of experimental psychology applied, 7(3): 219-226.

RAYNER K, CASTELHANO M S, 2008. Eye movements during reading, scene perception, visual research, and while looking at print advertising[M]. // Wedel M, Pieters R. Visual marketing: from attention to action. New York: Lawrence Erlbaum: 9-42.

RAYNER K, MILLER B, ROTELLO C M, 2008. Eye movements when looking at print advertisements: The goal of the viewer matters[J]. Applied cognitive psychology, 22(5): 697-707.

ROSBERGEN E, 1998. Assessing visual attention to print advertising through statistical analysis of eye-movement data[M]. Capelle a/d IJssel: Labyrint Publication.

ROSE A K, BROWN K, FIELD M, et al, 2013. The contributions of value-based decision-making and attentional bias to alcohol-seeking following devaluation[J]. Addiction, 108(7): 1241.

SEARLE J R, 1979. Metaphor[M]. // Ortony A. Metaphor and thought. Cambridge: Cambridge University Press: 92-123.

SIMOLA J, KIVIKANGAS M, KUISMA J, et al, 2013. Attention and memory for newspaper advertisements: Effects of ad-editorial congruency and location[J]. Applied cognitive psychology, 27(4): 429-442.

SMITH R A, 1991. The effects of visual and verbal advertising information on consumers' inferences[J]. Journal of advertising, 20(4): 13-24.

SOPORY P, DILLARD J P, 2002. The persuasive effects of metaphor: A meta-analysis[J]. Human communication research, 28(3): 382-419.

SPEARS N, 2003. On the use of time expressions in promoting product benefits-the metaphoric and the literal[J]. Journal of advertising, 32(2): 33-44.

SPERBER D, WILSON D, 1986. Relevance: Communication and Cognition[M]. Cambridge, MA: Harvard University Press.

STEEN G, DORST A G, HERRMANN B, et al, 2010. A method for linguistic metaphor identification: from MIP to MIPVU[M]. Amsterdam: John Benjamins Publishing Company.

STERN B B, 1988. How does an ad mean? Language in services advertising[J]. Journal of advertising, 17(2): 3-14.

TELLIS G, 2004. Effective Advertising: Understanding when, how, and why advertising works[M]. Thousand Oaks: Sage.

THEODORAKIS I G, KORITOS C, STATHAKOPOULOS V, 2015. Rhetorical maneuvers in a controversial tide: Assessing the boundaries of advertising rhetoric[J]. Journal of advertising, 44(1): 14-24.

TONCAR M, MUNCH J, 2000. Consumer responses to tropes in print advertising[J]. Journal of advertising, 30(1): 55-65.

TOURANGEAU R, STERNBERG R J, 1982. Understanding and appreciating metaphors[J]. Cognition, 11(3): 203-244.

VAKRATSAS D, AMBLER T, 1999. How advertising works: What do we really know? [J]. Journal of marketing, 63(1): 26-43.

VAN ORDEN K F, JUNG T P, MAKEIG, S, 2000. Combined eye activity measures accurately estimate changes in sustained visual task performance[J]. Biological psychology, 52(3): 221-24.

VELASCO-SACRISTÁN M, FUERTES-OLIVERA P A, 2006. Towards a critical cognitive- pragmatic approach to gender metaphors in advertising English[J]. Journal of pragmatics, 38(11): 1982-2002.

VELASCO-SACRISTÁN M, 2010. Metonymic grounding of ideological metaphors: Evidence from advertising gender metaphors[J]. Journal of pragmatics, 42(1): 64-96.

WARD J, GAIDIS W, 1990. Metaphor in promotional communication: A review of research on metaphor comprehension and quality[J]. Advances in consumer research, 17(1): 636-642.

WEDEL M, PIETERS R, LIECHTY J, 2008. Attention switching during scene perception: How goals influence the time course of eye movements across advertisements[J]. Journal of experimental psychology applied, 14(14): 129-138.

WEDEL M, PIETERS R, 2000. Eye fixations on advertisements and memory for brands: A model and findings[J]. Marketing science, 19(4): 297-312.

WEDEL M, PIETERS R, 2008. A review of eye-tracking research in marketing[M]. // Malhorta N K. Review of marketing research. Bingley: Emerald Group Publishing Limited: 123-147.

WEINREICH H, OBENDORF H, HERDER E, et al, 2008. Not quite the average: An empirical study of web use[J]. Acm transactions on the Web, 2(1): 1-31.

WHALEY B, 1991. Toward a Comprehensive Model of Analogy in Persuasion: A Test of the Persuasive Roles of Analogy[D]. West Lafayette: Purdue University.

WOOD G, VINE S J, WILSON M R, 2013. The impact of visual illusions on perception, action planning, and motor performance[J]. Attention perception & psychophysics, 75(5): 830-834.

ZHAO X, LYNCH J G, CHEN Q, 2010. Reconsidering Baron and Kenny: Myths and truths about mediation analysis[J]. Social science electronic publishing, 37(2): 197-206.

陈瑞，郑毓煌，刘文静，2013. 中介效应分析：原理、程序、bootstrap 方法及其应用［J］. 营销科学学报，（4）：120－135.

郝嘉佳，陈英和，陈艺萍，等，2017. 工作记忆和类比推理与初一年级学生数学成绩的关系：有调节的中介效应［J］. 心理与行为研究，（4）：495－499.

江波，曾振华，2002. 广告效果测评［M］. 北京：中国广播电视出版社.

李宝珠，魏少木，2018. 广告诉求形式对产品反馈的影响作用:基于眼动的证据［J］. 心理学报，（1）：69－81.

李欣，2009. 高科技品牌广告效果影响因素实证分析研究［D］. 济南：山东大学.

李阳，2018. 不同卷入度受众阅读平面隐喻广告过程中的眼动研究［J］. 传播力研究，（10）：2－4＋1.

梁亮，吴家舵，2010. 场依存型一场独立型影响体育广告注视的眼动研究［J］. 心理科学，（4）：857－86.
卢长宝，冯仁炯，2008. 消费者学习理论在市场营销领域的应用及展望[J]. 福州大学学报（哲学社会科学版），（1）：14－19.
卢泰宏，2017. 消费者行为学 50 年：演化与颠覆[J]. 外国经济与管理，（6）：23－38.
宋健楠，2016. 隐喻的态度评价价值考略[J]. 西安外国语大学学报，（3）：50－55.
宋思根，宣宾，2018. 植入显著性、受众注意对植入式广告记忆的影响[J]. 西南民族大学学报（人文社科版），（7）：154－159.
王沛，2008. 广告心理效果与评价[M]. 北京：科学出版社.
王雁飞，朱瑜，2011. 广告语消费心理学[M]. 北京：清华大学出版社/北京交通大学出版社.
汪涛，2004. 广告学通论[M]. 北京：北京大学出版社.
吴水龙，洪瑞阳，蒋廉雄，等，2017. "直白"还是"含蓄"？基于卷入度和图文修辞方式的广告效果研究[J]. 管理评论，（9）：133－142.
肖灿，2014. 营销广告中多模态隐喻的消费者认知神经机制研究 [D]. 杭州：浙江大学.
谢明慧，2016. 消费者行为学[M]. 北京：经济管理出版社.
徐宏颖，彭宣维，2016. 隐喻映射与情感意义：以英语动词 take 为例的个案研究[J]. 外语学刊，（4）：59－64.
闫国利，1999. 眼动分析法在广告心理学研究中的应用[J]. 心理科学进展，（4）：50－53.
闫国利，白学军，2004. 广告心理学中的眼动研究和发展趋势[J]. 心理科学，（2）：459－461.
杨海波，白学军，2013. 平面广告中背景特征对产品注意加工的影响[J]. 心理技术与应用，（1）：25－28.
杨海波，刘电芝，周秋红，2013. 幽默平面广告适用性的眼动研究[J]. 心理与行为研究，（6）：819－824.
姚海娟，钟青青，白学军，2011. 平面手机广告认知效果的眼动评价[J]. 包装工程，（6）：1－4.
尹新雅，鲁忠义，2015. 隐喻的具身性与文化性[J]. 心理科学，（5）：1081－1086.
禹杭，陈香兰，2018. 含蓄还是直白？：隐喻广告效果研究回顾与展望[J]. 外国经济与管理，（10）：54－65.
张红宇，罗霄，蒋玉石，等，2017. 图画隐喻广告对消费者注意和再认效果的影响研究[J]. 管理世界，（11）：184－185.
周象贤，金志成，2009. 卷入影响广告理性诉求信息加工效果的眼动研究[J]. 心理学报，（4）：357－366.
朱燕，1999. 现代知识分类思想下的学习迁移理论述评[J]. 心理科学，（3）：229－232.

当代外国语言文学学术文库

1. 言语幽默的语言学思考
　——着重考察公众演说幽默　　黄　豪 著
2. 基于学习任务的二语习得实证研究　　周卫京 著
3. 语域变异与语境关系的多纬度分析　　武姜生 著
4. 灾难性地震与方言变化
　——唐山个案研究　　谷小娟 著
5. 中国语境中的英语报章变革动词研究　　高　超 著
6. 对话中的道德建构
　——十八世纪英国小说中的对话性　　胡振明 著
7. 重建策略下的小说创作：
　爱丽斯·默多克小说的伦理学研究　　马惠琴 著
8. 商务英语的理论与实践研究　　张佐成 著
9. 跨文化商务交流中的关系管理
　——中方商务代表团访英案例分析　　邢建玉 著
10. 跨文化成功交际研究　　朱晓姝 著
11. 跨文化语言社会化进程中跨文化交际能力的培养　　史兴松 著
12. 多元化文化与市场信息交流行为　　曹德春 著
13. 空算子移位结构的最简方案研究
　——英汉比较视野　　张智鹏 著
14. 国际商务管理沟通的跨文化研究　　姚孝军 著
15. 基于虚拟环境的英语口语教学研究：
　理论与实践　　张海森 著
16. 帝国意识与吉卜林的文学写作　　李秀清 著
17. 驻外商务人士跨文化适应研究　　史兴松 著
18. 内聚力发展与跨文化协同：（中德）跨文化团队研究　　于景涛 著

19. 语篇与口语水平
——语篇标记在二语口语产生中的角色 魏　明 著
20. 工商管理教材汉译策略研究 项　东 著
21. 隐喻与话语 孙　亚 著
22. 认知心理视域下的英语课堂反馈研究 杨颖莉 著
23. 厄德里克小说中的千面人物研究 李　靓 著
24. 制衡·融合·阻抗——学衡派翻译研究 王雪明 著
25. 广告话语与中国社会的变迁 冯捷蕴 著
26. 中国平面广告的批评隐喻研究 江　春 著
27. 大学英语教师课堂角色探析
——课堂话语研究的视角 王　艳 著
28. 大众莎士比亚在中国（1993—2008） 李　军 著
29. 出航
—— 玛丽·麦卡锡的女性成长小说研究 李贺青 著
30. 英语学习与自我认同
——大学英语“不成功学习者”个案研究 李玉霞 著
31. 本地化项目管理 崔启亮 著
32. 研究生英语论文开篇章节写作对比体裁分析研究 靳光洒 著
33. 中国网络教育环境下的语音聊天室和课程论坛的社会临场感研究
吴立高 著
34. 《国富论》在中国的重译 肖海燕 著
35. 商务翻译多维研究 徐　珺 等著
36. 商务英语跨学科研究 徐　珺 等著
37. 话语与企业危机传播：一种文化视角 赵丹彤 著
38. 基于语料库的法律翻译可见性研究 宫明玉 著
39. 隐喻广告效果研究 禹　杭 著